A PRACTICAL COURSE
OF INTERNATIONAL BUSINESS
DOCUMENTATION

外贸单证实训精讲

龚玉和　齐朝阳　编著

中国海关出版社

图书在版编目（CIP）数据

外贸单证实训精讲/龚玉和，齐朝阳编著. —北京：中国海关出版社，2013.4（重印2015.3　2017.11）
ISBN 978-7-80165-937-8

Ⅰ.①外… Ⅱ.①龚… ②齐… Ⅲ.①进出口贸易—原始凭证 Ⅳ.①F740.44

中国版本图书馆 CIP 数据核字（2013）第 041986 号

外贸单证实训精讲
WAIMAO DANZHENG SHIXUN JINGJIANG

作　　者：	龚玉和　齐朝阳
策划编辑：	刘　倩
责任编辑：	钟　铮　刘　倩
责任监制：	王岫岩
出版发行：	中国海关出版社
社　　址：	北京市朝阳区东四环南路甲1号　　邮政编码：100023
网　　址：	www.hgcbs.com.cn；www.hgbookvip.com
编 辑 部：	01065194242-7554（电话）　　01065194234（传真）
发 行 部：	01065194221/4238/4246（电话）　　01065194233（传真）
社办书店：	01065195616/5127（电话/传真）　　01065194262/63（邮购电话）
印　　刷：	北京新华印刷有限公司　　经　销：新华书店
开　　本：	710mm×1000mm　1/16
印　　张：	21　　字　数：343千字
版　　次：	2013年4月第1版
印　　次：	2017年11月第3次印刷
书　　号：	ISBN 978-7-80165-937-8
定　　价：	42.00元

海关版图书，版权所有，侵权必究
海关版图书，印装错误可随时退换

前　言

本书作为经济类院校的必修教材，具有相对权威性，既可作为外贸高职院校的基本教程，也可作为经贸类本科生的实训课本，更可以作为外向型企业和单位（诸如商检、海关、贸促会、物流、外管、银行国际结算部门等）的培训教材。本书内容深入浅出，着重于实践知识及动手操作，培养学生的外经贸职业能力。

在编写过程中，撰写者积数十年外贸商务单证实务、教学、研究之经验，博采众家之长，以外贸职业能力为本位，以工作流程为导向，通过进出口基本理论知识支撑，采用同一份外贸合同（同一份信用证）项下的业务操作为主轴，逐步展开整笔外贸业务所涉及的主要单据的制作流程，并配有同步训练题，使学生在实践中能够"举一反三"，强化实际应用能力。

在结构上，本书分为合同、信用证的基本操作流程，出口与进口两大板块的单证操作。出口部分采用 CIF 贸易术语、信用证结算方式，以同一笔外贸交易的单证流转为主轴，根据外贸企业的工作流程，分为外贸合同签订后信用证审核、海运出口货物托运、商检、保险、报关、制单、审单等为一个系列所涉及的单据处理，涵盖了相关商业发票、装箱单、原产地证书、汇票及其他单据的填制，还列举了一些外贸业务中常见的单据，诸如航空运单、铁路运单、装船通知、船公司证明信等的缮制方法及多种结算方式的单据操作过程。

在进口单证操作部分，根据进口单证的流程，分为进口批件申领、开证申请书填制、入境货物报检、报关、直到付汇核销。可以说，进出口业务中的基本单据，本书均有介绍与讲解，并附有对应的实训练习项目。通过学习，学生能够在外贸单证工作中游刃有余。

改革开放的前三十年，我国外贸总趋势为"面向太平洋"的开放政策，由此，沿海地区经济突飞猛进，商务单证的实践与普及达到前所未有的程度。

而今，随着中西部地区经济的迅速崛起，外贸大势又将呈现全方位导向。

尤其是"上合组织"各国经济联系日渐紧密，各种区域性经济合作协议的签署，我国与中亚、东南亚、东北亚、环太平洋各国，非洲以及"大中华区"等国家与地区经贸合作越来越多的呈现优势互补。

外贸单证的运用由沿海各省延伸到广阔的内陆各省区，已成为不可逆转的趋势。

作者

2013.1.6

目录 Contents

第一部分 出口业务单证制作

第一章 合同与审核信用证 ·············· 3
第一节 合同的形式、内容与履行 ·············· 3
第二节 信用证的性质与审核 ·············· 6
第三节 同步实训 ·············· 10

第二章 商业发票 ·············· 21
第一节 商业发票概述 ·············· 21
第二节 商业发票的填制 ·············· 22
第三节 同步实训 ·············· 25

第三章 包装单据 ·············· 32
第一节 包装单据概述 ·············· 32
第二节 同步实训 ·············· 38

第四章 出口货物托运与海运提单 ·············· 43
第一节 海运出口货物的托运 ·············· 43
第二节 海运提单的定义、作用和填制 ·············· 49
第三节 同步实训 ·············· 55

第五章 出境货物报检 ·············· 65
第一节 出境货物报检概述 ·············· 65
第二节 出境货物报检单填制 ·············· 67
第三节 同步实训 ·············· 71

第六章　出口货物保险 77
第一节　投保申请单 77
第二节　保险单的填制 80
第三节　同步实训 84

第七章　出境货物报关 91
第一节　出口货物报关概述 91
第二节　代理报关委托书 92
第三节　出口货物报关单 95
第四节　同步实训 104

第八章　一般原产地证与普惠制原产地证 112
第一节　一般原产地证 112
第二节　普惠制原产地证 117
第三节　同步实训 123

第九章　区域性优惠原产地证 129
第一节　亚太贸易协定原产地证 130
第二节　中国—东盟自贸区优惠原产地证 134
第三节　香港 CEPA 原产地证和 ECFA 原产地证 138
第四节　其他自贸区优惠原产地证 143
第五节　同步实训 153

第十章　其他单据 157
第一节　装运通知 157
第二节　受益人证明信 160
第三节　检验检疫证书 163
第四节　船公司证明信 164
第五节　同步实训 167

第十一章　航空货运单与铁路运单 172
第一节　航空货运单 172
第二节　铁路运单 182
第三节　同步实训 191

第十二章　汇票 197
第一节　汇票概述 197

第二节　汇票的填制 …………………………………………… 204
　　第三节　同步实训 ……………………………………………… 207
第十三章　非信用证结算方式与单据 ………………………………… 212
　　第一节　汇付结算方式与托收结算方式 ……………………… 212
　　第二节　汇付、托收项下的海运提单与汇票 ………………… 218
　　第三节　混合结算方式项下的单据 …………………………… 220
　　第四节　同步实训 ……………………………………………… 225

第二部分　进口业务单证制作

第十四章　进口许可证与进口开证 …………………………………… 243
　　第一节　进口许可证 …………………………………………… 243
　　第二节　进口开证 ……………………………………………… 246
　　第三节　开证申请书填制 ……………………………………… 251
　　第四节　同步实训 ……………………………………………… 254
第十五章　入境货物报检 ……………………………………………… 260
　　第一节　入境货物报检概述 …………………………………… 260
　　第二节　入境货物报检单填制 ………………………………… 262
　　第三节　同步实训 ……………………………………………… 267
第十六章　入境货物报关 ……………………………………………… 273
　　第一节　进口货物报关 ………………………………………… 273
　　第二节　同步实训 ……………………………………………… 280
第十七章　进口付汇 …………………………………………………… 286
　　第一节　进口付汇政策 ………………………………………… 286
　　第二节　对外付款/承兑通知书的填制 ………………………… 287
　　第三节　同步实训 ……………………………………………… 290
附录　同步实训答案 …………………………………………………… 297

第一部分

出口业务单证制作

第一章　合同与审核信用证

第一节　合同的形式、内容与履行

一、合同的形式与内容

合同的订立是双方当事人意思表示一致的结果。当事人双方取得意思一致的过程，即合同订立的过程。在交易磋商的过程中，一方的发盘经另一方接受后，交易即告成立，买卖双方就构成了合同关系。双方在磋商过程中的往来函电，即是合同的书面证明。根据国际贸易习惯，买卖双方还要签订书面合同（written contract），以进一步明确双方的权利和义务。

在国际上，对货物买卖合同的形式，没有特定的限制。从事进出口贸易的双方，可以采用正式的合同、确认书、协议，也可以采用备忘录等形式。此外，还有意向书、订单和委托订购单等。

书面形式合同无论采取何种格式，基本内容通常包括约首、正文和约尾三部分。

约首，即合同首部，包括合同名称、合同编号、合同签订的日期和地点、订约双方当事人的名称和地址（要求全称）。此外，在合同序言部分常常写明双方订立合同的意愿和执行合同的保证。

正文是合同主体部分，一般称为合同条款，如品名、品质、数量、价格、包装、运输、支付条款，以及保险、商检、索赔、仲裁和不可抗力等内容。

约尾，也就是合同尾部，通常列明合同份数、使用的文字及其效力，以及有正当权限的双方当事人代表的签署。

一份合同的订立，直接关系到双方当事人的权利和义务。合同一经订立，就成为具有法律效力的文件，对双方都有约束力。双方当事人应当履行合同约定的义务，任何一方不得擅自撤销、变更或者解除合同。

在实际业务中，合同签订后，有时一方或双方当事人发现需要对合同的某些内容加以修改或补充。在这种情况下，须经过双方协商同意，才能对合同进行修改。

本书是以外贸合同的履行作为线索，融会贯通整个外贸履约过程，使学生通过学习全面掌握进出口业务的单证流程。

出口贸易合同签订后的履行示意图见图1-1，销售合同样式见图1-2。

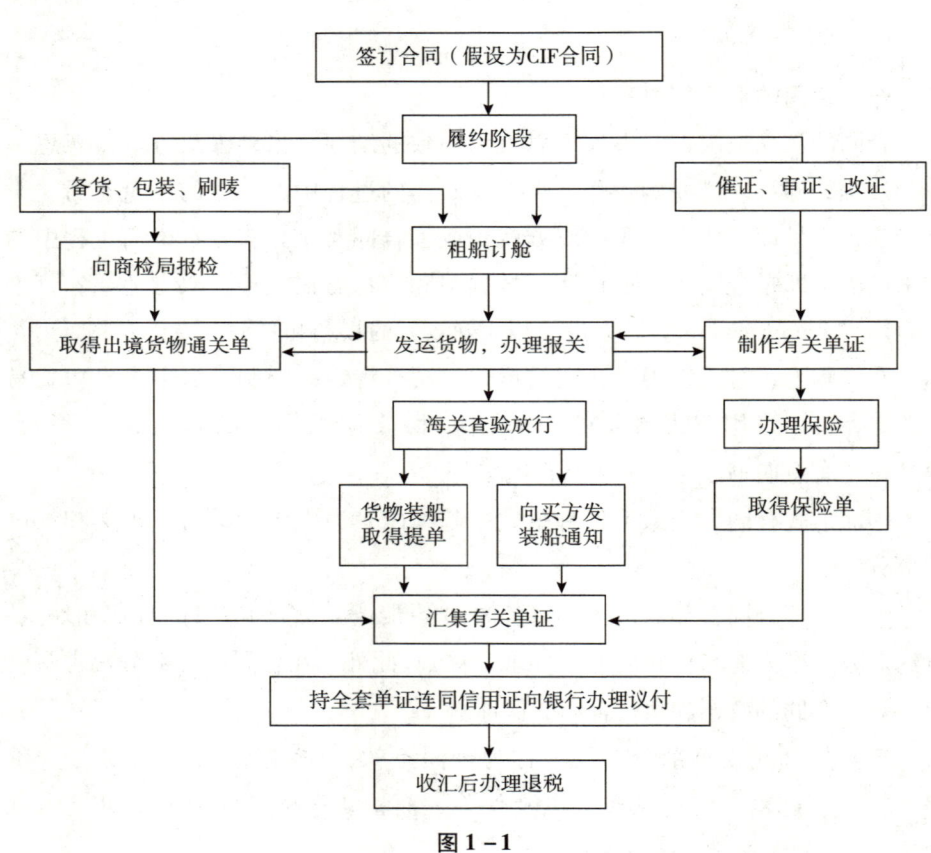

图1-1

杭州市 XXX 进出口有限公司
HANGZHOU XXX IMP. AND EXP. CO., LTD.
58 Fengqi Road, Hangzhou, China

售 货 合 同
SALES CONTRACT

To: No._____

Date:_____

The undersigned Sellers and Buyers have agreed to conclude the following transactions according to the terms and conditions stipulated below:

商品名称、规格及包装 Name of commodity, specification and packing	数量 Quantity	单价 Unit Price	总值 Amount

总金额：Total amount:
溢短装：数量及总值均有 5%增减，由卖方决定。With 5% more or less in quantity and amount allowed at seller's option.
包装：Packing:
唛头：Shipping Marks:
起讫：From   To   allowing partial shipments and transshipment.
交货日：Delivery time:
支付条件：Payment terms:
□By Irrevocable L/C in seller's favour, available by draft at sight remaining valid in China until 15 days after the shipment date. The L/C should arrive at the beneficiary's country on or before
□By Collection
□Other
保险：Insurance:

备注：Remark:

_____   _____
     （The Buyers买方）   （The Sellers卖方）

Please sign and return one copy for our file

图 1－2

二、合同的履行

买卖双方签订合同后，就进入了合同履行阶段。

如果是以 CIF 条件成交和信用证结算方式的合同，出口商需经过以下环节：落实信用证、租船订舱、报检（如需要）、投保、报关、制作结算单证、审单、退税。

如果是以 FOB 条件成交和付汇（如 T/T）或托收结算方式的合同，对出口商来说，则需经过托运、报检（如需要）、报关、制单、审单、退税诸环节。

实际业务中，报检多数由生产厂家办理，而报关多由出口商委托货代公司或报关行办理。在信用证结算方式下，对出口企业而言，根据业务流转过程涉及的单证工作项目相对于汇付（T/T）或托收来说，要更为复杂。在当前国际贸易中，信用证结算方式是使用最为广泛的一种结算方式。它把原来由进口商履行的凭单付款的责任转由银行履行，即"以银行信用取代商业信用"。因为银行信用更加可靠、更加稳健，银行资金更加雄厚，使得买卖双方都增加了安全感，由此，大大促进了国际间的贸易发展。

第二节 信用证的性质与审核

信用证是由进口地的开证银行，根据进口商的申请，向出口商开立的，授权出口商按照信用证规定的条款，签发以该银行为付款人的汇票，并保证在交来符合信用证条款规定的汇票和单据时，该行必定履行承兑或付款的保证文件。

一、信用证业务的性质

1. 开证行负有第一性的付款责任

信用证结算方式是以银行信用为基础的，开证行以自己的信用做出付款保证，开证行是首先付款人。出口商（即信用证受益人）可凭信用证及符合信用证条款的单据，向开证行要求付款，无须先找进口商（一般即信用证开证申请人）。开证行的付款不以进口商的付款作为前提条件。

2. 信用证是一项自足文件

虽然信用证的开立是以买卖合同为基础的,双方要受买卖合同的约束,但是信用证一经开出,在信用证业务处理过程中,各方当事人的责任与权利都必须以信用证为准。信用证是一项与买卖合同分离的独立文件,即使信用证中援引了某个合同号码,银行也与该合同无关,且不受其约束。

3. 信用证是一项单据业务

在信用证方式下,银行凭相符单据付款,而非凭与单据有关的货物、服务及/或其他行为。受益人(出口商)要保证收款,就一定要提供与信用证条款相符的单据;开证行要拒付,也必须以单据上的不符点为由。由此,信用证结算方式是一项"单据买卖业务"。信用证开立后,只要出口商严格按照信用证规定的条款执行,做到单证一致,单单一致,就一定能及时收到货款。

二、审核信用证

在信用证结算方式下,对于出口商来说,落实信用证是履行出口合同中不可或缺的重要环节。落实信用证工作主要包括催证、审证和改证三项。

如果买方在合同规定的期限内开出信用证,催证工作就可以免去;如果信用证内容与买卖合同相符,改证工作也可以免去。但是收到信用证后,审证工作则是必不可少的,因为信用证是一份自足的文件,处理的只是纯粹的单据交易,信用证项下有关各方的权利与义务仅以信用证条款为依据,不受贸易合同约束,即使信用证援引了相关合同号码,开证银行的付款与拒付也仅以单据为唯一依据,而不管单据之外的事实。

所以,卖方必须严格审核信用证条款,对来证中不符合买卖合同的条款及时更改,以便掌握货款能安全收汇的主动权。

信用证结算方式流程见图1-3。

1. 催开信用证

催开信用证是指通过信件、传真或其他通信工具催促买方及时办理开立信用证手续并将信用证送达出口商,以便其及时装运货物,履行合同义务。

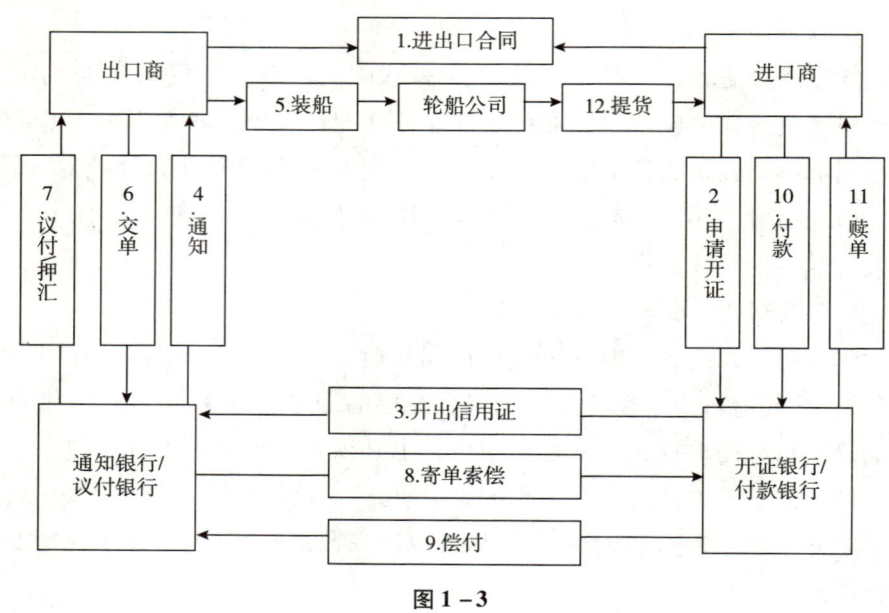

图 1-3

催证的方法,一般为直接向国外客户发函电通知。在采用信用证结算方式的交易中,按时开立信用证是买方必须履行的重要义务。

2. 审核信用证

信用证是以买卖合同为基础开立的,其中所列条款,从理论上说,应当与买卖合同规定相符,但在实际业务中,经常发现国外来证内容不完全符合合同规定,个别甚至大相径庭。产生这种情况的原因各不相同:有的是开证申请人或开证行工作上的疏忽和差错,有的是由于某些进口国家习惯做法或另有特殊规定,也有的是国外客户故意在信用证内加列一些额外要求,甚至不排除个别商人出于不可告人的目的,在申请开证时故设陷阱。因此,审核信用证必须十分谨慎、仔细,稍有疏忽就有可能影响履约,造成损失,甚至重大损失。

严格审证是保障安全收汇的基本条件之一。出口企业审核信用证条款的主要依据是买卖合同,同时还须结合《跟单信用证统一惯例》(《UCP600》)的解释和规定。因为信用证是以买卖合同为基础的,其所列条款理应与买卖合同相一致。受益人收到信用证后,应立即对照合同,参照《UCP600》,从头到尾,自上而下,逐字逐句,仔细审核。

审证工作包括银行审证和出口商审证。

(1) 银行审证。

银行审证侧重于：开证银行、保兑行（若有）、偿付行（若有）的资质、作风、态度的审核，付款方法、使用货币、利率、汇差等条款的审核，还须审核信用证中是否含有歧视性条款等内容。

虽然通知行为了给客户提供方便和服务，代为调查审核开证行的资信，但银行对其提供的信息不负任何法律责任。因此，如果出口商对开证行的资信与付款能力有疑问，可要求开证行所在国或第三国信誉卓著的大银行对信用证加具保兑。

(2) 出口商审证。

出口商的审证侧重于：

①信用证开证申请人与受益人名称与地址，如果受益人不是合同的卖方，则出口商的收汇就有风险，因为开证行只能将信用证的票款付给受益人而不是其他人。

②信用证规定的装运货物和金额是受益人装船前交货和制单结汇的依据，这些内容必须与合同条款一致，否则，出口商在执行合同时会发生困难，造成损失。

③交货方式、贸易术语、运输方式、装运期限，这些内容必须与合同一致。其中贸易术语与运输方式要匹配、与单据要求要匹配，装运期、有效期和交单期的日期要符合逻辑，要确保货物能如期出运并安全收汇，对不能接受的条款要及早提出修改。

④审查时，对资信较差的开证行要采取安全措施，如要求加列 T/T 偿付条款，要求偿付行确认付款，要求大银行对该信用证进行保兑，要求交付押金，要求分批出运、分批收汇等，以减小风险。

(3) 信用证中的"软条款"。

所谓"软条款"是指开证行在开立的信用证中加列某些弹性条款，从而单方面解除了其保证付款的责任。由于"软条款"的存在，尽管出口商已经完成了买卖合同规定的义务，开证行仍可能根据这些"软条款"拒付。有些"软条款"是出口商无法掌握的，或者根本办不到的，它使得开证行的付款保证成为空话。

3. 修改信用证

如果在审证时发现问题，修改信用证就免不了。修改信用证的内容，直接关系到有关当事人的权利和义务的改变。所以，不可撤销信用证在其有效期内的任何修改，均须取得有关当事人的同意，方能生效。

信用证结算方式的基本关系人有四个：即开证申请人、开证行、通知行和受益人。此外还有其他关系人，如保兑行、议付行、付款行或偿付行、转证行等。

修改信用证可由开证申请人主动提出，也可由受益人提出。如果由开证人申请提出修改，要经开证银行同意后，由开证行发出修改通知书以信件、电传等通信工具通过原通知行转告受益人，经各方接受修改书后，修改方为有效。如由受益人提出要求修改，则应首先征得开证申请人同意，再由开证申请人按上述程序办理修改。

修改信用证顺序是：受益人→开证人→开证银行→通知银行→受益人。

在一份信用证中，有多处条款需修改的情况是常见的，对此，卖方应做到一次向开证申请人提出，否则不仅增加双方的手续和费用，也影响出口企业的信誉。

除《UCP600》另有规定外，未经开证行、保兑行（如有）及受益人同意，信用证既不得修改，也不得撤销。在受益人告知通知修改的银行其接受该修改之前，原信用证条款对受益人仍然有效。从受益人接受修改的那一刻起，信用证修改生效。

第三节　同步实训

一、示范

2012年4月，浙江省诸暨对外贸易有限公司和英国GOODLUCKY有限公司通过广交会结识，经过两个多月的往来函电，双方于2012年6月20日就4800打双男式短袜（MEN'S SOCKS）和2000打双婴儿袜（BABIES' HOSIERY）的买卖签署了号码为ZF12E0620的买卖合同（图1-4）。

2012年6月24日，英国GOODLUCKY有限公司根据合同规定开出了以浙江省诸暨对外贸易有限公司为受益人的第DC LUT120954号信用证（图1-5）。

浙江省诸暨对外贸易有限公司
ZHUJI FOREIGN TRADE CORP. OF ZHEJIANG, LTD.
浙江省诸暨市西二环路 288 号
288 West Second Ring Road, Zhuji, Zhejiang, China

售 货 合 同
SALES CONTRACT

TO:
GOODLUCKY CO., LTD.
96 HIGHWAY
LUTON, BEDFORDSHIRE
LU1 1XL UNITED KINGDOM

No.　ZF12E0620
Date:　20 JUN., 2012
Place:　ZHUJI, CHINA

Dear Sirs:
We hereby confirm having sold to you the following goods on terms and conditions as specified below:

Shipping Marks	Descriptions of Goods	Quantity	Unit Price	Amount
AS PER SELLER'S OPTION	SOCKS AND HOSIERY MEN'S SOCKS BABIES' HOSIERY	4800DOZ.PRS 2000DOZ.PRS 6800DOZ.PRS	CIF FELIXSTOWE GBP12.00 GBP9.00	GBP57600.00 GBP18000.00 GBP75600.00

ORDER NO. 599/2012
TOTAL AMOUNT IN WORDS: SAY G. B. POUNDS SEVENTY FIVE THOUSAND SIX HUNDRED ONLY.
LOADING PORT: SHANGHAI/NINGBO
DESTINATION: FELIXSTOWE
TIME OF SHIPMENT: BEFORE 10 AUG., 2012
PARTIAL/TRANSSHIPMENT: PARTIAL SHIPMENTS ALLOWED, TRANSSHIPMENT PROHIBITED
INSURANCE: COVERED BY THE SELLER FOR AT LEAST 110 PCT OF INVOICE VALUE COVERING ALL RISKS AND WAR RISK AS PER ICC(A) DATED 01/01/2009, CLAIM PAYABLE IN THE U. K.
PACKING: SOCKS 12DOZ.PRS IN CARTONS AND HOSIERY 10DOZ.PRS IN CARTON. TOTAL IN 1*40' FULL CONTAINER.
TERMS OF PAYMENT: BY IRREVOCABLE LETTER OF CREDIT IN FAVOUR OF THE SELLER TO BE AVAILABLE BY DRAFTS AT SIGHT, REACHING CHINA ON OR BEFORE 25 JUN., 2012 AND REMAINING VALID FOR NEGOTIATION IN CHINA UNTIL 15 DAYS AFTER THE ACTUAL DATE OF SHIPMENT.
DOCUMENTS: SIGNED INVOICE IN QUADRUPLICATE
　　　　　　PACKING LIST IN QUADRUPLICATE
　　　　　　FULL SET CLEAN ON BOARD BILLS OF LADING MADE OUT TO SHIPPERS ORDER MARKED FREIGHT PREPAID NOTIFY THE BUYER
　　　　　　CERTIFICATE OF ORIGIN IN DUPLICATE
　　　　　　INSURANCE POLICY IN DUPLICATE
REMARK: ALL DISPUTES ARISING FROM THE EXECUTION OF OR IN CONNECTION WITH THIS CONTRACT SHALL BE SETTLED AMICABLY BY NEGOTIATION. IN CASE OF SETTLEMENT CAN NOT BE REACHED THROUGH NEGOTIATION THE CASE SHALL THEN BE SUBMITTED TO THE CHINA INTERNATIONAL ECONOMIC AND TRADE ARBITRATION COMMISSION IN BEIJING FOR ARBITRATION IN ACT WITH ITS SURE OF PROCEDURES. THE ARBITRAL AWARD IS FINAL AND BINDING UPON BOTH PARTIES FOR SETTING THE DISPUTE. THE FEE FOR ARBITRATION SHALL BE BORNE BY THE LOSING PARTY UNLESS OTHERWISE AWARDED (FOR OTHER DETAILS PLEASE READ OVERLEAF CAREFULLY).

　　　　THE SELLER　　　　　　　　　　　　　　THE BUYER
　　浙江省诸暨对外贸易有限公司　　　　　　　GOODLUCKY CO., LTD.

　　　　　王一峰　　　　　　　　　　　　　*Charlea Lacson*

第一章　合同与审核信用证

图 1 - 4

对方开出的信用证如下：

```
SEQUENCE OF TOTAL      *27:1/1
FORM OF DOC. CREDIT    *40A:IRREVOCABLE AND TRANSFERABLE
DOC. CREDIT NUMBER     *20:DC LUT120954
DATE OF ISSUE          31C:120625
EXPIRY                 *31D:DATE120809 PLACE AT OUR COUNTER
APPLICANT              *50:GOODLUCKY CO.,LTD.
                           96 HIGHWAY
                           LUTON,BEDFORDSHIRE
                           LU1 1XL UNITED KINGDOM
APPLICANT BANK 51A:HSBC BANK PLC,LONDON
BENEFICIARY            *59:ZHUJI FOREIGN TRADE CORP. OF ZHEJIANG,LTD.
                           388 WEST SECOND RING ROAD
                           ZHUJI,ZHEJIANG
                           CHINA
AMOUNT                 *32B:CURRENCY USD AMOUNT 75600,00
POS./NEG. TOL.(%)      *39A:05/05
AVAILABLE WITH/BY      *41D:ANY BANK IN CHINA
                           BY NEGOTIATION
DRAFT AT...            42C:AT 15 DAYS AFTER SIGHT
                           FOR FULL INVOICE VALUE
DRAWEE                 42D:MIDLGB22BXXX
                           *HSBC BANK PLC
                           *LONDON
PARTIAL SHIPMENT       43P:ALLOWED
TRANSSHIPMENT          43T:NOT ALLOWED
PORT OF LOADING        44E:CHINA
PORT OF DISCHARGE      44F:FELIXSTOWE
LATEST DATE OF SHIP.   44C:120809
DESCRIPTION OF GOODS 45A:
                           MEN'S SOCKS AND BABIES' HOSIERY
                           AS PER S/C NO. ZF12E0821 AND
                           APPLICANT'S ORDER NO. 599/2012
                           TRADE TERMS:CIF FELIXSTOWE
DOCUMENTS REQUIRED 46A:
     + ORIGINAL SIGNED COMMERCIAL INVOICE PLUS THREE COPIES
```

+ FULL SET OF ORIGINAL CLEAN MARINE BILL OF LADING MADE OUT TO SHIPPERS ORDER AND BLANK ENDORSED AND MARKED FREIGHT PREPAID NOTIFY THE APPLICANT WITH FULL NAME AND ADDRESS

+ ORIGINAL PACKING LIST PLUS THREE COPIES INDICATING DETAILED PACKING OF EACH CARTON

+ CERTIFICATE OF ORIGIN IN DUPLICATE

+ CERTIFICATE SENT BY BENEFICIARY TO APPLICANT EVIDENCING THAT COPIES OF INVOICE, BILL OF LADING, AND PACKING LIST HAVE BEEN FAXED TO APPLICANT ON FAX NO. 44-1-5824-3470 ONE DAY AFTER BILL OF LADING DATE

+ CERTIFICATE OF WEIGHT AND QUALITY IN DUPLICATE

ADDITIONAL CON. 47A:

+ APPLICANT'S ORDER NO. 599/2012 MUST BE SHOWN ON ALL DOCUMENTS

+ UNLESS OTHERWISE EXPRESSLY STATE, ALL DOCUMENTS MUST BE IN ENGLISH

+ EXCEPT SO FAR AS OTHERWISE EXPRESSLY STATE, THIS DOCUMENTARY CREDIT IS SUBJECT TO THE UNIFORM CUSTOMS AND PRACTICE FOR DOCUMENTARY CREDIT ICC PUBLICATION NO. 600

+ ALL BANK CHARGES IN CONNECTION WITH THIS DOCUMENTARY CREDIT INCLUDING ISSUING BANK'S OPENING COMMISSION AND TRANSMISSION COSTS ARE FOR THE ACCOUNT OF THE BENEFICIARY

PRESENTATION PERIOD 48: WITHIN 10 DAYS AFTER THE DATE OF SHIPMENT BUT WITHIN THE VALIDITY OF THE CREDIT

CONFIRMATION *49: WITHOUT

INSTRUCTION 78: ON RECEIPT OF DOCUMENTS CONFIRMING TO THE TERMS OF THIS DOCUMENTARY CREDIT, WE UNDERTAKE TO REIMBURSE YOU IN THE CURRENCY OF THE CREDIT IN ACCORDANCE WITH YOUR INSTRUCTIONS, WHICH SHOULD INCLUDE YOUR UID NUMBER AND THE ABA CODE OF THE RECEIVING BANK

SEND. TO REC. INFO. 72: DOCUMENTS TO BE DISPATCHED BY COURIER SERVICE IN ONE LOT TO HSBC BANK PLC, TRADE SERVICES, 76 HANOVER STREET LUTON E14 5HQ UNITED KINGDOM

图 1-5

经审核，发现信用证存在如下不符点：

1. 信用证种类为不可撤销的信用证，与合同规定不符；

2. 信用证规定的到期地点在开证行所在地，同时有效期与装运期为同一天，对我方备货、装运与交单不利，也与合同不符；

3. 信用证中的受益人的地址有误；

4. 信用证币制有误；

5. 汇票的付款期限有误；

6. 装运港有误，但是这一点对受益人有利，可以不要求修改；

7. 合同号码有误；

8. 信用证提单条款缺"已装船（ON BOARD）"字样；

9. 合同价格术语为CIF，应由卖方办理保险，信用证中缺失保险单；

10. 单据要求中的"重量及质量证明书"应删除，因合同中并未要求提供此单据；

11. 信用证中有关全部银行费用由受益人承担的要求太过分，受益人应只承担开证行以外的银行费用；

12. 信用证规定装运后10天交单的要求与合同不符。

浙江省诸暨对外贸易有限公司要求对方修改信用证的电子邮件如下：

DEAR SIRS：

THE CREDIT UNDER S/C NO. ZF12E0620 IS RECEIVED WITH THANKS. IT IS A PITY THAT WE FIND MISTAKES IN THE CREDIT. PLEASE AMEND THEM AS FOLLOWS：

1. 40A WRONG. IT SHOULD BE：IRREVOCABLE ACCORDING TO THE S/C.

2. 31D WRONG. IT SHOULD BE：DATE 120809 PLACE IN CHINA ACCORDING TO THE S/C.

3. 59 WRONG. IT SHOULD BE：ZHUJI FOREIGN TRADE CORP. OF ZHEJIANG, LTD. 288 WEST SECOND RING ROAD, ZHUJI ZHEJIANG, CHINA ACCORDING TO THE S/C.

4. 32B WRONG. IT SHOULD BE：CURRENCY GBP AMOUNT 75600.00 ACCORDING TO THE S/C.

5. 42C WRONG. IT SHOULD BE：AT SIGHT ACCORDING TO THE S/C.

6. IN 45A S/C NO. WRONG. IT SHOULD BE：ZF12E0620.

7. IN 46A TRANSPORT DOCUMENT WRONG. THE WORDS "ON BOARD" IS LOSING. PLEASE ADD IT AFTER THE WORD "CLEAN" ACCORDING TO

THE S/C.

8. IN 46A INSURANCE POLICY IS LOSING. PLEASE ADD THE INSURANCE CLAUSE, MEANWHILE DELETE THE CLAUSE " + CERTIFICATE OF WEIGHT AND QUALITY IN DUPLICATE" ACCORDING TO THE S/C.

9. IN 47A BANK CHARGES WRONG. WE CAN NOT PAY ALL BANKING CHARGES. PLEASE CHANGE THIS SENTENCE AS: + ALL BANK CHARGES IN CONNECTION WITH THIS DOCUMENTARY CREDIT EXCEPT ISSUING BANK'S OPENING COMMISSION AND TRANSMISSION COSTS ARE FOR THE ACCOUNT OF THE BENEFICIARY.

10. 48 WRONG. IT SHOULD BE: WITHIN 15 DAYS AFTER THE DATE OF SHIPMENT BUT WITHIN THE VALIDITY OF THE CREDIT ACCORDING TO THE S/C.

PLEASE TRY YOUR BEST TO DO THE AMENDMENTS SO THAT WE CAN EXECUTE THE SALES CONTRACT SUCCESSFULLY.

BEST REGARDS!

ZHUJI FOREIGN TRADE CORP. OF ZHEJIANG, LTD.

经修正后的正确信用证如下（图1-6）：

SEQUENCE OF TOTAL	*27:1/1
FORM OF DOC. CREDIT	*40A:IRREVOCABLE
DOC. CREDIT NUMBER	*20:DC LUT120954
DATE OF ISSUE	31C:120625
EXPIRY	*31D:DATE120824 PLACE IN CHINA
APPLICANT	*50:GOODLUCKY CO., LTD.
	96 HIGHWAY
	LUTON,BEDFORDSHIRE
	LU1 1XL UNITED KINGDOM
APPLICANT BANK	51A:HSBC BANK PLC,LONDON
BENEFICIARY	*59:ZHUJI FOREIGN TRADE CORP. OF ZHEJIANG,LTD.
	288 WEST SECOND RING ROAD
	ZHUJI,ZHEJIANG
	CHINA
AMOUNT	*32B:CURRENCY GBP AMOUNT 75600.00

POS./NEG. TOL. (%)	*39A:05/05	
AVAILABLE WITH/BY	*41D:ANY BANK IN CHINA	
	BY NEGOTIATION	
DRAFT AT...	42C:AT SIGHT	
	FOR FULL INVOICE VALUE	
DRAWEE	42D:MIDLGB22BXXX	
	*HSBC BANK PLC	
	*LONDON	
PARTIAL SHIPMENT	43P:ALLOWED	
TRANSSHIPMENT	43T:NOT ALLOWED	
PORT OF LOADING	44E:CHINA	
PORT OF DISCHARGE	44F:FELIXSTOWE	
LATEST DATE OF SHIP.	44C:120809	

DESCRIPTION OF GOODS 45A:

　　MEN'S SOCKS AND BABIES' HOSIERY

　　AS PER S/C NO. ZF12E0620 AND

　　APPLICANT'S ORDER NO. 599/2012

　　TRADE TERMS:CIF FELIXSTOWE

DOCUMENTS REQUIRED 46A:

　+ ORIGINAL SIGNED COMMERCIAL INVOICE PLUS THREE COPIES

　+ FULL SET OF ORIGINAL CLEAN ON BOARD MARINE BILL OF LADING MADE OUT TO SHIPPERS ORDER AND BLANK ENDORSED AND MARKED FREIGHT PREPAID NOTIFY THE APPLICANT WITH FULL NAME AND ADDRESS

　+ ORIGINAL PACKING LIST PLUS THREE COPIES INDICATING DETAILED PACKING OF EACH CARTON

　+ CERTIFICATE OF ORIGIN IN DUPLICATE

　+ CERTIFICATE SENT BY BENEFICIARY TO APPLICANT EVIDENCING THAT COPIES OF INVOICE, BILL OF LADING, AND PACKING LIST HAVE BEEN FAXED TO APPLICANT ON FAX NO. 44-1-5824-3470 ONE DAY AFTER BILL OF LADING DATE

　+ INSURANCE POLICY IN DUPLICATE FOR AT LEAST 110 PCT OF INVOICE VALUE COVERING ALL RISKS AND WAR RISK AS PER ICC(A) DATED 01/01/2009, CLAIM PAYABLEIN U. K.

ADDITIONAL CON. 47A:

　+ APPLICANT'S ORDER NO. 599/2012 MUST BE SHOWN ON ALL DOCUMENTS

　+ UNLESS OTHERWISE EXPRESSLY STATE, ALL DOCUMENTS MUST BE IN

ENGLISH
+ EXCEPT SO FAR AS OTHERWISE EXPRESSLY STATE, THIS DOCUMENTARY CREDIT IS SUBJECT TO THE UNIFORM CUSTOMS AND PRACTICE FOR DOCUMENTARY CREDIT ICC PUBLICATION NO. 600
+ ALL BANK CHARGES IN CONNECTION WITH THIS DOCUMENTARY CREDIT EXCEPT ISSUING BANK'S OPENING COMMISSION AND TRANSMISSION COSTS ARE FOR THEACCOUNT OF THE BENEFICIARY

PRESENTATION PERIOD 48: WITHIN 15 DAYS AFTER THE DATE OF SHIPMENT BUT WITHIN THE VALIDITY OF THE CREDIT

CONFIRMATION *49: WITHOUT

INSTRUCTION 78: ON RECEIPT OF DOCUMENTS CONFIRMING TO THE TERMS OF THIS DOCUMENTARY CREDIT, WE UNDERTAKE TO REIMBURSE YOU IN THE CURRENCY OF THE CREDIT IN ACCORDANCE WITH YOUR INSTRUCTIONS, WHICH SHOULD INCLUDE YOUR UID NUMBER AND THE ABA CODE OF THE RECEIVING BANK

SEND. TO REC. INFO. 72: DOCUMENTS TO BE DISPATCHED BY COURIER SERVICE IN ONE LOT TO HSBC BANK PLC, TRADE SERVICES, 76 HANOVER STREET LUTON E14 5HQ UNITED KINGDOM

图 1-6

二、测试：

请根据下列合同（图 1-7）审核有错误的信用证（图 1-8）。

浙江省嘉兴市文桑制衣有限公司
ZHEJIANG JIAXING WENSANG GARMENTS CO., LTD.
中国嘉兴南湖区富润南路 120 号
NO. 120 SOUTH FURUN ROAD, NANHU DISTRICT, JIAXING, CHINA

销售确认书
SALES CONFIRMATION

To:
POWER PLAY INC.
2ND FLOOR, NO. 137E, 33RD STREET
LOS ANGELES CA.
90011 U. S. A.

S/C No.: 11JW1106
Date: 06 NOV., 2011
Place: SHANGHAI, CHINA

Dear Sirs:

We hereby confirm having sold to you the following goods on terms and conditions as specified below:

Description of Goods and Packing	Quantity	Unit Price	Total Amount
DYED MEN'S SHIRTS		CIF LOS ANGELES	
COTTON 80%, POLYESTER 20%,			
COLOUR	PCS	USD/PC	USD
WHITE	240	15.60	3744.00
SILVER	480	13.20	6336.00
BROWN	480	15.60	7488.00
DK. NAVY	360	16.20	5832.00
WINE	240	16.20	3888.00
GREY	480	14.40	6912.00
BLACK	360	16.20	5832.00
5% MORE OR LESS BOTH IN AMOUNT AND QUANTITY ARE ALLOWED	2640PCS		USD40032.00

大写总值:
Total Amount in Words: SAY U. S. DOLLARS FORTY THOUSAND AND THIRTY TWO ONLY.

装运港:
Loading Port: SHANGHAI

目的港:
Destination: LOS ANGELES

装运期限:
Time of Shipment: ON OR BEFORE 31 JAN., 2012

分批 / 转运:
Partial / Transshipment: PARTIAL SHIPMENTS AND TRANSSHIPMENT NOT ALLOWED

包装:
Packing: ONE PC IN A POLYBAG AND 12PCS INTO AN EXPORT CARTON. TOTAL INTO ONE 20' FULL CONTAINER

付款条件:
Terms of Payment: BY 100 PCT IRREVOCABLE L/C AVAILABLE BY DRAFT AT 30 DAYS AFTER SIGHT, TO BE OPENED IN SELLER'S FAVOUR 60 DAYS BEFORE THE DATE OF SHIPMENT, AND THE L/C TO REMAIN VALID FOR NEGOTIATION IN CHINA UNTIL 15 DAYS AFTER THE DATE OF SHIPMENT.

The Seller:
浙江省嘉兴市文桑制衣有限公司
王平

The Buyer:
POWER PLAY INC.
Cathy Brown

图 1-7

对方开出有错误的信用证:

TO:BANK OF CHINA,JIAXING BRANCH

FM:UNION BANK OF CALIFORNIA N. A. ,LOS ANGELES

MT:700

27:SEQUENCE OF TOTAL:1/1

40A:FORM OF DOC. CREDIT:IRREVOCABLE

20:DOC. CREDIT NUMBER:T-117641

31C:DATE OF ISSUE:111201

31D:EXPIRY:DATE 120210

　　　　　PLACE:THE PEOPLE'S REP. OF CHINA

50:APPLICANT:POWER PLAY INC.

　　　　　2ND FLOOR,NO. 137E 33RD STREET

　　　　　LOS ANGELES CA.

　　　　　90011 U. S. A.

59:BENEFICIARY:JIAXING WENSANG GARMENT CO. ,LTD.

　　　　　NO. 120 SOUTH FURUN ROAD

　　　　　NANHU DISTRICT,JIAXING,

　　　　　CHINA

32B:AMOUNT:CURRENCY USD AMOUNT 40032. 00

39A:POS/NEG TOL(%):05/05

41D:AVAILABLE WITH/BY:UNION BANK OF CALIFORNIA N. A.

　　　　　BY NEGOTIATION

42C:DRAFTS AT:AT SIGHT

　　　　　FOR FULL INVOICE VALUE

42D:DRAWEE:UNION BANK OF CALIFORNIA N. A.

　　　　　ALL OFFICES IN U. S. A.

43P:PARTIAL SHIPMENTS:ALLOWED

43T:TRANSSHIPMENT:NOT ALLOWED

44E:PORT OF LOADING:SHANGHAI

44F:PORT OF DISCHARGE:CALIFORNIA

44C:LATEST DATE OF SHIPMENT:120131

45A:SHIPMENT OF GOODS:

　　DYED MEN'S SHIRTS POLYESTER 80 PCT COTTON 20 PCT

　　OTHER DETAILS AS PER S/C NO. 11IW1106

　　PACKING:ONE PC IN A POLYBAG AND 12PCS INTO AN EXPORT CARTON. TOTAL

　　INTO ONE 20' FULL CONTAINER

CIF LOS ANGELES

46A:DOCUMENTS REQUIRED:

+ COMMERCIAL INVOICE IN QUADRUPLICATE SHOWING FREIGHT CHARGE AND PREMIUM SEPARATELY

+ FULL SET CLEAN ON BOARD BILLS OF LADING MADE OUT TO OUR ORDER MARKED FREIGHT PREPAID NOTIFY APPLICANT SHOWING FULL NAME AND ADDRESS

+ INSURANCE POLICY OR CERTIFICATE IN DUPLICATE ISSUED BY PEOPLE'S INSURANCE COMPANY OF CHINA INCORPORATING THEIR OCEAN MARINE CARGO CLAUSES ALL RISKS AND WAR RISKS FOR 110 PERCENT OF CIF INVOICE VALUE INDICATING THE PREMIUM PAID

+ DETAILED PACKING LIST IN TRIPLICATE

+ CERTIFICATE OF ORIGIN IN DUPLICATE

47A:ADDITIONAL CONDITIONS:

1. THE NUMBER AND THE DATE OF THIS CREDIT AND THE NAME OF OUR BANK MUST BE QUOTED ON ALL DRAFTS REQUIRED

2. AN ADDITIONAL FEE OF USD100.00 WILL BE DEDUCTED FROM THE PROCEED AND PAID UNDER ANY DRAWING WHERE DOCUMENTS PRESENTED ARE FOUND NOT TO BE IN STRICT CONFORMITY WITH THE TERMS OF THIS CREDIT

71B:DETAILS OF CHARGES:ALL BANKING CHARGES OUTSIDE THE ISSUING BANK INCLUDING ADVISING COMMISSION ARE FOR ACCOUNT OF BENEFICIARY AND MUST BE CLAIMED AT THE TIME OF ADVISING

48:PRESENTATION PERIOD:NOT LATER THAN 10 DAYS AFTER THE DATE OF ISSUANCE OF THE SHIPPING DOCUMENTS BUT WITHIN THE VALIDITY OF THE CREDIT

49:CONFIRMATION:WITHOUT

78:INSTRUCTIONS:UPON OUR RECEIPT OF THE DOCUMENTS IN ORDER,WE WILL REMIT IN ACCORDANCE WITH NEGOTIATING BANK'S INSTRUCTIONS AT MATURITY

图 1-8

经审核，该信用证有如下错误：

（见附录）

第二章　商业发票

在信用证结算方式下,出口商必须按照信用证的要求,正确缮制商业发票、装箱单、汇票等单据,做到"单单一致、单证一致",并在信用证规定的时间内送交银行,才能保证货款的安全收汇。

第一节　商业发票概述

一、发票含义

商业发票（Commercial Invoice）简称发票（Invoice）,是出口商向进口商开列的发货价目清单,是买卖双方记账的依据,是进出口报关纳税的总说明。

商业发票是一笔业务的全面反映,内容包括商品的名称规格、价格、数量、金额、包装等,同时也是进口商办理进口报关不可缺少的文件。因此,商业发票是全套单据的核心,在单据制作过程中,其余单据均参照商业发票缮制。

在信用证支付方式下,发票的内容应与信用证规定条款相符,一般情况下,还须列明信用证的开证行名称和信用证号码。如果是有佣金或折扣的交易,应根据合同或信用证要求,在发票总值中列明扣除佣金或折扣的若干百分比。

二、发票作用

发票是卖方向买方开立的,对所交货物的总说明,是一张发货价目清单。进口商凭发票核对货物及了解货物的品质、规格、价值等情况,它是进出口商记账与核算的依据。在没有汇票时,出口商可凭发票向进口地的开证行收款。发票还是报关纳税的基本依据,也是实施其他管理的基础。

需要说明的是,发票在货物出运前,有以下作用:

(1) 作为国际商务单据中的基础单据,是缮制报关单、产地证、报检单、投保单等其他单据的依据;

(2) 作为报关、报检单据的组成部分。货物出运过程中,报检单、报关单都需要附上发票才能起到相应的作用。

三、发票的种类

发票的种类主要包括:商业发票、银行发票、海关发票、领事发票、形式发票等。

(1) 商业发票(Commercial Invoice):是出口商于货物出运时开立给进口商作为进货记账或结算货款或报关缴税的凭证。

(2) 银行发票(Banker's Invoice):是出口商为办理议付和结汇,以符合议付行和/或开证行、或托收行的要求而提供的发票。

(3) 海关发票(Customs Invoice):是根据某些进口国海关的规定,由出口商填制的一种特定格式的发票,可供进口商凭以向海关办理进口报关、纳税等手续。海关发票采用进口国海关自身制定的固定格式,各国海关发票的单据名称和详细内容都不相同。

(4) 领事发票(Consular Invoice):又称签证发票,是按某些国家法令规定,出口商对其国家输入货物时,必须取得进口国在出口国或其邻近地区的领事签证的,作为装运单据一部分和货物进口报关的前提条件之一的特殊发票。

(5) 形式发票(Proforma Invoice):也称预开发票或估价发票,是进口商为了向其本国当局申请进口许可证或请求核批外汇,在未成交之前,要求出口商以拟出售成交的商品名称、单价、规格等为条件开立的一份参考性发票。形式发票不是正式发票,不能用于结汇、报检、报关等用途。

第二节 商业发票的填制

商业发票的格式由出口商自行拟制,没有统一模式,但基本内容大致相同,一般包括以下16项(图2-1):

XXX 进出口有限公司
XXX IMPORT AND EXPORT CO., LTD. (1)
123 JIEFANG ROAD, HANGZHOU, CHINA

商业发票
COMMERCIAL INVOICE (2)

To: Invoice No.: (4)
(3)   Invoice Date: (5)
                                                    S/C No.: (6)
                                                    S/C Date: (7)

Credit No.: (8)
Issued by: (8)

Marks & Nos.	Description of goods	Quantity	U. Price	Amount
(9)	(10)	(11)	(12)	(13)

Total amount in words
(14)

Statement or other certificate
(15)

Signature
(16)

图 2 - 1

（1）出口商名称与地址（Exporter's name and address）：出口商名称与地址应与合同或信用证中的受益人的名称与地址一致。一般情况下，名称与地址不能在同一行内。

（2）单据的名称（The title of the document）：须载明"商业发票（Commercial invoice）"或"发票（Invoice）"字样，用粗体字标出，如果信用证指定 Detailed Invoice 或者 Trade Invoice 等发票名称时，应严格按照信用证要求制作。但在发票的名称中，不能有"临时发票（Provisional invoice）"或"形式发票（Proforma invoice）"的字样。

（3）收货人名称与地址（Consignee's name and address）：此栏俗称"抬头"，信用证结算方式，需按信用证规定填制，一般填写开证申请人；托收或汇付项下，通常填写买方。

（4）发票编号（Invoice No.）：此栏填写发票号码，由出口商自行编写，一般以易认易记、便于管理即可。

（5）发票日期（Invoice date）：此栏填写发票签发的日期。发票是所有出口用单据中最早签发的单据，其他单据（如装箱单、保险单、提单等）的内容都要参照发票内容。实务中，出口商应早于货物装运日期两周左右缮制发票，并将发票用来托运、报检、投保等。

（6）合同或订单号码（S/C No. or order No.）：此栏填写合同或订单号码，一般与信用证中的合同编号一致。如果信用证未明确表示一定要显示合同号码，此栏可以留空。

（7）合同或订单日期（S/C date or order date）：此栏填写合同或订单日期。如果信用证未明确表示一定要显示合同日期，此栏也可以留空。

（8）信用证号码和开证银行名称（Credit No. and issuing by）：此栏填写信用证号码和开证行名称，托收或汇付结算方式项下，此栏可以留空。

（9）运输标志（Marks and Nos.）：运输标志即唛头，此栏应按照合同或信用证的规定缮制。如果合同或信用证规定"AS PER SELLER'S OPTION"（由卖方选择），出口商可以自行编写一个。按照国际标准化组织的推荐，唛头由四行组成，即进口商名称缩写、参考号码、目的港、件号。如果出口产品为裸装货物或散装货物，可注明 NAKED 或 IN BULK，也可以填写 N/M（NO MARK），即没有唛头。

（10）商品描述（Description of goods）：此栏填写出口货物的名称、规格等内容。信用证结算方式下，应严格按照信用证的规定缮制，任何省略或增加货物描述的词句，都会造成单证不符。托收或汇付结算方式下，应与合同完全一致。

（11）数量（Quantity）：此栏填写出口货物的数量，如果是两种或两种以上规格，应分行列明。

（12）单价和价格条件（Unit price and price term）：此栏填写出口货物的单价，完整的单价应包括计价货币、单位价格、计量单位和贸易术语四个部分，如果有两种或两种以上规格的，应分行列明，并与相应的数量对齐。

（13）总金额（Amount）：此栏填写出口货物的总值，如果有两种或两种以上规格的，应分行列明，并与相应的单价对齐。除非信用证另有规定，发票总金额不能超过信用证金额。如果单价乘以数量后大于信用证总金额一点点，可采用"减除"（Deletion）的方法将多余的金额除去，使得发票金额与信用证金额一致。

（14）大写金额（Total amount in words）：此栏填写总值大写，并在最前面写 SAY，结束时加 ONLY，以防加塞内容。

（15）声明和证明文句（Statement or other certificates）：此栏填写信用证或合同要求添加的内容，如进口商的订单号码、分别列出的运费、保险费和 FOB 价格、特别的声明文句等。如果没有特别要求，此栏可以留空。

（16）签署（Signature）：《UCP600》规定，发票必须由受益人出具，对可转让信用证，在第一受益人换单条件下，第二受益人可出具以自己为出票人的发票。如果信用证没有规定，发票可以不签署。当信用证有"Signed invoice"字样时，发票必须签署；若要求"Manually signed invoice"时，则必须有出票人的手签。如果信用证中出现了声明文句，即使信用证没有要求签署发票，发票也必须签署。

第三节　同步实训

一、示范

2012 年 6 月 25 日，英国 GOODLUCKY 有限公司根据合同规定开出了以浙江省诸暨对外贸易有限公司为受益人的第 DC LUT120954 号信用证。

2012 年 7 月 23 日，该公司单证员蒋蕾开始安排了订舱、报检、投保等工作，于是要缮制商业发票。

信用证（本书第一章图 1-6）中有关发票缮制的内容为：

```
SEQUENCE OF TOTAL      *27:1/1
FORM OF DOC. CREDIT    *40A:IRREVOCABLE
DOC. CREDIT NUMBER     *20:DC LUT120954
DATE OF ISSUE           31C:120625
EXPIRY                 *31D:DATE120824 PLACE IN CHINA
APPLICANT              *50:GOODLUCKY CO., LTD.
                           96 HIGHWAY
                           LUTON,BEDFORDSHIRE
                           LU1 1XL UNITED KINGDOM
APPLICANT BANK          51A:HSBC BANK PLC,LONDON
BENEFICIARY            *59:ZHUJI FOREIGN TRADE CORP. OF ZHEJIANG,LTD.
                           288 WEST SECOND RING ROAD
                           ZHUJI,ZHEJIANG
                           CHINA
...
DESCRIPTION OF GOODS 45A:
                           MEN'S SOCKS AND BABIES' HOSIERY
                           AS PER S/C NO. ZF12E0620 AND
                           APPLICANT'S ORDER NO. 599/2012
                           TRADE TERMS:CIF FELIXSTOWE
DOCUMENTS REQUIRED 46A:
    + ORIGINAL SIGNED COMMERCIAL INVOICE PLUS THREE COPIES
...
ADDITIONAL CON. 47A:
    + APPLICANT'S ORDER NO. 599/2012 MUST BE SHOWN ON ALL DOCU-
MENTS
...
```

其他相关资料：

发票编号：ZFA0723－Q　　　　　发票日期：2012年7月23日

短袜4800打双　　　　　　　　　GBP12.00/打双

毛重：25千克/箱

唛头：GOODLUCKY
　　　MEN'S SOCKS
　　　O/NO. 599/2012
　　　FELIXSTOWE
　　　NO. 1－400

婴儿袜2000打双　　　　　　　　GBP9.00/打双

毛重：9千克/箱

唛头：GOODLUCKY
　　　BABIES' HOSIERY
　　　O/NO. 599/2012
　　　FELIXSTOWE
　　　NO. 401－600

合同号：ZF12E0620　　　　　　　合同日期：2012年6月20日

浙江省诸暨对外贸易有限公司单证员蒋菁根据信用证和上述资料缮制商业发票如下（图2－2）：

第二章　商业发票

浙江省诸暨对外贸易有限公司
ZHUJI FOREIGN TRADE CORP. OF ZHEJIANG, LTD.

浙江省诸暨市西二环路 288 号
288 West Second Ring Road, Zhuji, Zhejiang, China

商业发票
COMMERCIAL INVOICE

To:
GOODLUCKY CO., LTD.
96 HIGHWAY
LUTON, BEDFORDSHIRE
LU1 1XL UNITED KINGDOM

Invoice No.:	ZFA0723-Q
Invoice Date:	23 JUL., 2012
S/C No.:	ZF12E0620
S/C Date:	20 JUN., 2012

Credit No. DC LUT120954
Issued by: HSBC BANK PLC, LONDON

Marks and Numbers	Description of goods	Quantity	Unit Price	Amount
	MEN'S SOCKS AND BABIES' HOSIERY			
GOODLUCKY MEN'S SOCKS O/NO. 599/2012 FELIXSTOWE NO. 1-400	MEN'S SOCKS	4800DOZ.PRS	CIF FELIXSTOWE GBP12.00	GBP57600.00
GOODLUCKY BABIES' HOSIERY O/NO. 599/2012 FELIXSTOWE NO. 401-600	BABIES' HOSIERY	2000DOZ.PRS	GBP9.00	GBP18000.00
	TOTAL:	6800DOZ.PRS		GBP75600.00

SAY G. B. POUNDS SEVENTY FIVE THOUSAND AND SIX HUNDRED ONLY.
AS PER S/C NO. ZF12E0620 AND GOODLUCKY'S ORDER NO. 599/2012
TOTAL PACKED IN 600 CARTONS
GROSS WEIGHT: 11800 KGS

浙江省诸暨对外贸易有限公司
ZHUJI FOREIGN TRADE CORP. OF ZHEJIANG, LTD.

王一峰(章)

图 2-2

二、测试

请根据合同（第一章图 1-7）、下列已经修改正确的信用证（图 2-3）以及其他相关资料缮制商业发票（图 2-4）。

```
TO:BANK OF CHINA,JIAXING BRANCH
FM:UNION BANK OF CALIFORNIA N. A. ,LOS ANGELES
MT:700
27:SEQUENCE OF TOTAL:1/1
40A:FORM OF DOC. CREDIT:IRREVOCABLE
20:  DOC. CREDIT NUMBER:T-117641
31C:DATE OF ISSUE:111201
31D:EXPIRY:DATE 120215
          PLACE:THE PEOPLE'S REP. OF CHINA
50:APPLICANT:POWER PLAY INC.
          2ND FLOOR,NO. 137E 33RD STREET
          LOS ANGELES CA.
          90011 U. S. A.
59:BENEFICIARY:ZHEJIANG JIAXING WENSANG GARMENT CO., LTD.
          NO. 120 SOUTH FURUN ROAD
          NANHU DISTRICT,JIAXING,
          CHINA
32B:AMOUNT:CURRENCY USD AMOUNT 40,032.00
39A:POS/NEG TOL(%):05/05
41D:AVAILABLE WITH/BY:ANY BANK IN CHINA
          BY NEGOTIATION
42C:DRAFTS AT:AT 30 DAYS AFTER SIGHT
          FOR FULL INVOICE VALUE
42D:DRAWEE:UNION BANK OF CALIFORNIA N. A.
          ALL OFFICE IN U. S. A.
43P:PARTIAL SHIPMENTS:NOT ALLOWED
43T:TRANSSHIPMENT:NOT ALLOWED
44E:PORT OF LOADING:SHANGHAI
44F:PORT OF DISCHARGE:LOS ANGELES
44C:LATEST DATE OF SHIPMENT:120131
45A:SHIPMENT OF GOODS:
```

DYED MEN'S SHIRTS COTTON 80 PCT POLYESTER 20 PCT

OTHER DETAILS AS PER S/C NO. 11JW1106

PACKING：ONE PC IN A POLYBAG AND 12PCS INTO AN EXPORT CARTON. TOTAL INTO ONE 20' FULL CONTAINER

CIF LOS ANGELES

46A：DOCUMENTS REQUIRED：

 + COMMERCIAL INVOICE IN QUADRUPLICATE SHOWING FREIGHT CHARGE AND PREMIUM SEPARATELY

 + FULL SET CLEAN ON BOARD BILLS OF LADING MADE OUT TO OUR ORDER MARKED FREIGHT PREPAID NOTIFY APPLICANT SHOWING FULL NAME AND ADDRESS

 + INSURANCE POLICY OR CERTIFICATE IN DUPLICATE ISSUED BY PEOPLE'S INSURANCE COMPANY OF CHINA INCORPORATING THEIR OCEAN MARINE CARGO CLAUSES FREE FROM PARTICULAR AVERAGE DATED 01/01/2010 FOR 110 PERCENT OF CIF INVOICE VALUE INDICATING THE PREMIUM PAID

 + DETAILED PACKING LIST IN TRIPLICATE

 + CERTIFICATE OF ORIGIN IN DUPLICATE

47A：ADDITIONAL COND. ：

 1. THE NUMBER AND THE DATE OF THIS CREDIT AND THE NAME OF OUR BANK MUST BE QUOTED ON ALL DRAFTS REQUIRED

 2. AN ADDITIONAL FEE OF USD100.00 WILL BE DEDUCTED FROM THE PROCEED AND PAID UNDER ANY DRAWING WHERE DOCUMENTS PRESENTED ARE FOUND NOT TO BE IN STRICT CONFORMITY WITH THE TERMS OF THIS CREDIT

 3. 5 PCT MORE OR LESS BOTH IN AMOUNT AND QUANTITY ARE ALLOWED

71B：DETAILS OF CHARGES：ALL BANKING CHARGES OUTSIDE THE ISSUING BANK INCLUDING ADVISING COMMISSION ARE FOR ACCOUNT OF BENEFICIARY AND MUST BE CLAIMED AT THE TIME OF ADVISING

48：PRESENTATION PERIOD：NOT LATER THAN 15 DAYS AFTER THE DATE OF ISSUANCE OF THE SHIPPING DOCUMENTS BUT WITHIN THE VALIDITY OF THE CREDIT

49：CONFIRMATION：WITHOUT

78：INSTRUCTIONS：UPON OUR RECEIPT OF THE DOCUMENTS IN ORDER，WE WILL REMIT IN ACCORDANCE WITH NEGOTIATING BANK'S INSTRUCTIONS AT MATURITY

图 2 – 3

其他相关资料：

发票号码：ABC120116　　　　　发票日期：2012 年 1 月 16 日

毛重：14 千克/箱　　　　　　　发票签署：王平

海运费：1500 美元　　　　　　 保险费：66 美元

实际出运时，货物没有增减，完全按照合同（第一章图 1-7）所述出口

唛头：POWER PLAY
　　　11JW1106
　　　LOS ANGELES
　　　NO. 1-220

浙江省嘉兴市文桑制衣有限公司
ZHEJIANG JIAXING WENSANG GARMENTS CO., LTD.
中国嘉兴南湖区富润南路 120 号
NO. 120 SOUTH FURUN ROAD, NANHU DISTRIC JIAXING, CHINA

商 业 发 票
COMMERCIAL INVOICE

To:

Invoice No.: _____
Invoice Date: _____
S/C No.: _____
S/C Date: _____

Credit No.: _____
Issued by: _____

Marks and Numbers	Description of goods	Quantity	Unit Price	Amount

图 2-4

第三章 包装单据

第一节 包装单据概述

包装单据主要包括装箱单（Packing List）、重量单（Weight List）和包装说明（Packing Specification）等，是商业发票内容的补充。通过对商品的包装种类、件数、唛头、重量、体积等项目的填制，阐明商品的包装情况，便于国外买方对进口商品包装及数量、重量的了解和掌握，也便于买方在货物到达目的港时，供海关检查和核对货物。

有的商品不值得包装，诸如矿砂、煤炭等，称之为"散装货物"（Bulk goods）；有些商品不必包装，如钢材、汽车等，称之为"裸装货物"（Naked goods）。而大多数商品必须加以适当的包装后才能装运出口，以保护该商品的安全。

一、常用包装单据种类

（1）装箱单（Packing List 或 Packing Slip）；

（2）重量单（Weight List 或 Weight Note）；

（3）尺码单（Measurement List）；

（4）详细装箱单（Detailed Packing List）；

（5）包装明细单（Packing Specification）；

（6）包装提要（Packing Summary）；

（7）磅码单（Weight Memo）；

（8）规格单（Specification List）；

（9）花色搭配单（Assortment List）等。

二、包装单据作用

（1）包装单据是出口商缮制商业发票及其他单据时计量、计价的基础资料；

（2）包装单据是进口商清点货物数量或重量以及销售货物的依据；

（3）包装单据是海关查验货物的凭证；

（4）包装单据是公证或商检机构查验货物的参考资料。

三、包装单据的内容

包装单据由出口商缮制，无统一固定的格式，制单时可以根据信用证或合同的要求以及货物的特点自行设计，应大致具备以下内容（图3-1）：

（1）出口商名称地址（Exporter's name and address）：此栏与发票相同，填写出口商的名称地址，注意名称与地址不能在同一行内。

（2）单据的名称（The title of the document）：此栏根据合同或信用证要求填写，用英文粗体在正中央填写单据名称，如果信用证要求提供"Detailed packing list"（详细包装单）或者"Packing assorted list"（装箱搭配单）等，必须按要求缮制。

（3）抬头（To）：此栏填写进口商（开证申请人、买方）的名称与地址，如果信用证或合同有特殊规定，则要按规定缮制，也可以缮制成 To whom it may concern（敬启者）。

（4）号码（No.）：此栏填写发票号码。

（5）日期（Date）：此栏填写发票日期。

（6）合同编号（S/C No.）：此栏填写合同号码或销售确认书号码，注意和信用证中的合同编号及发票上的合同号码保持一致。

（7）装运港（Shipment from）：此栏填写出口货物的装运港（地）名称，如果合同或信用证上规定的是 CHINA，不能照搬，而是要填写实际出口的装运港（地）。

（8）卸货港（To）：此栏填写货物的卸货港，如果合同或信用证规定的是 JAPAN，不能照搬，而应填写实际进口的卸货港（地）。

（9）箱号或件号（C/No.）：此栏用于填写不同商品的具体装箱情况，以便进口商提货时识别。如果是单一货号的商品出口，或者是一种商品一个唛

XXX 进出口有限公司
XXX IMPORT AND EXPORT CO., LTD. (1)
123 JIEFANG ROAD, HANGZHOU, CHINA

装箱单
PACKING LIST (2)

To:
(3)

No.: (4)
Date: (5)
S/C No.: (6)

Shipment from: (7) 　　　To: (8) 　　　By vessel

C/No.	No. & kind of pkgs	Description of goods, packing, quantity, etc.	G. weight	N. weight	Measurement
(9)	(10)	(11)	(12)	(13)	(14)

Total package in words
(15)
Marks or other statement
(16)

Signature
(17)

图 3 - 1

头出口时，此栏填写唛头的最后一行中的数字，即 1－UP。例如，200 箱袜子，可以填写：1－200；如果有两种以上的货物出口，则要按具体的包装箱箱号，分行填写在对应的位置上。例如：

1－20

21－60

61－100 …

以此类推。

（10）包装件数与种类（No. & kind of pkgs）：此栏填写货物的包装件数及包装种类，如 CTNS、CASES、BAGS 等。如果有两种以上的货物出口，则要按具体的箱号，分行填写在对应的位置上。例如：

1－20   20CTNS

21－60   40CTNS

61－100   40CTNS…

以此类推。

（11）货物描述、包装、数量等（Description of goods, packing, quantity, etc）：此栏填写商品名称，具体型号或货号以及它们的包装情况。例如：

DYED MEN'S SHIRTS COTTON 80 PCT POLYESTER 20 PCT

		COLOUR	PACKING
			@ 12
1－20	20CTNS	WHITE	240PCS
21－60	40CTNS	SILVER	480PCS
61－100	40CTNS	BROWN	480PCS…

以此类推。

（12）毛重（Gross weight, G.W.）：此栏填写出口货物的总毛重，有时也列明单件毛重，单毛重与总毛重可以分开两行填写，也可以写在一行内。按照惯例，装箱单上的重量保留两位小数。例如：

		COLOUR	PACKING	
			@ 12	@ 14
1－20	20CTNS	WHITE	240PCS	280.00KGS
21－60	40CTNS	SILVER	430PCS	560.00KGS
61－100	40CTNS	BROWN	430PCS	560.00KGS…

以此类推。

（13）净重（Net weight，N.W.）：此栏填写出口货物的总净重，有时也列明单件净重。单净重与总净重可以分开两行填写，也可以写在一行内。例如：

		COLOUR	PACKING		
			@12	@14	@12
1-20	20CTNS	WHITE	240PCS	280.00KGS	240.00KGS
21-60	40CTNS	SILVER	480PCS	560.00KGS	480.00KGS
61-100	40CTNS	BROWN	480PCS	560.00KGS	480.00KGS…

以此类推。

（14）体积（Measurement）：此栏填写出口货物的总体积，有时也列明单件包装箱的尺码。按惯例，装箱单上的体积保留三位小数。这里的CMS是厘米，CBM是立方米。单体积与总体积可以分开两行填写，也可以写在一行内。例如：

		COLOUR	PACKING			
			@12	@14	@12	@(78*46*30)cms
1-20	20CTNS	WHITE	240PCS	280.00KGS	240.00KGS	2.153CBM
21-60	40CTNS	SILVER	480PCS	560.00KGS	480.00KGS	4.3056CBM
61-100	40CTNS	BROWN	480PCS	560.00KGS	480.00KGS	4.3056CBM

填写完毕数量、重量、体积等数据后，如果产品是两种或两种以上的，要在下方将总数量、总毛重等相加。如果产品的包装种类在两种或两种以上的，要用Packages（件）表示。例如：

1-20	20CTNS	WHITE	240PCS	280.00KGS	240.00KGS	2.1528CBM
21-60	40CTNS	SILVER	480PCS	560.00KGS	480.00KGS	4.3056CBM
61-100	40CTNS	BROWN	480PCS	560.00KGS	480.00KGS	4.3056CBM
	100CTNS		1200PCS	1400.00KGS	1200.00KGS	10.764CBM

（15）大写总包装件数（Total package in words）：按惯例，装箱单全部填写完毕后，在下方写上总包装件数的英文大写，开头用"SAY"，结束用"ONLY"。

（16）唛头或其他声明（Marks or other statement）：装箱单唛头可按信用证、合同或相关资料填写，也可写上 AS PER INVOICE NO. 123（即与发票号码 123 相同）。此外，如果合同或信用证要求显示订单、信用证号码等，此类信息也填写在此栏。

（17）签署（Signature）：根据《UCP600》，如果信用证没有规定要求装箱单签署，银行接受不经过签署的装箱单。但在实务中，受益人一般都在装箱单上签署，即加盖出口公司条形章和法人代表的签署章。

四、制作包装单据注意事项

出口商可以根据不同商品的品质和信用证的要求，提供适当的包装单据，做到既能符合信用证的规定，为银行所接受，又能满足客户对商品包装的要求。如果信用证条款只要求提供装箱单（Packing list），而无任何特殊规定，那么只要提供一般装箱单，将货物的包装情况作一般简要说明就可以了。如果信用证要求提供"详细装箱单"（Detailed packing list），那么就必须提供详细的装箱内容，如描述每件包装的具体细节，包括商品的货号、色号、尺寸搭配、毛、净重及尺码等。在货量较大的情况下，缮制详细装箱和包装说明，需要花费大量时间和劳动力。为了节省时间，提高效率，也可以使用特制的单据格式，中、英文对照，由厂方直接填制，经过单证员审核后，作为出口单据交银行结汇。

装箱单对货物内容的描述一般可用统称，着重表现货物的包装情况，内容包括从最小包装到最大包装使用的所有包装材料、包装方式。

重量单是在装箱单的基础上，详细表示货物的毛重、净重、皮重等。

尺码单则要用"M^3"或"CBM"表示货物的体积，其他内容基本与重量单相同。

有的信用证规定"Seaworthy packing"（适用于海运包装）、"Packing suitable for long distance"（适合于长途运输包装）或"Strong wooden case packing"（坚固木箱装运）等。信用证中的这些表述，可以在发票或装箱单中添加文字描述。

如果信用证要求在所有单据中显示订单号或信用证号码等内容，包装单据中则不能遗忘，必须添加上去。

包装单据一般不记载货物的单价和总值，因为进口商不想让实际买主了解货物的详细成本价格情况。

第二节 同步实训

一、示范

信用证（本书第一章图 1-6）中有关装箱单缮制的内容为：

…

DESCRIPTION OF GOODS 45A：

    MEN'S SOCKS AND BABIES' HOSIERY

    AS PER S/C NO. ZF12E0820 AND

    APPLICANT'S ORDER NO. 599/2012

    TRADE TERMS：CIF FELIXSTOWE

DOCUMENTS REQUIRED 46A：

…

    + ORIGINAL PACKING LIST PLUS THREE COPIES INDICATING DETAILED PACKING OF EACH CARTON

…

ADDITIONAL CON. 47A：

    + APPLICANT'S ORDER NO. 599/2012 MUST BE SHOWN ON ALL DOCUMENTS

…

其他相关资料：

发票编号：ZFA0723-Q   发票日期：2012 年 7 月 23 日

短袜 4800 打双   体积：55×45×40 厘米/箱

毛重：25 千克/箱   净重：23 千克/箱

12 打双/箱   箱号：1-400

唛头：GOODLUCKY

   MEN'S SOCKS

   O/NO. 599/2012

   FELIXSTOWE

NO. 1-400

婴儿袜 2000 打双　　　　　　体积：50 * 44 * 40 厘米/箱

毛重：9 千克/箱　　　　　　　净重：7.20 千克/箱

10 打双/箱　　　　　　　　　　箱号：401-600

唛头：GOODLUCKY

　　　BABIES' HOSIERY

　　　O/NO. 599/2012

　　　FELIXSTOWE

　　　NO. 401-600

装运港：NINGBO　　　　　　　合同号：ZF12E0620

浙江省诸暨对外贸易有限公司单证员蒋蕾根据信用证和上述资料缮制的装箱单如下（图 3-2）：

第三章　包装单据

浙江省诸暨对外贸易有限公司
ZHUJI FOREIGN TRADE CORP. OF ZHEJIANG, LTD.
浙江省诸暨市西二环路 288 号
288 West Second Ring Road, Zhuji, Zhejiang, China

装箱单
PACKING LIST

To: GOODLUCKY CO., LTD.
96 HIGHWAY
LUTON, BEDFORDSHIRE
LU1 1XL UNITED KINGDOM

No.: ZFA0723-Q
Date: 23 JUL., 2012
S/C No.: ZF12E0620

Shipment from: NINGBO   To: FELIXSTOWE   By vessel

C/No.	No. & kind of pkgs	Description of goods, Packing, Quantity, etc.	G. Weight	N. Weight	Measurement
		MEN'S SOCKS AND BABIES' HOSIERY			
1-400	400Ctns	MEN'S SOCKS @12/4800DOZ.PRS	@25.00/ 10000.00Kgs	@23.00/ 9200.00Kgs	@(55*45*40)cms 39.600Cbm
401-600	200Ctns	BABIES' HOSIERY @10/2000DOZ.PRS	@9.00/ 1800.00Kgs	@7.20/ 1440.00Kgs	@(50*44*38)cms 16.720Cbm
	600CTNS	6800DOZ.PRS	11800.00KGS	10640.00KGS	56.320CBM

SAY SIX HUNDRED CARTONS ONLY.
GOODLUCKY'S ORDER NO. 599/2012

Marks and Numbers
GOODLUCKY
MEN'S SOCKS
O/NO. 599/2012
FELIXSTOWE
NO. 1-400

GOODLUCKY
BABIES' HOSIERY
O/NO. 599/2012
FELIXSTOWE
NO. 401-600

浙江省诸暨对外贸易有限公司
ZHUJI FOREIGN TRADE CORP. OF ZHEJIANG, LTD.

王一峰(章)

图 3-2

二、测试

请根据合同（第一章图1-7）、信用证（图2-3）以及其他相关资料缮制装箱单（图3-3）。

其他相关资料：

发票号码：ABC120116　　　　　　发票日期：2012年1月16日

毛重：14千克/箱　　　　　　　　净重：12千克/箱

体积：78×46×30厘米/箱　　　　单色装箱

实际出运时，货物没有增减，完全按照合同所述出口。

箱号	箱数	颜色
1-20	20	WHITE
21-60	40	SILVER
61-100	40	BROWN
101-130	30	DK. NAVY
131-150	20	WINE
151-190	40	GREY
191-220	30	BLACK

尺码装箱搭配：

SIZE	XS	S	M	L	XL	2XL	TOTAL
QUANTITY	1	2	3	3	2	1	12PCS

唛头：POWER PLAY
　　　11JW1106
　　　LOS ANGELES
　　　NO. 1-220

第三章　包装单据

浙江省嘉兴市文桑制衣有限公司
ZHEJIANG JIAXING WENSANG GARMENTS CO., LTD.
中国嘉兴南湖区富润南路 120 号
NO. 120 SOUTH FURUN ROAD, NANHU DISTRIC JIAXING, CHINA

详细装箱单
DETAILED PACKING LIST

To:

No.: _____
Date: _____
S/C No.: _____

Shipment from: _____ To: _____ By Vessel

C/No.	No. & kind of pkgs	Description of goods, Packing, Quantity, etc.	G. Weight	N. Weight	Measurement

图 3-3

第四章　出口货物托运与海运提单

第一节　海运出口货物的托运

一、海运出口托运

如果出口商品在海关的监管条件下要求提供出口许可证，出口商必须在落实信用证后，及时向商务部许可证局授权的出证机构提出申领。

如果出口货物不需要出口许可证，出口企业在落实好信用证后，就可以执行下面环节的工作：安排生产、包装、刷唛和办理托运手续。

托运是实现出口货物空间位移和实现国际商务单证流转的第一个实际操作阶段，也是完成外贸运输和实现安全结汇的关键。因此，根据合同与信用证规定的装运时间以及工厂的生产进度向货代公司订舱，成为单证员在确认信用证之后的首要任务。

绝大多数情况下国际货物贸易的出口采用海运出口，因此本章介绍海运出口货物的托运和海运提单的确认。

二、填制国际货物运输托运单

出口商填写的国际货物运输托运单（样式见图 4-1）由出口商自己设计，没有固定格式，一般含有 30 项内容，将所要托运、订舱（订箱）的要求填写清楚就行了。

海运出口托运单内容：

（1）托运单编号：一般填写对应的商业发票的号码，也可以由出口商自行编写。

（2）贸易方式：可填写一般贸易、来料加工、进料加工、三资企业出口、边境贸易、其他贸易等。信用证项下以"一般贸易"为主。

（出口商）国际货物运输托运单

(12)托运人(Shipper)		(1)托运单编号	(2)贸易方式	(3)收汇方式
		(4)运输方式	(6)运费支付方式(到付/预付)	
(13)收货人(Consignee)		(5)货物备妥时间	(7)杂费支付方式到付/预付	
		(8)可否转运	(9)可否分批	
(14)被通知人(Notify Party)		(10)装运期限	(11)信用证有效期	
		(15)装箱方式(自送/门到门)		
(17)装运港	(18)卸货港	(16)门到门装货地址		
(19)最终目的地	(20)提单正本份数			
(21)标记唛头	(22)件数及包装种类	(23)货物描述	(24)毛重（千克）	(25)体积（立方米）

(26)备注或特殊条款

(27)配载要求

(28)托运人签署：

(29)联系人及联系方式：
手机：　　　　　　　　　　　　(30)托运日期：

图 4－1

（3）收汇方式：常见的有信用证、托收、汇付等方式，信用证项下的出口就填写"信用证"或"L/C"。

（4）运输方式：常见的有水路运输、航空运输、铁路运输、国际多式联运等。要符合信用证或合同中规定的贸易术语的特性，例如：CIF 或 FOB 术语一定是水路运输，CIP 或 FCA 术语可以是任何运输方式。

（5）货物备妥时间：指集装箱到工厂装货的时间，或工厂将货物自行送至集装箱货运站的时间。此时间一定要比货物装船时间早二至三天，比报关时间早一至两天。

（6）运费支付方式（到付/预付）：在预付与到付中选择一个。FOB 或 FCA 术语的填写到付，CIF、CIP、CFR、CPT 术语的填写预付。

（7）杂费支付方式到付/预付：在预付与到付中选择一个。杂费系指集装箱到工厂拖货的费用、报关费用、内装箱费用等。如果是"到付"的，即由货代公司先垫付给船公司，出口商再支付给货代公司。如果是预付，即出口商要先支付杂费给货代公司，货代公司的集装箱才到工厂拖货。实务中以"到付"居多。

（8）可否转运：根据合同或信用证的规定，在"允许"或"不允许"中选择一个。

（9）可否分批：根据合同或信用证的规定，在"允许"或"不允许"中选择一个。

（10）装运期限：此栏填写受益人与货代公司商定的装运出口货物船舶的船期，该日期须早于或等于信用证或合同规定的最晚装运时间。例如，信用证规定最迟装船期是 3 月 31 日，而载货船舶的船期是 3 月 29 日，该栏就填写 3 月 29 日。

（11）信用证有效期：此栏参照信用证规定的有效期填写。根据上栏（第 10 栏）的要求，再加上信用证的交单期来填写，如上例，信用证规定的有效期是 4 月 15 日，交单期是 15 天，但载货船舶的船期是 3 月 29 日，则该栏就必须填写 4 月 13 日。

（12）托运人（Shipper）：一般情况下填写出口公司的名称和地址。如果信用证没有特别指示，银行接受任何人作为托运人的提单，所以一般情况下，填写信用证的受益人，可以只填写出口公司名称，而不用填写出口公司的地址。如果信用证有指定的托运人，则要按信用证的规定填写，此栏

第四章 出口货物托运与海运提单

须用英文填写。

(13) 收货人（Consignee）：此栏须用英文填写。在实务中，对收货人的规定有两种表示方法：记名收货人和指示收货人。

记名收货人是在收货人栏内将收货人的名称地址直接地、完整地表示出来的方法，即在栏内填写某人或某企业的具体名称，也称记名抬头。这种提单只能由提单上所指定的收货人提货，不得转让给他人，万一国际市场突变，收货人不想提货，出口商想转卖都不行。因此这种做法有利于进口商而不利于出口商。信用证中的词句一般为："Full set clean on board Bill of Lading consigned to ABC company..."。

指示收货人是将收货人以广义的形式表示出来的一种方法。指示收货人隐藏了收货人的具体名称和地址，用"凭指示（也称不记名抬头或空白抬头）"或"凭某人指示（也称记名指示抬头）"的泛指来表示收货人，通过背书转让提单。这种做法有利于出口商而不利于进口商。

①空白抬头：即在收货人一栏填写"to order"，然后在提单背面由托运人签字盖章进行背书，以示转让物权。信用证上用的词汇常常是："Full set of Bill of Lading made out to order..."。

②记名指示抬头：常见有凭托运人指示（to order of shipper）、凭某银行指示（to order of ABC bank）和凭某公司指示（to order of ABC company）三种情况。在信用证项下，某银行一般是指开证行（the issuing bank），信用证上的词汇常常是："Full set clean on board Bill of Lading made out to our order..."。这里的"our"指的就是开证行。而某公司，可以是指开证申请人（the applicant）也可以是指开证申请人指定的公司。信用证上的词汇常常是："Full set clean on board Bill of Lading made out to order of ABC company..."。

在记名指示情况下，记名人有权控制和转让单据。指示抬头的方法填补了记名抬头的缺陷，但也给船方通知收货人提货带来了麻烦，对此须在被通知人栏目做出补充。

另外，收货人栏目还有一种不记名式的填写，即在本栏留空或仅填入"to bearer"（给持有者）。这样的提单风险很大，谁持有谁就可以提货，转让时不必背书，因此在国际货物贸易中几乎不使用。

(14) 被通知人（Notify party）：此栏必须用英文填写。在指示抬头的提单里，因为不显示收货人的具体名称，只用"凭指示"或"凭某人指示"的泛指来表示，船公司担心货到目的港后无人提取，因此设置了"被通知人"栏目，列明提货人的名称与地址，以便承运人在货物到达目的港时通知其来办理报关提货手续。此栏一般填写信用证中规定的被通知人名称和地址。

　　在记名抬头的情况下，信用证通常不规定被通知人的内容，受益人可以不填写，也可以填写"如上（same as above）"。在指示抬头的情况下，若信用证中没有明示提单的被通知人，受益人应事先要求更改信用证，或将正本提单此处留空，在副本提单此栏处填写开证申请人的名称与地址；如果信用证要求两个或两个以上的公司作为被通知人，受益人应把这两个或两个以上公司的名称与地址完整地填写在这一栏目中，填不下时，可用"＊＊＊"符号连接到提单的空白处。

　　有时买方确定本人为被通知人，有时将自己的代理人或其他与买方联系较密切的人确定为被通知人。被通知人的职责是及时接受船方发出的到货通知并将该通知转告真实的收货人，被通知人手中无正本提单将无权提货。

　　（15）装箱方式（自送/门到门）：在"自送"和"门到门"中选择一个。一般的情况是，整箱货出口采用"门到门"的方式装箱为多，也有工厂自行送货到货代指定的仓库进行内装箱的，此种情况下，填写"自送"。拼箱一般采用"自送"，选择"自送"须加注"请告知仓库地址与联系人及电话"等字样，以便工厂及时送货。

　　（16）门到门装货地址：如果在"装箱方式"栏内填写"自送"的，此栏可以留空不填；如果填写"门到门"的，此栏填写工厂的具体名称与地址，有时（如节假日）须加注工厂联系人的电话。

　　（17）装运港：此栏按合同或信用证的规定填写，如果信用证规定"CHINA"或选择港如"上海/宁波"时，则填写具体港口名称。此栏须用英文填写。

　　（18）卸货港：此栏按合同或信用证的规定填写，注意重名港口，如信用证中的卸货港后带有国名，填写时将国名一并填写上。此栏须用英文填写。

　　（19）最终目的地：此栏根据合同或信用证的规定填写，港至港水路运输时，此栏留空。国际多式联运时，如果目的地是一内陆城市，则填写内陆城市名称。船方或其代理人计算运费时,是根据托运单的本项内容计算航程的。此栏必须用英文填写。

(20) 提单正本份数:根据《UCP600》,信用证规定的每一种单据须至少提交一份正本。但如果以多份正本出具,提单中须表明全套正本的份数。在实务中,纸质提单的正本份数以一式三份居多。

(21) 标记唛头:此栏填写合同或信用证规定的唛头,必须与外包装箱上显示的运输标志一致。如果买卖合同或信用证中没有规定唛头,可填写 N/M。

(22) 件数及包装种类:件数是指出口货物的运输包装件数,一般填写外包装数量;包装种类是指运输包装的种类。此栏必须用英文填写。

(23) 货物描述:此栏内容允许只写大类名称或统称,但不应与实际货物相矛盾,也不应与合同或信用证的规定相矛盾。如果同时出口不同的商品,应分别填写,不允许只填写其中的一种金额较大的商品。此栏必须用英文填写。

(24) 毛重:此栏填写货物的总毛重,应与其他单据相一致。如果是裸装货物没有毛重,只有净重,则在净重的数量前加注"net weight"。

(25) 体积:此栏填写货物的尺码总数,一般单位为立方米。总尺码不仅包括各件货物尺码之和,还应包括件与件之间堆放时的合理空隙所占的体积。

(26) 备注或特殊条款:此栏填写合同或信用证中的特殊要求。例如提单上要求显示的信用证号码或订单号码、副本提单的份数等。

(27) 配载要求:此栏填写合同或信用证中有关运输的特殊条款,如冷藏箱的温度、危险品的等级、要求配载的船舶的所属公司、不能停靠的港口等。

(28) 签字:经办人签字、出口企业盖章。

(29) 联系人与联系方式:出口企业的单证员签名,填写手机号码或办公室电话号码。

(30) 托运日期:一般情况下,受益人在预期装运前两星期至前十天托运,如果是每年的七、八月份的运输高峰期间,还要适当提前托运。

第二节　海运提单的定义、作用和填制

一、提单的定义

海运提单（Ocean Bill of Lading）简称提单（B/L），是由船长或承运人或其代理人签发的，用以证明海上货物运输合同和货物已由承运人接收或装船，以及承运人保证据以交付货物的单证。根据提单中载明的向记名人交付货物，或者按照指示人的指示交付货物，或者向提单持有人交付货物的条款，构成承运人据以交付货物的保证。

在国际货物运输中，提单是最具有特色、最完整的运输单据。在国际贸易中，提单是一种有价证券，同时代表物权和债权。在各国有关运输的法律中，提单都被认为是一份非常重要的法律文件，提单上权利的实现必须以交还提单为要件。

二、提单的作用

从法律规定的角度看，提单的基本作用有：

（1）提单是海上货物运输合同的证明（evidence of the contract of carriage）。

（2）提单是货物已由承运人接收或装船的收货凭证（evidence of receipt for the cargos）。

（3）提单是承运人保证凭以交付货物的物权凭证（documents of title）。

从外贸业务和运输业务的角度看，提单的作用有：

（1）提单是承运人有条件地为托运人运输货物的书面确认，托运人签发托运单与承运人签发提单，互为契约，共同构成托运人与承运人之间关于责任、费用、风险的划分依据。

（2）提单是银行结汇文件中最重要的文件，买卖双方的交货收款和收货付款，必须借助于能同时代表物权和债权的提单，由有资金信誉的银行来实现操作。

（3）提单是货主与货代之间、货代与承运人之间或货主与承运人之间的支付或收取运费的凭证，也是在经济上相互制约的有效文件。付款交单就是

利用提单实现经济制约的一种手段。

三、提单的填制

海运提单由各家船公司自行印制，格式不尽相同，内容大体相同，分为固定部分和可变部分。

可变部分是指正面的内容，主要包括：托运人、收货人（也称抬头）、被通知人、装运港、卸货港、船名、航次、唛头、货名、件数、毛重、体积、运费付讫说明、承运人或其代理人签字盖章、签发日期和正本提单的份数等。

固定部分是指提单背面的运输条款，这一部分一般是不作更改的。这些条款是确定承运人与托运人以及提单持有人之间的权利和义务的主要依据。为了缓解船货双方的矛盾，并照顾到船货双方的利益，国际上为了统一提单背面条款的内容，曾先后签署了三个国际公约，即 1924 年签署的《统一提单的若干法律规则的国际公约》（简称《海牙规则》）、1968 年签署的《修改统一提单的若干法律规则的国际公约的议定书》（简称《维斯比规则》）和 1978 年签署的《联合国海上货物运输公约》（简称《汉堡规则》）。由于三项公约签署的历史背景不同，内容不一，各国对这些公约的态度也不尽相同，因此，各国船公司签发的提单背面条款的内容也就有所不同，但以《海牙规则》的内容为依据的居多。

承运人签署海运提单的依据是托运单，所以作为出口商来说，主要任务是根据托运单审核海运提单。

提单正面的内容约 22 项。

（1）提单号码（B/L No.）：一般列在提单右上角，由承运人按一定顺序编制。

（2）托运人（Shipper）：又称发货人，即委托运输的人，一般是合同中的卖方或信用证中的受益人。

（3）收货人（Consignee）：提单的收货人俗称"抬头"。国际货物贸易中常见提单抬头有记名抬头提单（straight B/L）和指示抬头（order B/L）两种类型。此栏要严格按照合同或信用证的规定填写。

（4）被通知人（Notify Party）：记名抬头的提单因为在收货人栏内已将货人名称地址填写完整，因此可以不填此栏。指示抬头的提单用"凭指示"

或"凭某人指示"来泛指收货人,隐藏了真实收货人,所以必须在此栏填上某公司的名称、地址,以便货物到达目的港时,让承运人通知其来办理提货手续。

(5) 前段运输(Pre-carriage By):如果是港至港海运,此栏空白。如果是国际多式联运,而且起运地是内陆,采用陆、空等运输方式将出口货物运至出口国海港处的,此栏填写首程运输的运输方式。譬如 CIP 价格术语,货物从太原经天津出口到西雅图,太原到天津用铁路运输,此栏填写 train。

注意:如果采用 FOB、CIF、CFR 术语从上海出口,集装箱卡车去浙江或江苏工厂装货,不能在此栏填"container truck"。

(6) 收货地点(Place of Receipt):如果是港至港海运,此栏空白。如果是国际多式联运,且起运地是内陆,用陆、空等运输方式将出口货物运至出口国海港处,此栏填写内陆收货地点,譬如 CIP 术语,货物从太原经天津出口到西雅图,此栏填写 Taiyuan。

注意:如果采用 FOB、CIF、CFR 术语从上海出口,集装箱卡车去浙江或江苏工厂装货,不能在此栏填写"Zhejiang"或"Jiangsu"。

(7) 船名及航次(Ocean Vessel and Voy. No.):此栏填写实际装载出口货物的船舶的名称和航次。在国际多式联运时,出口港预配了船舶,则可在船名前加注"intended",表明是预配船只。

(8) 装运港(Port of Loading):此栏填写货物实际装运的港口名称,如果合同或信用证规定为 CHINA,或者有选择港 SHANGHAI/NINGBO,填写时不能机械照抄,须填写货物实际出运的港口名称。

(9) 卸货港(Port of Discharge):此栏填写货物实际进口的港口名称,如果合同或信用证规定为 JAPAN,或者有选择港 OSAKA/KOBE,填写时不能机械照抄,须填写货物实际进口的卸货港。如果货物有转运,可在卸货港后加注 with transshipment at...

(10) 交货地点(Place of Delivery):港至港海运时,此栏可以留空。国际多式联运时,此栏填写货物到达的最终目的地(内陆地)名称。譬如,采用国际多式联运方式出口货物到尼泊尔的加德满都,要利用印度的加尔各答港过境,则在卸货港栏目填写 Calcutta,在此栏填写 Kathmandu。

(11) 唛头(Marks and Nos.):此栏填写出口货物外包装上的运输标志,

第四章 出口货物托运与海运提单

51

须和商业发票或其他单据上的运输标志一致。在无唛头的情况下，填写 No mark（N/M）。

（12）集装箱号和封号（Container No. and Seal No.）：此栏填写三项内容：

①注明集装箱规格与数量。

②注明集装箱交接方式，整装箱填写 CY/CY（集装箱堆场到集装箱堆场）或 FCL/FCL（整箱接整箱交），拼装箱填写 CFS/CFS（集装箱货运站到集装箱货运站）或 LCL/LCL（拼箱接拼箱交）。

③填写实际集装箱号码与封号，有几个填几个。

（13）件数和包装种类（No. of Containers or Packages）：此栏按照实际包装情况填写。如果出口货物的包装种类有两种或两种以上，须分别注明，并在下面相加，以"packages"表示包装种类。

（14）货物描述（Description of Goods）：此栏填写出口货物名称，可以只填写货物的大类名称或统称，但不应与实际货物矛盾，也不应与合同或信用证的规定相矛盾。

（15）毛重（Gross Weight）：此栏填写货物的总毛重。

（16）尺码（Measurement）：此栏填写货物的总尺码。

（17）大写总件数（Total Packages in Words）：此栏填写大写的货物包装总件数。

（18）运费与费用（Freight and Charges）：此栏填写运费预付或到付的表述。FOB 或 FCA 术语填写 Freight collect，CIF、CIP、CFR、CPT 术语填写 Freight prepaid。一般情况下，不填写实际的海运费。

（19）正本提单份数（No. of Original B/L）：此栏填写海运提单的正本份数，用英文而不是用数字表示。

（20）提单签发地点及日期（Place and Date of Issue）：签发地点一般为承运人实际装运货物的地点，也就是装运港。签发日期一般是承运人接收货物的日期或货物上船的日期。

（21）提单签署（Signed by）：海运提单由下列人员签署：承运人或其具名代理人、船长或其具名代理人。承运人、船长或代理人的任何签字须标明其承运人、船长或代理人的身份。

签发人	表示方法	备注
由承运人或其具名代理人	×××as carrier	承运人、船长或代理人的任何签字必须标明其身份
	as agent for the carrier ×××	
由船长或其具名代理人	×××as master	代理人签字必须标明其系代表承运人还是船长签署
	as agent for the master ×××	

（22）装船批注（On board notation）：集装箱运输时，提单皆为收妥待运提单，但是在 CIF、CFR 或 FOB 术语项下，出口商必须向银行或进口商提交"已装船（on board）"提单，这时就要在收妥待运提单上加注 on board 字样（已印在提单左下方）和货物上船的日期，并经船公司或其代理人签署，构成合法的"已装船提单"。

该加注上去的日期（date）就是收妥待运提单的"提单日期"（此时上述第 20 条中的提单签发日期就不再是"提单日期"），该签署（by）一般情况下为"简签"。

日期（date）与简签（by）非常重要，往往是银行判断提单是否符合信用证的一个标准。信用证中关于提单的词语："Full set clean on board Bill of Lading ..."要的就是提单上有装船批注。有些提单在右上方印刷了"SHIPPED on board in apparent good order and condition..."的字样，该提单本身就是一份"已装船提单"，那么，装船批注也就不再需要显示在提单上了。这时候，上述第 20 栏的提单签发日期也就成了"提单日期"了。

此外，在"on board"后面的"船名（vessel）"一般情况下是不需要填写的，因为上述第（7）栏中已有船名显示。但是如果第（7）栏中的船名前有"预配（intended）"字样，这里就需要将船名填写进去，即使预配船名与实际船名是一样的，也必须再填写一遍。

中远集装箱运输有限公司的收妥待运提单样式见图 4-2。

Shipper (2)			B/L No. (1)
			中远集装箱运输有限公司 COSCO CONTAINER LINES Port-to-Port or Combined Transport **BILL OF LADING** ORIGINAL
Consignee (3)			RECEIVED in external apparent good order and condition except as otherwise noted. The total number of packages or units stuffed in the container. The description of the goods and the weights shown in this Bill of Loading are furnished by the Merchants, and which the carrier has no reasonable means of checking and is not a part of this Bill of Lading contract. The carrier has issued the number of Bill of Lading stated below, all of this tenor and date. One of the original Bill of Lading must be surrendered and endorsed or signed against the delivery of the shipment and whereupon any other original Bill of Lading shall be void. The merchants agree to be bound by the terms and conditions of this B/L as if each had personally signed this B/L. * Applicable only used as Combined Transport B/L
Notify party (4)			
*Pre-carriage by (5)	*Place of Receipt (6)		
Ocean Vessel Voy. No. (7)	Port of loading (8)		
Port of Discharge (9)	*Place of delivery (10)		

Marks & Nos. Container / Seal No. (11)	No. of Containers or Packages (13)	Description of Goods (if Dangerous Goods, See clause 20) (14)	Gross Weight Kgs (15)	Measurement (16)
(12)				
	Description of Contents for Shipper's Use Only (Not Part of This B/L Contract)			
Total No. of Container and / or Packages (in words)	(17)			
Freight & Charges (18)	Revenue Tons	Rate	Per	Prepaid	Collect

Ex rate	Prepaid at	Payable at	Place and date of Issue: (20)
	Total prepaid	No. of Original B(s)/L (19)	Signed by (21)
LADEN ON BOARD THE VESSEL (22)			
DATE		BY	

图 4 – 2

第三节 同步实训

一、示范

1. 缮制托运单

浙江省诸暨对外贸易有限公司与宁波宁运国际集装箱货运公司（货代，以下简称宁运）一直有业务往来，蒋蕾获悉2012年8月8日有中远集装箱运输公司（船公司）的船舶从宁波开往英国菲里克斯托，和厂家联系后得知，工厂能在8月5日前完成生产任务。

于是，蒋蕾委托宁运联系船公司安排预订一个40尺集装箱，同时委托宁运到工厂拖货，在宁波代理出口报关。

信用证（本书第一章图1-6）中有关提单缮制的内容为：

…

PARTIAL SHIPMENT　　　　43P：ALLOWED
TRANSSHIPMENT　　　　　43T：NOT ALLOWED
PORT OF LOADING　　　　44E：CHINA
PORT OF DISCHARGE　　　44F：FELIXSTOWE
LATEST DATE OF SHIP. 44C：120809
DESCRIPTION OF GOODS 45A：

　　　　　　　MEN'S SOCKS AND BABIES' HOSIERY
　　　　　　　AS PER S/C NO. ZF12E0820 AND
　　　　　　　APPLICANT'S ORDER NO. 599/2012
　　　　　　　TRADE TERMS：CIF FELIXSTOWE

DOCUMENTS REQUIRED 46A：

…

　　　　　　　+ FULL SET OF ORIGINAL CLEAN ON BOARD MARINE BILL OF LADING MADE OUT TO SHIPPERS ORDER AND BLANK ENDORSED AND MARKED FREIGHT PREPAID NOTIFY THE APPLICANT WITH FULL NAME AND ADDRESS

...

ADDITIONAL CON. 47A:

+ APPLICANT'S ORDER NO. 599/2012 MUST BE SHOWN ON ALL DOCUMENTS

...

其他相关资料：

托运单编号：ZFA0723 - Q　　起运港：宁波

贸易方式：一般贸易　　　　 货物备妥时间：2012 年 8 月 5 日

装箱方式：门到门　　　　　 装箱地点：浙江省诸暨市西二环路 288 号

蒋蕾电话：13123456789　　　托运日期：2012 年 7 月 23 日

合同号：ZF12E0620　　　　　合同日期：2012 年 6 月 20 日

配载要求：配载中远集装箱运输有限公司的船舶，一个 40 尺整箱

短袜 4800 打双/400 箱　　　 体积：55 × 45 × 40 厘米/箱

毛重：25 千克/箱　　　　　 净重：23 千克/箱

唛头：GOODLUCKY
　　　MEN'S SOCKS
　　　O/NO. 599/2012
　　　FELIXSTOWE
　　　NO. 1 - 400

婴儿袜 2000 打双/200 箱　　 体积：50 × 44 × 38 厘米/箱

毛重：9 千克/箱　　　　　　净重：7.2 千克/箱

唛头：GOODLUCKY
　　　BABIES' HOSIERY
　　　O/NO. 599/2012
　　　FELIXSTOWE
　　　NO. 401 - 600

浙江省诸暨对外贸易有限公司单证员蒋蕾根据信用证和上述资料缮制的托运单如下（图 4 - 3）：

(出口商)国际货物运输托运单

托运人(Shipper) ZHUJI FOREIGN TRADE CORP. OF ZHEJIANG, LTD.	托运单编号 ZFA0723-Q	贸易方式 一般贸易	收汇方式 信用证
	运输方式 水路运输		运费支付方式(到付/预付) 预付
收货人(Consignee) TO SHIPPERS ORDER	货物备妥时间 2012年3月5日		杂费支付方式(到付/预付) 到付
	可否转运 不允许		可否分批 允许
被通知人(Notify Party) GOODLUCKY CO., LTD. 96 HIGHWAY LUTON, BEDFORDSHIRE LU1 1XL UNITED KINGDOM	装运期限 2012年8月5日		信用证有效期 2012年8月20日
	装箱方式(自送/门到门) 门到门		
装运港 NINGBO	卸货港 FELIXSTOWE	门到门装货地址 浙江省诸暨市西二环路288号	
最终目的地	提单份数 THREE		

标记唛头	件数及包装种类	货物描述	毛重(公斤)	体积(立方米)
GOODLUCKY MEN'S SOCKS O/NO. 599/2012 FELIXSTOWE NO. 1-400	600CTNS	MEN'S SOCKS AND BABIES' HOSIERY	11800.00	56.320
GOODLUCKY BABIES' HOSIERY O/NO. 599/2012 FELIXSTOWE NO. 401-600				

备注和特殊条款
提单上显示:GOODLUCKY'S ORDER NO. 599/2012

配载要求
请配装中远集装箱运输有限公司的船舶

(浙江省诸暨对外贸易有限公司托运专用章)

托运人签署:

联系人及联系方式:蒋蕾
手机:13123456789

托运日期:2012年7月23日

图4-3

第四章 出口货物托运与海运提单

2. 海运提单确认

注意：在实务中，海运提单由承运人或其代理人根据托运人的托运单填制，在配舱妥当后传真给托运人请求确认。如果托运人在 10 天内不确认，承运人便认为海运提单正确，邮寄给托运人。

确认海运提单是否正确，要求单证员必须掌握海运提单的正确缮制，清楚海运提单各个栏目中的填写内容与要求。

黄媛是宁运的制单员，她根据蒋蕾提供的托运单和其他相关资料缮制海运提单，然后，传真给蒋蕾确认。蒋蕾确认后，宁运作为承运人的代理签发了海运提单（图 4-4）。

其他相关资料：

提单号码：COSNB6311803　　　　　　提单日期：2012 年 8 月 8 日
提单签署：NINGYUN INT'L CONTAINER SHIPPING CO.
法人代表：李建华
船名航次：AMANDA SEA V. 707W　　　1×40'FCL，CY/CY
集装箱号：COSU2341253　　　　　　　封箱号码：381232
承运人：COSCO CONTAINER LINES

Shipper ZHUJI FOREIGN TRADE CORP. OF ZHEJIANG, LTD.		B/L No. COSNB6311803
Consignee TO SHIPPERS ORDER		中远集装箱运输有限公司 **COSCO CONTAINER LINES** Port-to-Port or Combined Transport **BILL OF LADING** ORIGINAL
Notify party GOODLUCKY CO., LTD. 96 HIGHWAY LUTON, BEDFORDSHIRE LU1 1XL UNITED KINGDOM		RECEIVED in external apparent good order and condition except as otherwise noted. The total number of packages or units stuffed in the container. The description of the goods and the weights shown in this Bill of Lading are furnished by the Merchants, and which the carrier has no reasonable means of checking and is not a part of this Bill of Lading contract. The carrier has issued the number of Bill of Lading stated below, all of this tenor and date. One of the original Bill of Lading must be surrendered and endorsed or signed against the delivery of the shipment and whereupon any other original Bill of Lading shall be void. The merchants agree to be bound by the terms and conditions of this B/L as if each had personally signed this B/L. * Applicable only used as Combined Transport B/L
*Pre-carriage by	*Place of Receipt	
Ocean Vessel Voy. No. AMANDA SEA V. 707W	Port of loading NINGBO	
Port of Discharge FELIXSTOWE	*Place of delivery	

Marks & Nos. Container / Seal No.	No. of Containers or Packages	Description of Goods (if Dangerous Goods, See clause 20)	Gross Weight Kgs	Measurement
GOODLUCKY MEN'S SOCKS O/NO. 599/2012 FELIXSTOWE NO. 1-400	600CTNS	MEN'S SOCKS AND BABIES' HOSIERY	11800.00KGS	56.320CBM
GOODLUCKY BABIES' HOSIERY O/NO. 599/2012 FELIXSTOWE NO. 401-600		GOODLUCKY'S ORDER NO. 599/2012		
1*40'FCL, CY/CY CN.: COSU2341253 SN.: 381232				
		Description of Contents for Shipper's Use Only (Not Part of This B/L Contract)		
Total No. of Container and / or Packages (in words)	SAY SIX HUNDRED CARTONS ONLY			

Freight & Charges FREIGHT PREPAID	Revenue Tons	Rate	Per	Prepaid	Collect

Ex rate	Prepaid at	Payable at	Place and date of Issue: NINGBO 08 AUG., 2012
	Total prepaid	No. of Original B(s)/L THREE	Signed by NINGYUN INT'L CONTAINER SHIPPING CO. 李建华(章) As agent for the carrier COSCO CONTAINER LINES
LADEN ON BOARD THE VESSEL DATE 08 AUG., 2012		BY NINGYUN 李(章)	

图 4-4

第四章 出口货物托运与海运提单

二、测试

2012年1月17日,浙江省嘉兴市文桑制衣有限公司单证员张凌向中外运上海物流有限公司托运,有2640件(200箱)棉涤染色男衬衣(DYED MEN'S SHIRTS)将于2012年1月31日从上海出口到美国洛杉矶。请根据信用证部分内容、其他相关资料填写出口商国际货物运输托运单(图4-5),审核并修改提单(图4-6)上的错误。

TO:BANK OF CHINA,JIAXING BRANCH
FM:UNION BANK OF CALIFORNIA N. A., LOS ANGELES
MT:700
27:SEQUENCE OF TOTAL:1/1
40A:FORM OF DOC. CREDIT:IRREVOCABLE
20:DOC. CREDIT NUMBER:T-117641
31C:DATE OF ISSUE:111201
31D:EXPIRY DATE:120215
    PLACE:THE PEOPLES REP. OF CHINA
50:APPLICANT:POWER PLAY INC.
   2ND FLOOR,NO. 137E 33RD STREET
   LOS ANGELES CA.
   90011 U. S. A.
59:BENEFICIARY:ZHEJIANG JIAXING WENSANG GARMENT CO., LTD.
   NO. 120 SOUTH FURUN ROAD
   NANHU DISTRICT, JIAXING,
   CHINA
……
43P:PARTIAL SHIPMENTS:NOT ALLOWED
43T:TRANSSHIPMENT:NOT ALLOWED
44E:PORT OF LOADING:SHANGHAI
44F:PORT OF DISCHARGE:LOS ANGELES
44C:LATEST DATE OF SHIPMENT:120131
45A:SHIPMENT OF GOODS:

DYED MEN'S SHIRTS COTTON 80 PCT POLYESTER 20 PCT
OTHER DETAILS AS PER S/C NO. 11JW1106
PACKING:ONE PC IN A POLYBAG AND 12PCS INTO AN EXPORT CAR-
TON. TOTAL
INTO ONE 20' FULL CONTAINER
CIF LOS ANGELES

46A:DOCUMENTS REQUIRED:

…

+ FULL SET CLEAN ON BOARD BILLS OF LADING MADE OUT TO OUR ORDER MARKED FREIGHT PREPAID NOTIFY APPLICANT SHOWING FULL NAME AND ADDRESS

…

48:PRESENTATION PERIOD:NOT LATER THAN 15 DAYS AFTER THE DATE OF ISSUANCE OF THE SHIPPING DOCUMENTS BUT WITHIN THE VALIDITY OF THE CREDIT

…

其他相关资料：

托运单编号：ABC120116　　托运日期：2012 年 1 月 17 日
毛重：14 千克/箱　　净重：12 千克/箱
体积：78×46×30 厘米/箱　　贸易方式：一般贸易
联系人：张凌　　电话：0573-68029378
手机：15875833288　　杂费：到付
门对门装箱地址：嘉兴市秀洲区南湖路 399 号
装运日期：2012 年 1 月 31 日　　配载要求：配 APL 公司的船舶
船名航次：APL VICTORY V.864　　装运日期：2012 年 1 月 31 日
提单号码：SH25T02351　　1×20'FCL，CY/CY
集装箱号：APLU8663218　　封号：2080127

提单签署：SINOTRANS SHANGHAI LOGISTICS CO.，LTD.
法人代表：蒋玉沪
唛头：POWER PLAY
　　　11JW1106
　　　LOS ANGELES
　　　NO. 1－220

（出口商）国际货物运输托运单

托运人(Shipper)		托运单编号	贸易方式	收汇方式
		运输方式	运费支付方式(到付/预付)	
收货人(Consignee)		货物备妥时间	杂费支付方式(到付/预付)	
		可否转运	可否分批	
被通知人(Notify Party)		装运期限	信用证有效期	
		装箱方式(自送/门到门)		
装运港	卸货港	门到门装货地址		
最终目的地	提单份数			
标记唛头	件数及包装种类	货物描述	毛重（公斤）	体积（立方米）
备注和特殊条款				
配载要求				
托运人签署：				
联系人及联系方式：手机：			托运日期：	

第四章　出口货物托运与海运提单

Shipper ZHEJIANG JIAXING WENSANG GARMENTS CO., LTD.		B/L No. **SH25T02351** **APL** **AMERICAN PRESIDENT LINES**
Consignee POWER PLAY INC. LOS ANGELES 90011 U.S.A.		**BILL OF LADING** ORIGINAL
Notify party POWER PLAY INC. 2ND FLOOR, NO. 137E 33RD STREET LOS ANGELES CA. 90011 U.S.A.		RECEIVED in external apparent good order and condition except as otherwise noted. The total number of packages or units stuffed in the container. The description of the goods and the weights shown in this Bill of Lading are furnished by the Merchants, and which the carrier has no reasonable means of checking and is not a part of this Bill of Lading contract. The carrier has issued the number of Bill of Lading stated below, all of this tenor and date. One of the original Bill of Lading must be surrendered and endorsed or signed against the delivery of the shipment and whereupon any other original Bill of Lading shall be void. The merchants agree to be bound by the terms and conditions of this B/L as if each had personally signed this B/L.
*Pre-carriage by	*Place of Receipt	
Ocean Vessel Voy. No. APL VICTORY V.864	Port of loading SHANGHAI	
Port of Discharge LOS ANGELES	*Place of delivery	* Applicable only used as Combined Transport B/L

Marks & Nos. Container / Seal No.	No. of Containers or Packages	Description of Goods (if Dangerous Goods, See clause 20)	Gross Weight Kgs	Measurement
POWER PLAY 11JW1106 LOS ANGELES NO. 1-200 1*20'FCL, CY/CY CN.: APLU8663218 SN.: 2080127	220CTNS	DYED MEN'S SHIRTS	2640.00KGS	23.681CBM

Description of Contents for Shipper's Use Only (Not Part of This B/L Contract)

Total No. of Container and / or Packages (in words)	SAY TWO HUNDRED AND TWENTY CARTONS ONLY			
Freight & Charges	Revenue Tons	Rate	Per	Prepaid	Collect

Ex rate	Prepaid at	Payable at	Place and date of Issue: SHANGHAI 31 JAN., 2012
	Total prepaid	No. of Original B(s)/L	Signed by **SINOTRANS SHANGHAI** **LOGISTICS CO., LTD** 蒋玉沪(章) As agent for the carrier AMERICAN PRESIDENT LINES

LADEN ON BOARD THE VESSEL
DATE 31 JAN., 2012 BY **S.S.L.** 蒋(章)

图 4-6

第五章　出境货物报检

第一节　出境货物报检概述

一、报检的概念与报检单位

进出口商品报检是指进出口商品的收发货人或其代理人，根据《中华人民共和国进出口商品检验法》等有关法律、法规，对法定检验的进出口商品，在检验检疫机构规定的时限和地点，向检验检疫机构申请检验、配合检验、付费、取得商检单证等手续的全过程。

出入境检验检疫报检单位分两大类：自理报检单位和代理报检单位。

自理报检单位是指经所在地出入境检验检疫机构注册登记并已取得报检单位代码的外贸相关单位，包括有进出口经营权的国内企业、出口货物的生产企业、进出口货物的收发货人、有进出境相关业务的科研单位、运输单位等，依法自行办理出入境检验检疫事宜的，在工商行政管理部门注册登记的境内企业法人。

代理报检单位是指经国家质检总局注册登记，受出口企业的委托，或受进出口货物收发货人的委托，或受外贸关系人等的委托，依法代为办理出入境检验检疫事宜的，在工商行政管理部门注册登记的境内企业法人。

二、法定检验的范围与报检依据

进出口商品法定检验是国家出入境检验检疫部门根据国家法律法规的规定，对规定的进出口商品或有关检验、检疫事项实施强制性的检验、检疫，未经检验、检疫或经检验、检疫不符合法律法规的规定要求的，不准输入、输出。

我国根据保护人类健康和安全、保护动物或者植物的生命和健康、保护环境、防止欺诈行为、维护国家安全的原则，由国家商检部门制定、调整必须实施检验的进出口商品目录并公布实施。法定检验的范围是：

（1）对列入《实施检验检疫的进出口商品目录》（简称《法检目录》）的进出口商品进行检验。《法检目录》由国家质检总局制定、调整和公布。

（2）对出口危险品的货物包装容器，实施性能鉴定和使用鉴定。

（3）对出口易腐烂变质食品、冷冻品的船舱和集装箱等运载工具，实施适载检验和鉴定。

（4）对其他法律法规规定的需经商检机构检验的进出口商品进行检验。

（5）对出口食品，实施卫生检验。

（6）对国际条约规定的进出口商品，实施检验检疫。

报检依据是：

（1）《中华人民共和国进出口商品检验法》和《中华人民共和国进出口商品检验法实施条例》；

（2）《中华人民共和国国境卫生检疫法》和《中华人民共和国国境卫生检疫法实施细则》；

（3）《中华人民共和国进出境动植物检疫法》和《中华人民共和国进出境动植物检疫法实施条例》；

（4）《中华人民共和国食品卫生法》；

（5）《中华人民共和国认证认可条例》；

（6）《中华人民共和国进出口货物原产地条例》等。

三、出境货物的报检时间与地点

一般出境货物最迟在出口报关或装运前 7 天报检，个别检验检疫周期长的货物，应留有相应的检验检疫时间。需隔离检疫的出境动物在出境前 60 天预报，隔离前 7 天报检。

法定检验检疫货物，除了活动物由口岸检验检疫外，原则上应在产地检验检疫。审批、许可证等有关政府批文中规定了检验检疫地点的，应在规定的地点报检。

出口商、生产厂家或其代理人应当持合同、发票、装箱单、出境货物报检单、包装性能结果等必要的单据、凭证以及相关批文，向生产地所在的检验检疫机构申请报检。

检验合格后,生产地检验检疫机构出具出境货物换证凭条或换证凭单,并在出境地由出境地检验检疫机构换取出境货物通关单,有些商品也可以在生产地检验检疫机构检验合格后,直接出具出境货物通关单,用于出口报关。

法定检验的出口商品未经检验、检疫,或检验、检疫不合格的不予出境。

第二节 出境货物报检单填制

出境货物报检单(见图5-1)的填写栏目有31项,所列各栏必须填写正确、完整、清晰,没有内容可填写的栏目用星号＊＊＊表示,不得留空,除非另有说明。

出境货物报检单的填制要求如下:

(1)报检单位:此栏指向检验机构申报检验、检疫、鉴定业务单位,在自理报检的情况下,一般是生产厂家或出口公司。在实务中,报检单位加盖公章即可。

(2)报检单位登记号码:此栏指报检单位在检验检疫机构登记时,由检验检疫机构给予的编号。

(3)联系人:此栏填写报检员的姓名。

(4)电话:此栏填写报检员的联系电话。

(5)报检日期:此栏填写报检日期。按照规定,一般产品的最迟报检时间为货物装运前7天。

(6)发货人:此栏填写出口商或信用证的受益人名称,一般填写中文即可,外文处用＊＊＊表示。如果信用证规定要检验检疫机构出具商检证书,则要在外文处加填出口商或信用证中的受益人的英文名称。

(7)收货人:指申报检验的出口货物的收货人或信用证中的开证申请人名称,一般不用填写,中、外文处皆用＊＊＊表示,如果信用证规定要检验检疫机构出具商检证书,则要在外文处填写进口商或信用证开证申请人的英文名称,中文处用＊＊＊表示。

(8)货物名称:此栏填写出口货物的中、英文名称,注意不能填写货物的统称(如纺织品/TEXTILES),而必须填写具体货品(如男衬衣/ MEN'S SHIRTS)。

 **中华人民共和国出入境检验检疫出境货物报检单**

报检单位(加盖公章) (1)				*编号	
报检单位登记号：(2)	联系人 (3)		电话 (4)	报检日期 (5)	
发货人 (中文) (6) (外文)					
收货人 (中文) (7) (外文)					
货物名称(中/外文) (8)	H.S. 编码 (9)	产地 (10)	数/重量 (11)	货物总值 (12)	包装种类及数量 (13)
运输工具名称号码 (14)		贸易方式 (15)		货物存放地点 (16)	
合同号 (17)		信用证号 (18)		用途 (19)	
发货日期 (20)		输往国家(地区) (21)		许可证/审批号 (22)	
启运地 (23)		到达口岸 (24)		生产单位注册号 (25)	
集装箱规格、数量及号码 (26)					
合同、信用证订立的检验检疫条款或特殊要求 (27)	标记及号码 (28)		随附单据(划"√"或补填)(29) □合同 □包装性能结果单 □信用证 □许可/审批文件 □发票 □ □换证凭单 □ □装箱单 □ □厂检单 □		
需要证书名称(划"√"或补填)(30) □品质证书 ＿正＿副 □植物检疫证书 ＿正＿副 □重量证书 ＿正＿副 □熏蒸/消毒证书 ＿正＿副 □数量证书 ＿正＿副 □出境货物换证凭条 □兽医卫生证书 ＿正＿副 □出境货物通关单 □健康证书 ＿正＿副 □ □卫生证书 ＿正＿副 □动物卫生证书 ＿正＿副			*检验检疫费 总金额 (人民币) 计费人 收费人		
报检人郑重声明： 1. 本人被授权报检。 2. 上列填写内容正确属实，货物无伪造或冒用他人的厂名、标志、认证标志，并承担货物质量责任。 签名：(31)			领取证书 日期 签名		

注：有"*"号栏由出入境检验检疫机构填写　　　◆国家出入境检验检疫局制

图 5-1

（9）H.S. 编码：指报检的出口货物的商品编码（税则号），填写八位数或十位数。

（10）产地：此栏填写报验的出口货物的生产加工的省（自治区、直辖市）以及地区（市）名称，如浙江义乌、福建厦门等。

（11）数/重量：此栏填写申报商品的计量计价数量，如果以重量计量计价的，就填写净重。若填写的是毛重，或者"以毛作净"的，需要说明。还有，此栏的数/重量须和报关单上的海关计量单位统一，必要时要同时显示商品的数量和净重。

（12）货物总值：此栏填写申报所附的商业发票上所列的产品总值。如果同一报检单报检多种货物，则要分别列明，再注明总值。

（13）包装种类及数量：此栏填写报检货物的包装种类及数量，如 1400 捆，200 包，30 箱等，须与托运单、提单、保险单等其他单据中所显示的包装种类及数量一致。

（14）运输工具名称号码：从理论上来说，此栏填写货物实际装载的运输工具名称（如船名），以及运输工具编号（如航次）。但因报检的最晚时间是装运前 7 天，那时尚不知船名或飞机的航班号码，因此，此栏填写船舶与飞机等运输工具类别即可。但是如果是出境地报检，以换证凭条或凭单换取出境货物通关单时，此栏必须照实填写船名、航次等内容。

（15）贸易方式：此栏在"一般贸易""来料加工""进料加工""其他"四项中任选一个，不能同时填写两种或两种以上的贸易方式。如果是两种以上的贸易方式同时报检时，要分开申报。

（16）货物存放地点：此栏填写申报货物的存放地点。

（17）合同号：此栏填写申报货物所属的合同号码。

（18）信用证号：此栏填写申报货物的信用证号码，如非信用证方式结算方式，此栏填写＊＊＊＊。

（19）用途：此栏根据产品特性在下列九种用途中选一种，而且也只能选一种。这九种用途是：繁殖或种用、奶用、药用、饲用、食用、实验、动物伴侣、观赏或演艺、其他。若出口产品有两种用途，则要分开申报。

（20）发货日期：此栏填写货物的实际装运日期，即托运单上的装运日期。在实务中，此日期须略早于合同或信用证规定的最晚装运日期。

（21）输往国家（地区）：此栏填写合同或信用证规定的进口国。

（22）许可证/审批号：此栏填写许可证/审批号。对于限制出口的商品，报检时必须填写许可证或审批单号码；对自由出口的商品，此栏填写"＊＊＊"。

（23）启运地：此栏填写合同或信用证规定的装运港（地）。如果合同或信用证规定的是 CHINA，此栏必须填写实际的起运港，如上海、宁波等，不能照抄 CHINA。

（24）到达口岸：此栏填写合同或信用证规定的卸货港。如果采用国际多式联运，到达地点是一个内陆城市，则填写最终目的地。如果合同或信用证规定的是 JAPAN，此栏必须填写实际到达口岸城市，如横滨、大阪等，而不能照抄 JAPAN。

（25）生产单位注册号：此栏填写生产加工出口商品的厂家在检验检疫机构的注册号码。

（26）集装箱规格、数量及号码：从理论上来说，此栏填写载货的集装箱的规格（如 20 英尺或 40 英尺）、数量（如一个还是两个集装箱），以及集装箱号码（如 APLU2341253）。由于报检时间最晚不能迟于货物装运前 7 天，而此时生产企业或出口商无法知道集装箱号码，所以此栏可以仅填写"集装箱"三字，如果已事先知道集装箱的规格数量，一起填入亦可，如"一个 20 英尺集装箱"。如果是拼箱出口，由工厂自送货物到码头仓库，此栏可填写"＊＊＊"。

（27）合同、信用证订立的检验　检疫条款或特殊要求：如果仅是法定检验商品，要求出具出境货物通关单、出境货物换证凭条或凭单，可以在此栏填写"＊＊＊"，如果合同或信用证要求检验检疫机构出具检验证书，可以在此栏填写"详见信用证副本"，并在报检时提供信用证副本。

（28）标记或号码：此栏填写包装箱外的唛头（运输标志），必须与发票上显示的唛头一致。如果唛头太多写不下，可以用附页。若发票没有唛头，此栏不能留空，须填写"N/M"。

（29）随附单据：一般情况下，报检提供的单据有发票（副本）、装箱单（副本）、合同（副本）和包装性能结果单（正本），大企业可能还提供厂检单，企业可以在对应的框内打"√"。如果有报检单上没有印刷的但却需要提供的单据，可以在空的框内打"√"，并在后面加上提供的单据名称。如果合同或信用证要求商检局出具检验证书，企业提供了信用证副本，就不再需要提供合同副本。

（30）需要证书名称：按照合同或信用证要求，在所需证书前的框内打"√"，并填写上正本和副本的数量。如果仅仅是法检产品需要出具出境货物通关单，在"出境货物通关单"前面的框内打"√"；需要出具出境货物换证凭条，在"出境货物换证凭条"前面的框内打"√"；如果有报检单上没有印刷的但却需要出具的单据，则可以在空的框内打"√"，并在后面加上需要出具的单据的名称。

（31）报检人郑重声明及签名：报检人声明已经印就在上面，报检员必须亲笔签名，此时报检单才真正缮制完毕。

第三节　同步实训

一、示范

浙江省诸暨对外贸易有限公司的单证员蒋蕾经过查询得知，婴儿袜是法检商品，出口报关需要提供出境货物通关单，而男式短袜不是法检商品。由于袜子就在诸暨生产，所以浙江省诸暨对外贸易公司可以自理报检。

蒋蕾准备好婴儿袜报检所需的相关单据：发票、装箱单与合同（副本），交给公司报检员杨婷婷，由其填写好出境货物报检单，并将这些单证和报检单、包装性能结果单（俗称纸箱合格证）一起交到浙江绍兴出入境检验检疫局报检。填写完毕的出境货物报检单见图 5-2。

其他相关资料：

报检日期：2012 年 7 月 30 日　　　发货日期：2012 年 8 月 8 日
联系人：杨婷婷　　　　　　　　　电话：0575-87882632
婴儿袜税则号：6111.2000.10　　　货物存放地点：公司仓库
数量/重量：2000 打双/1440 千克　　包装：200 纸箱
货物总值：18000.00 英镑　　　　　报检单位登记号：3100704903
信用证号：DC LUT120954　　　　　生产单位注册号：3108913579
合同号码：ZF12E0620　　　　　　　集装箱规格、数量：一个 40 尺集装箱

启运地：宁波　　　　　　　　　到达口岸：菲里克斯托

产地：浙江诸暨　　　　　　　　贸易方式：一般贸易

唛头：GOODLUCKY

BABIES' HOSIERY

O/NO. 599/2012

FELIXSTOWE

NO. 401 – 600

杨婷婷填写好报检单后，由杨婷婷审核并提交浙江绍兴出入境商品检验检疫局报检，同时联系产品检验。8月1日，绍兴商检局到外贸公司的仓库实施检验。8月3日，蒋蕾收到了绍兴商检局出具的出境货物通关单（图5 – 3）。蒋蕾对通关单进行了审核，确认无误后，交宁波宁运国际集装箱货运公司黄媛用于报关。

(浙江省诸暨对外贸易有限公司（章）)

中华人民共和国出入境检验检疫出境货物报检单

报检单位（加盖公章） *编号_____

报检单位登记号: 3100704903　　联系人　杨婷婷　　电话 0575-87882632　　报检日期 2012 年 7 月 30 日

发货人	（中文）	浙江省诸暨对外贸易有限公司					
	（外文）	***					
收货人	（中文）	***					
	（外文）	***					
货物名称(中/外文)		H.S.编码	产地	数/重量	货物总值	包装种类及数量	
婴儿袜 BABIES' HOSIERY		6111.2000.10	浙江诸暨	2000打双/ 440千克	18000.00 英镑	200 纸箱	
运输工具名称号码		船舶	贸易方式	一般贸易	货物存放地点	公司仓库	
合同号	ZF12E0620		信用证号	DC LUT120954	用途	其他	
发货日期	2012 年 8 月 8 日		输往国家(地区)	英国	许可证/审批号	***	
启运地	宁波		到达口岸	菲里克斯托	生产单位注册号	3108913579	
集装箱规格、数量及号码		一个 40 尺集装箱					

合同、信用证订立的检验检疫条款或特殊要求	标记及号码	随附单据（划"√"或补填）	
***	GOODLUCKY BABIES' HOSIERY O/NO. 599/2012 FELIXSTOWE NO. 401-600	☑合同 □信用证 ☑发票 □换证凭单 ☑装箱单 □厂检单	☑包装性能结果单 □许可/审批文件 □ □ □

需要证书名称（划"√"或补填）		*检验检疫费	
□品质证书　　__正__副 □重量证书　　__正__副 □数量证书　　__正__副 □兽医卫生证书　__正__副 □健康证书　　__正__副 □卫生证书　　__正__副 □动物卫生证书　__正__副	□植物检疫证书　__正__副 □熏蒸/消毒证书　__正__副 □出境货物换证凭条 ☑出境货物通关单	总金额 （人民币） 计费人 收费人	

报检人郑重声明：
　1. 本人被授权报检。
　2. 上列填写内容正确属实，货物无伪造或冒用他人的厂名、标志、认证标志，并承担货物质量责任。

签名：杨婷婷（手签）

领取证书
日期
签名

注：有"*"号栏由出入境检验检疫机构填写　　　◆国家出入境检验检疫局制

图 5-2

中华人民共和国出入境检验检疫
出境货物通关单

编号: 330600212016164010

1. 发货人 浙江省诸暨对外贸易有限公司 ***		5. 标记及唛码 GOODLUCKY BABIES' HOSIERY O/NO. 599/2012 FELIXSTOWE NO. 401-600
2. 收货人 *** ***		
3. 合同/信用证号 ZF12E0620 /***	4. 输往国家或地区 英国	
6. 运输工具名称及号码 船舶***	7. 发货日期 2012.08.08	8. 集装箱规格及数量 1*40FCL
9. 货物名称及规格	10. H.S. 编码	11. 申报总值	12. 数/重量、包装数量及种类
婴儿袜 BABIES' HOSIERY 以下空白	6111.2000.10 以下空白	18000.00 英镑 以下空白	2000 打双/1440 千克 200 纸箱 以下空白

13. 证明

上述货物业经检验检疫，请海关予以放行。

本通关单有效期至 2012 年 10 月 2 日。

绍兴市
出入境商品
检验检疫局
（章）

签字：沈梅   日期：2012 年 8 月 3 日

14. 备注

图 5-3

二、测试

2012年1月19日,浙江省嘉兴市文桑制衣有限公司报检员张凌向浙江省嘉兴市出入境检验检疫局报检,有2640件棉涤染色男衬衣(DYED MEN'S SHIRTS)将于2012年1月31日从上海出口到美国洛杉矶。随附单据有合同、发票、装箱单以及包装性能结果单,要求嘉兴市商检局出具出境货物通关单。

请按照惯例和下面提供的资料帮助报检员张凌填制出境货物报检单(图5-4)。

其他有关资料:

发货人:浙江省嘉兴市文桑制衣有限公司　　商品编码:6205200010

生产单位注册号:4158422334　　报检单位登记号:3309211223

联系人:张凌　　电话:68029378

包装:220纸箱　　总值:40032.00美元

信用证号码:T-117641　　合同号:11JW1106

产地:浙江嘉兴　　装运:1*20'FCL

运输工具名称号码:船舶　　发货日期:2012年1月31日

贸易方式:一般贸易　　货物存放地点:南湖路399号

总毛重:3080千克　　总净重:2640千克

唛头:POWER PLAY
　　　11JW1106
　　　LOS ANGELES
　　　NO.1-220

中华人民共和国出入境检验检疫
出境货物报检单

报检单位(加盖公章)　　　　　　　　　　　　　　*编号＿＿＿＿＿＿＿

报检单位登记号：　　　　联系人　　　电话　　　报检日期

发货人	(中文)	
	(外文)	
收货人	(中文)	
	(外文)	

货物名称(中/外文)	H.S.编码	产地	数/重量	货物总值	包装种类及数量

运输工具名称号码		贸易方式		货物存放地点	
合同号		信用证号		用途	
发货日期		输往国家(地区)		许可证/审批号	
启运地		到达口岸		生产单位注册号	

集装箱规格、数量及号码

合同、信用证订立的检验检疫条款或特殊要求	标记及号码	随附单据(划"√"或补填)	
		□合同	□包装性能结果单
		□信用证	□许可/审批文件
		□发票	□
		□换证凭单	□
		□装箱单	□
		□厂检单	□

需要证书名称(划"√"或补填)		*检验检疫费	
□品质证书　　＿正＿副	□植物检疫证书　＿正＿副	总金额	
□重量证书　　＿正＿副	□熏蒸/消毒证书　＿正＿副	(人民币)	
□数量证书　　＿正＿副	□出境货物换证凭条	计费人	
□兽医卫生证书　＿正＿副	□出境货物通关单		
□健康证书　　＿正＿副	□	收费人	
□卫生证书　　＿正＿副	□		
□动物卫生证书　＿正＿副	□		

报检人郑重声明：	领取证书
1. 本人被授权报检。	
2. 上列填写内容正确属实，货物无伪造或冒用他人的厂名、标志、认证标志，并承担货物质量责任。	日期
	签名
签名：	

注：有"*"号栏由出入境检验检疫机构填写　　◆国家出入境检验检疫局制

图 5-4

第六章　出口货物保险

在国际贸易中，货物经过长途运输，不可避免地会由于自然灾害、意外事故、内部或外来因素而受到损害。为了保证收货人在货物受损后能得到经济补偿，在 CIF/CIP 价格术语下的出口成交，卖方（被保险人）必须在货物出运前，向保险公司（保险人）办理货物运输保险；在 FOB/FCA 和 CFR/CPT 价格术语下的进口成交，买方（被保险人）必须在货物出运前，向保险公司（保险人）办理货物运输保险。

第一节　投保申请单

投保申请单（简称投保单）是保险公司根据不同险种事先设计内容的单据，没有固定格式，由投保人根据货物交易、运输方式等实际情况（如采用信用证方式，还需要按来证要求）进行填写。投保单是保险公司风险衡量、保费计算、合同订立（出保单）的依据。各保险公司设计的投保单格式大同小异，一般都包括下列内容。

（1）发票号码（Invoice No.）：此栏填写对应发票的号码。

（2）被保险人名称（Name Insured）：多数情况下，此栏填写出口商的英文名称，并且不需要填写详细地址。

（3）标记及号码（Marks and Numbers）：此栏有两种填写方法，一是直接填写货物外包装上的运输标志（唛码标识），须与发票、提单等单据上填写一致；另一种填写 AS PER INVOICE NO. ×××，中文意思为根据发票号码 ×××。在实务中，后一种填写方法占了绝大多数。

（4）件数（Quantity）：此栏填写承保货物的包装件数，而不是发票上的计量计价数量。

（5）物品名称（Description of Goods）：此栏填写承保货物的名称，允许只写大类名称或统称，但不应与实际货物矛盾，也不应与合同或信用证的规定相矛盾。

（6）保险金额（Insured Amount）：此栏按合同或信用证的要求填写加成后的金额，不能漏掉币制（与合同或信用证上的币制相同）。一般情况下，保险金额不设辅币，如果加成后有小数点，则采用"进一法"进上去。比如发票金额 USD18632.00，加一成后为 USD20495.20，保险金额就是 USD20496.00。

（7）装载运输工具（Per conveyance）：此栏可以留空，因为投保工作发生在货物装运前，此时尚未知船名、航次、飞机航班、火车车次等内容，待保险单到手、货物出运后，由出口商添加上去。

（8）启运日期（Date of Commencement）：此栏有两种写法，一是直接填写装运日期；另一种填写"AS PER B/L"，中文意为根据提单的日期。因为投保是在货物装运之前，尚不知货物的装运日期。值得注意的是，如果承保货物不采用船舶运输出口，则不能这样填写，而要填写实际飞机、火车、汽车的开航日期。

（9）赔款偿付地点（Loss if any Payable at）：此栏在一般情况下填写货物的目的港（地），如果信用证或合同有特别要求，如要求填写进口国，保险公司也能照办。有时信用证或合同会要求在此处显示万一货物出险，保险公司赔偿的货款的币制，英文表述是"in the same currency of the drafts"，出口商须在此栏内明示，保险公司也是能够照办的。

（10）运输线路（Voyage）：此栏有三项内容，自（From）、经（Via）和至（To）。即装运港（地）、中转港（地）和卸货港（地）。如果承保货物不经过中转，经（Via）可以留空，如果货物经过中转，则三个地点都要填写。

（11）投保险别（Conditions）：此栏按照合同或信用证的要求填写。

（12）特别要求（Additional Conditions）：此栏一般情况下可以留空，如果合同或信用证规定要在保险单上显示合同号、信用证号、订单号等内容，则要填写在此栏内。

（13）保险单的正本份数（Issued in Original）：按照目前保险公司惯例，此栏在"Issued in"与"Original"之间填写 TWO，即两份正本。

（14）申请人（Applicant）：此栏由出口商盖公章。

（15）投保日期（Date）：此栏填写投保日期，该日期应早于提单日期，但在发票日期之后。在实务中，也有与发票日期同一天，或者与提单日期相同的，银行或进口商都能接受。保险公司一般把投保日期作为保险单的出单日期。

现在，有许多保险公司和出口企业不再使用投保单，而改用发票投保。即在商业发票上抄写合同或信用证中规定保险条款，传真给保险公司，保险公司根据发票内容出具保险单。

投保单样式见图6－1。

中国人保财险股份有限公司浙江省分公司投保单
Application for PICC Property & Casualty Co., Ltd., Zhejiang Branch

发票号码：（1） Invoice No.:			
被保险人名称：（2） Name Insured:			
标记及号码 Marks and Numbers (3)	件数 Quantity (4)	物品名称 Description of Goods (5)	保险金额 Insured Amount (6)
装载运输工具 Per Conveyance (7)	启运日期 Date of Commencement (8)	赔款偿付地点 Loss if Any Payable at (9)	
运输路线 Voyage:	自 (10) From	经 Via	至 To
投保险别 Conditions （11）		申请人（14） Applicant	
特别要求（12） Additional Conditions			
申请保单正本份数为 ____份（13） Issued in ____ Original(s) Only		日期 （15） Date 年 月 日	

图6－1

第二节 保险单的填制

一、保险单据的作用与种类

保险单据是保险人与被保险人之间订立的保险合同的证明文件,它反映了保险人(保险公司)与被保险人(卖方或买方)之间的权利与义务关系,也是保险公司的承保证明。当发生保险责任范围内的损失时,它又是索赔、理赔的主要依据。

在国际贸易中,CIF 或 CIP 贸易术语项下,卖方投保得到保险单据后,通过背书,将保险单与代表物权的提单一起转让给买方,使得买方能够在货物出险后向保险公司索赔,得到利益上的赔偿。如果货物平安到达目的地,保险单据的效力就结束。

我国目前在进出口实务中应用的保险单据主要有保险单(Insurance Policy)、保险凭证(Insurance Certificate)和预约保险单(Open Policy)。本书重点介绍实务中最常用的单据——保险单(中国人保财险股份有限公司的格式,图6-2)的填制。

二、保险单的填写

(1) 发票号码(Invoice No.):此栏填写发票号码。

(2) 保单号次(Policy No.):此栏由保险公司填写。

(3) 被保险人(Insured):此栏填写信用证的受益人或买卖合同中的卖方,合同或信用证的特殊规定除外。

在 CIF 或 CIP 价格条件下,被保险人即出口商,也就是信用证项下的受益人,或托收、汇付结算方式下的卖方。但是根据《国际贸易术语解释通则》的规定,货物上船后或货物交承运人后,风险即转移给了买方。万一货物在运输途中发生灭失,索赔的是买方(进口商)。所以当卖方(出口商)为被保险人时,卖方要在保险单的背面进行背书,以示索赔权益转让给保险单的持有人,同时受让人则承担起被保险人的义务。在合同或信用证没有做特别规定时,卖方作空白背书。

PICC 中国人保财险股份有限公司
PICC Property and Casualty Company Limited

总公司设于北京　一九四九年创立
Head Office Beijing　Established in 1949

货 物 运 输 保 险 单
CARGO TRANSPORTATION INSURANCE POLICY

发票号码 Invoice No.　(1)　　　　　保单号次 Policy No.　(2)

被保险人 Insured:　(3)

中保财产保险股份有限公司（以下简称本公司）根据被保险人的要求，及其所缴付约定的保险费，按照本保险单承担险别和背面所载条款与下列特别条款承保下列货物运输保险，特签发本保险单。

This policy of Insurance witnesses that The People's Insurance (Property) Company of China, Ltd. (hereinafter called the Company) at the request of the Insured and in consideration of the agreed premium paid by the Insured, undertakes to insure the under mentioned goods in transportation subject to the conditions of this Policy as per the clauses printed overleaf and other special clauses attached hereon.

标记 Marks and Nos.	包装及数量 Quantity	保险货物项目 Description of goods	保险金额 Amount Insured
(4)	(5)	(6)	(7)

总保险金额：　(8)
Total Amount Insured

保险费　(9)　　　启运日期　(10)　　　装载运输工具　(11)
Premium　As arranged　Date of commencement　　Per conveyance

自　(12)　　　经　(13)　　　至　(14)
From　　　　　Via　　　　　To

承保险别 Conditions:
(15)

所保货物，如发生本保险单项下可能引起索赔的损失或损坏，应立即通知本公司下述代理人查勘。如有索赔，应向本公司提交保险单正本（本保险单共有2份正本）及有关文件。如一份正本已用于索赔，其余正本则自动失效。

In the event of damage which may result in a claim under this Policy, immediate notice should be given to the Company Agent as mentioned hereunder. Claims, if any, one of the Original Policy which has been issued in **TWO** (18) Original(s) together with the relevant documents shall be surrendered to the Company; if one of the Original Policy has been accomplished, the others to be void.
(19)

赔款偿付地点　(16)
Claim payable at

出单日期　(17)
Issuing date

地址：中国杭州中山中路188号
Address: 188 Zhongshan Road (M), Hangzhou, China

中国人保财险股份有限公司 浙江省分公司
PICC Property & Casualty Company Ltd., Zhejiang Branch

(20)
Authorized Signature

图 6-2

第六章　出口货物保险

如果信用证规定保险单为 To order of ×××bank 或 In favour of ×××bank，即应在被保险人处填写"出口公司+held to order of ×××bank"或"in favour of ×××bank"。

如果信用证规定，保单为第三者名称即中性名义，可制成"被保险利益人"，即填写"To whom it may concern"。

如果信用证规定以某公司或某银行为被保险人，可直接在本栏填上所规定的名称，这种保险单不需要背书。

如果信用证有特殊要求，所有单据以某公司为抬头人，那么应在被保险人栏以某公司为被保险人，这种保险单也不需要背书。

（4）标记（Marks and Nos.）：此栏填写承保货物外包装上的运输标志，与投保单上相同。

（5）包装及数量（Quantity）：此栏填写承保货物的包装件数，与投保单上相同。如果以毛重或净重计价的，可填写货物的毛重或净重；裸装货物表示其件数即可；散装货物表示其重量，并在其后注明 In bulk 字样。

（6）保险货物项目（Description of Goods）：此栏填写承保货物的名称，与投保单上相同。

（7）保险金额（Amount Insured）：此栏按合同或信用证要求，填写加成后的金额，不能漏掉币制（与合同或信用证上的币制相同），和投保单相同。如果加成后有小数点，按照"进一法"进上去，保留整数。如果进口商要求加成超过30%，即按发票金额的130%或以上投保，必须得到保险公司的事先允许。

（8）总保险金额（Total Amount Insured）：此栏填写保险金额的英文大写数字。为防止加塞作弊，前面用"SAY"开始，末尾加"ONLY"结束。

（9）保险费（Premium）：按照惯例，此栏一般由保险公司印就"As arranged"（如约定）字样。除非信用证另有规定，每笔保费及费率可以不具体表示。

（10）启运日期（Date of Commencement）：此栏填写承保货物的装运日期，如果是海运出口，也可以填写"AS PER B/L"。

（11）装载工具（Per Conveyance）：此栏填写装载承保货物的运输工具的名称，如船名、航班号、火车班次等。如果采用转运方式的，应分别填写第一程船名和第二程船名。如果转运到内陆，应加注"Other conveyance"以及火车班次等内容。例如：By air MU5328、S. S. ZHENHUA V. 086W 或者 S. S. HUAXING V. 35W and other conveyance by train TSK268 等。

（12）自（From）：此栏填写承保货物的装运港（地），必须与提单、装箱单等其他单据中的表述一致。如果合同或信用证中规定的是 CHINA，填写时不能照抄，而要填写承保货物实际出口的港口。

（13）经（Via）：此栏填写承保货物的中转港或中转地，如果没有中转，此栏可以留空。

（14）至（To）：此栏填写承保货物的卸货港（地），必须与提单、装箱单等其他单据中的表述一致。如果合同或信用证中规定的是 JAPAN，填写时不能照抄，而要填写承保货物实际到达的港口。

（15）承保险别（Conditions）：此栏系保险单的核心内容，填写时应注意保险险别及叙述文句与信用证的严格一致，即使信用证中有重复语句，为了避免混乱和误解，也最好按信用证规定的顺序填写。

如果信用证没有规定具体险别，或只规定"Marine risk"、"Usual risk"或"Transport risk"等，则可以投保一切险（All risks）、水渍险（W. A. 或 W. P. A.）、平安险（F. P. A.）三种基本险中的任何一种。

如果信用证中规定使用伦敦保险业协会的海运货物保险条款，国内各保险公司均可以承保，保险单上可以按要求填制。

此栏除注明合同或信用证规定的险别名称之外，还应注明险别适用的文本及日期。在我国，进出口货物运输最常用的保险条款是"中国保险条款"（China Insurance Clause，C. I. C.），现行版本于2009年修订，2010年1月1日起实施。伦敦保险业协会制定的"协会货物条款"（Institute Cargo Clauses，I. C. C.），现行版本于2008年修订，2009年1月1日起实施。

（16）赔付地点（Claim Payable at）：此栏按合同或信用证的要求填制。如果未加列明，一般将卸货港（地）作为赔付地点。有些进口商因为外汇紧张等原因，希望在货物出险后，保险公司能用信用证上的币制赔付，往往会在信用证要求"...claim payable at destination in the same currency of the drafts"，即在卸货港后加注 IN USD（如果信用证币制是美元的话），保险公司也会照办。

（17）出单日期（Issuing Date）：此栏指保险单的签发日期。按照国际惯例，保险公司提供"仓至仓"（warehouse to warehouse）的服务，所以投保手

第六章　出口货物保险

续应当在货物离开出口商仓库之前办理，保险单的日期也应是货物离开出口商仓库前的日期。此日期不能晚于提单日期，否则开证银行将拒付，进口商的索赔也会遇到拒绝。

（18）保险单份数与"正本"字样：根据《UCP600》的规定，保险单上必须有"正本"（ORIGINAL）字样，并显示保险单的正本份数。如果信用证中无明确规定正本的份数，保险单上也未注明正本份数，银行可以接受只提交一份正本的保险单据。目前我国各保险公司提供的保险单上都有"ORIGINAL"的水印，而且按照惯例，大都是一式两份的，英文"TWO"和数字"2"已印就在保险单上。

（19）目的港（地）货损检验及理赔代理人（Surveying and claim settling agents）：此栏由保险人填制。一般情况下，保险公司会选择在目的港或目的港附近的代理人作为货损检验和理赔代理人，并详细注明其名称地址。此代理人不能由进口商指定，也不能在信用证中明示，如果信用证中对理赔代理人有指定，受益人必须事先更改信用证。如果保险单上注明保险责任终止地是在内地而非港口，则保险公司会选择位于内地的代理人。当保险公司在当地没有代理机构时，会选择当地权威的检验机构作为货损检验和理赔代理人。

（20）保险人签署（Authorized Signature）：此栏即保险公司的法人签署与盖章。如果保险单没有签署，即为单证不符，银行可以拒付货款。

第三节　同步实训

一、示范

1. 缮制投保单

在完成了托运手续，确认船期后，浙江省诸暨对外贸易有限公司单证员蒋蕾着手填写海运货物投保申请单（简称投保单），向中国人保财险股份有限公司绍兴分公司提出投保要求。

信用证（本书第一章图 1-6）中有关保险单缮制的内容为：

...

BENEFICIARY　　＊59：ZHUJI FOREIGN TRADE CORP. OF ZHEJIANG,LTD.
　　　　　　　　　　288 WEST SECOND RING ROAD
　　　　　　　　　　ZHUJI,ZHEJIANG
　　　　　　　　　　CHINA

...

PARTIAL SHIPMENT　　43P：ALLOWED
TRANSSHIPMENT　　　43T：NOT ALLOWED
PORT OF LOADING　　44E：CHINA
PORT OF DISCHARGE　44F：FELIXSTOWE
LATEST DATE OF SHIP. 44C：120809
DESCRIPTION OF GOODS 45A：
　　　　　　　　　MEN'S SOCKS AND BABIES' HOSIERY
　　　　　　　　　AS PER S/C NO. ZF12E0620 AND
　　　　　　　　　APPLICANT'S ORDER NO. 599/2012
　　　　　　　　　TRADE TERMS：CIF FELIXSTOWE
DOCUMENTS REQUIRED 46A：

...

　　＋INSURANCE POLICY IN DUPLICATE FOR AT LEAST 110 PCT OF INVOICE VALUE COVERING ALL RISKS AND WAR RISK AS PER ICC(A)DATED 01/01/2009,CLAIM PAYABLE IN U.K.
ADDITIONAL CON. 47A：
　　＋APPLICANT'S ORDER NO. 599/2012 MUST BE SHOWN ON ALL DOCUMENTS

...

其他相关资料：
发票编号：ZFA0723－Q　　　　　　投保日期：2012年8月3日
发票金额：75600.00英镑　　　　　起运港：宁波
缮制好的投保单如下（图6－3）。

中国人保财险股份有限公司绍兴分公司投保单
Application for PICC Property & Casualty Co. Ltd., Shaoxing Branch

发票号码: Invoice No.: ZFA0723-Q			
被保险人名称: Name Insured: ZHUJI FOREIGN TRADE CORP. OF ZHEJIANG, LTD.			
标记及号码 Marks and Numbers	件数 Quantity	物品名称 Description of Goods	保险金额 Insured Amount
AS PER INV. NO. ZFA0723-Q	600CTNS	MEN'S SOCKS AND BABIES' HOSIERY	GBP83160.00
装载运输工具 Per conveyance		启运日期 Date of Commencement　AS PER B/L	赔款偿付地点 Loss if any Payable at　IN U. K.
运输路线:　自 Voyage:　From　NINGBO		经 Via	至 To　FELIXSTOWE
投保险别 Conditions COVERING ALL RISKS AND WAR RISK AS PER ICC(A) DATED 01/01/2009		申请人 Applicant	浙江省 诸暨对外贸易 有限公司 (章)
特别要求 Additional Conditions　保单显示: GOODLUCKY'S ORDER NO. 599/2012			
申请保单正本份数为　两　份 Issued in　2　Original(s) only		日期 Date　2012年8月3日	

图 6-3

2. 保险单确认

保险单由保险人（保险公司）根据投保人（出口商）提供的投保单或商业发票进行缮制，然后由投保人进行审核。对于单证员来说，审核保险单的前提是自己能够正确填制保险单，熟悉与掌握保险单的各个栏目的内容及填写要求。

陈燕燕是人保财险股份有限公司绍兴分公司（简称绍兴人保）的制单员，她根据蒋蕾制作的投保单缮制保险单，然后，传真给蒋蕾确认。蒋蕾确认后，保险公司签发了保险单（图6-4）。货物装船后，蒋蕾在保单上添加了船名航次。

其他相关资料：

保险单号码为：PIZ12120934875　　船名航次：AMANDA SEA V. 707W
目的港（地）货损检验及理赔代理人由绍兴人保指定。

PICC 中国人保财险股份有限公司
PICC Property and Casualty Company Limited

总公司设于北京　　一九四九年创立
Head Office Beijing　　Established in 1949

货物运输保险单
CARGO TRANSPORTATION INSURANCE POLICY

发票号码 Invoice No. ZFA0723-Q　　　　　　保单号次 Policy No. PIZ12120934875

被保险人 Insured: ZHUJI FOREIGN TRADE CORP. OF ZHEJIANG LTD.

中保财产保险有限公司（以下简称本公司）根据被保险人的要求，及其所缴付约定的保险费，按照本保险单承担险别和背面所载条款与下列特别条款承保下列货物运输保险，特签发本保险单。

This policy of Insurance witnesses that The People's Insurance (Property) Company of China, Ltd. (hereinafter called the Company) at the request of the Insured and in consideration of the agreed premium paid by the Insured, undertakes to insure the under mentioned goods in transportation subject to the conditions of this Policy as per the clauses printed overleaf and other special clauses attached hereon.

标记 Marks & No.	包装及数量 Quantity	保险货物项目 Description of goods	保险金额 Amount Insured
AS PER INV. NO. ZFA0723-Q	600CTNS	MEN'S SOCKS AND BABIES' HOSIERY	GBP83160.00

总保险金额:
Total Amount Insured　SAY G. B. POUNDS EIGHTY THREE THOUSAND ONE HUNDRED SIXTY ONLY.

保险费　　　　　　启运日期　　　　　　装载运输工具
Premium　As arranged　Date of commencement　AS PER B/L　Per conveyance　SS. AMANDA SEA V. 707W

自　　　　　　　　　经　　　　　　　　　至
From　NINGBO　　　Via　　　　　　　　　To　FELIXSTOWE

承保险别 Conditions:
COVERING ALL RISKS AND WAR RISK AS PER ICC(A) DATED 01/01/2009

GOODLUCKY'S ORDER NO. 599/2012

所保货物，如发生本保险单项下可能引起索赔的损失或损坏，应立即通知本公司下述代理人查勘。如有索赔，应向本公司提交保险单正本（本保险单共有2份正本）及有关文件。如一份正本已用于索赔，其余正本则自动失效。

In the event of damage which may result in a claim under this Policy, immediate notice should be given to the Company Agent as mentioned hereunder. Claims, if any, one of the Original Policy which has been issued in TWO Original(s) together with the relevant documents shall be surrendered to the Company, if one of the Original Policy has been accomplished, the others to be void.

Survey agent at the destination:
SAFER INSURANCE COMPANY
123 ST. MARTIN STREET
FELIXSTOWE, U. K.

赔款偿付地点
Claim payable at　U.K.

出单日期
Issuing date　03 AUG., 2012

地址: 中国浙江绍兴大禹路256号
Address: 256 Dayu Road, Shaoxing, Zhejiang, China

中国人保财险股份有限公司 绍兴分公司
PICC Property & Casualty Company Ltd., Shaoxing Branch

江笑葵
Authorized Signature

第六章　出口货物保险

图 6-4

二、测试

浙江省嘉兴市文桑制衣有限公司单证员张凌向中国人保财险股份有限公司嘉兴分公司投保，有 220 箱棉涤染色男衬衣（DYED MEN'S SHIRTS）将于 2012 年 1 月 31 日从上海出口到美国洛杉矶。请根据信用证部分内容和相关资料填写保险单（图 6-5）。

信用证中关于保险的内容：

...

59：BENEFICIARY：ZHEJIANG JIAXING WENSANG GARMENT CO., LTD.
　　　　　　　NO. 120 SOUTH FURUN ROAD
　　　　　　　NANHU DISTRICT, JIAXING,
　　　　　　　CHINA
32B：AMOUNT：CURRENCY USD AMOUNT 40,032.00

...

43T：TRANSSHIPMENT：NOT ALLOWED
44E：PORT OF LOADING：SHANGHAI
44F：PORT OF DISCHARGE：LOS ANGELES

...

46A：DOCUMENTS REQUIRED：
　　+ INSURANCE POLICY OR CERTIFICATE IN DUPLICATE ISSUED BY PEOPLE'S INSURANCE COMPANY OF CHINA INCORPORATING THEIR OCEAN MARINE CARGO CLAUSES FREE FROM PARTICULAR AVERAGE DATED 01/01/2010 FOR 110 PERCENT OF CIF INVOICE VALUE INDICATING THE PREMIUM PAID

...

其他相关资料：
发票号码：ABC120116　　　　　　发票金额：40032.00 美元
保险单号码：PI12JX04993　　　　投保日期：2012 年 1 月 20 日
船名航次：APL VICTORY V. 864　装运日期：2012 年 1 月 31 日

目的港货损检验及理赔代理人：
CHINA INSURANCE COMPANY LIMITED LOS ANGELES BRANCH
105 CECIL STREET
LOS ANGELES
U. S. A.

第六章 出口货物保险

PICC 中国人保财险股份有限公司
PICC Property and Casualty Company Limited

总公司设于北京　一九四九年创立
Head Office Beijing　Established in 1949

货 物 运 输 保 险 单
CARGO TRANSPORTATION INSURANCE POLICY

发票号码 Invoice No. _____　　保单号次 Policy No. _____

被保险人 Insured: _____

中保财产保险有限公司（以下简称本公司）根据被保险人的要求，及其所缴付约定的保险费，按照本保险单承担险别和背面所载条款与下列特别条款承保下列货物运输保险，特签发本保险单。

This policy of Insurance witnesses that The People's Insurance (Property) Company of China, Ltd. (hereinafter called the Company) at the request of the Insured and in consideration of the agreed premium paid by the Insured, undertakes to insure the under mentioned goods in transportation subject to the conditions of this Policy as per the clauses printed overleaf and other special clauses attached hereon.

标记 Marks & No.	包装及数量 Quantity	保险货物项目 Description of goods	保险金额 Amount Insured

总保险金额：
Total Amount Insured _____

保险费 _____　启运日期 _____　装载运输工具 _____
Premium　　　　　　　　　　Date of commencement　　　　　　　Per conveyance

自 _____　经 _____　至 _____
From　　　　　　　　　　　Via　　　　　　　　　　　　To

承保险别 Conditions: _____

所保货物，如发生本保险单项下可能引起索赔的损失或损坏，应立即通知本公司下述代理人查勘。如有索赔，应向本公司提交保险单正本（本保险单共有 2 份正本）及有关文件。如一份正本已用于索赔，其余正本则自动失效。

In the event of damage which may result in a claim under this Policy, immediate notice be given to the Company Agent as mentioned hereunder. Claims, if any, one of the Original Policy which has been issued in **TWO** Original(s) together with the relevant documents shall be surrendered to the Company; if one of the Original Policy has been accomplished, the others to be void.

赔款偿付地点
Claim payable at _____

出单日期
Issuing date _____

地址：中国浙江嘉兴人民路 96 号
Address: 96 Renmin Road, Jiaxing, Zhejiang, China

中国人保财险股份有限公司 嘉兴分公司
PICC Property & Casualty Company Ltd, Jiaxing Branch

刘建中
Authorized Signature

图 6-5

第七章 出境货物报关

第一节 出口货物报关概述

在我国,一般货物的出口必须通过海关的审单、查验、征税、放行四个环节才能出境。因此,出口货物的发货人(出口商)或其代理人(货代或报关行)必须按照海关的规定办理相应的出口申报、配合查验、缴纳税费手续,海关放行后,货物才能顺利出境。

一、出口货物报关

出口报关是一项十分复杂和专业性很强的工作,需要由既熟悉国际贸易流程、法律法规、税务税收、商务单证、商品学等各方面的知识,又掌握海关法律法规和海关业务制度的专业人员办理。报关行为的发生意味着当事人与海关行政法律关系的发生。如果当事人在报关行为中出现差错、纰漏,构成违法行为的,将要依法受到相应行政处罚,若触犯法律的,还要受到刑事处罚。

因此在外贸实务中,为了提高通关效率,节省通关费用,避免无意识的违法、违规行为发生,一些进出口公司通常自己不办理报关手续,而是委托一些具备报关资格,同时又熟悉国际贸易知识的报关企业(货代或报关行)办理有关货物的出口报关手续,并向其支付相应的代理费用。

外贸公司单证员的工作就是准备好相应的报关所需要的单据,送交给报关企业,货物出口后在规定的期限内向报关企业索回退税专用的报关单出口退税证明联,凭以办理退税。

二、报关单位

报关单位是指依法在海关注册登记的进出口货物收发货人和报关企业。

进出口货物的收发货人是指依法直接进口或者出口货物的中华人民共和国境内的法人、其他组织或个人。报关企业是指按照规定经海关准予注册登记，接受进出口货物收发货人的委托，以进出口货物收发货人的名义或自己的名义，向海关办理报关业务，从事报关服务的境内企业法人。

《中华人民共和国海关法》规定："进、出口货物，除另有规定的外，可以由进、出口货物的收、发货人自行办理报关纳税手续，也可以由进出口货物收、发货人委托海关准予注册登记的报关企业办理报关纳税手续。"这一规定从法律上明确了进出口货物的报关行为根据实施者不同，可以分为"自理报关"和"代理报关"两大类。

进出口货物收发货人自行办理报关业务叫做自理报关，报关企业代理货物的收发货人进行报关叫做代理报关。

代理报关又可以分为"直接代理报关"和"间接代理报关"。直接代理报关，指以委托人的名义报关纳税。在直接代理报关中，法律后果直接作用于被代理人即委托人。间接代理报关，指以报关企业自身名义报关纳税。在间接报关中，报关企业承担委托人的责任。

进出口货物报关是一项专业性很强的工作，有些进出口货物收、发货人由于经济、时间、地点等方面的原因不能或者不愿自行办理报关手续，便在实践中产生了委托报关的需要。我国的外贸实践中，进出口货物收发货人大多委托报关企业办理货物出入境的报关手续。

第二节　代理报关委托书

一、代理报关委托书的含义

代理报关委托书是一种格式文书，也是进出口货物收发货人委托报关企业办理报关等通关事宜，明确双方责任和义务的书面证明。

目前使用的版本是2005年5月1日开始启用的全国规范统一的《代理报关委托书/委托报关协议》，正面内容如图7-1所示，反面内容是海关事先印就的委托报关协议通用条款，如委托方责任、被委托方责任、赔偿原则、不承担的责任、收费原则、法律强制、协商解决事项等内容。

代理报关委托书

(1)编号：□□□□□□□□□□

(2)我单位现　　（A 逐票、B 长期）委托贵公司代理　　　　等通关事宜（A 填单申报、B 辅助查验、C 垫缴税款、D 办理海关证明联、E 审批手册、F 核销手册、G 申办减免税手续、H 其他）。详见《委托报关协议》。

我单位保证遵守《海关法》和国家有关法规，保证所提供的情况真实、完整、单货相符。否则，愿承担相关法律责任。

本委托书有效期自签字之日起至　　　年　　月　　日止。

委托方(盖章)：

法定代理人或其授权签署《代理报关委托书》的人(签字)：

年　　月　　日

委托报关协议

为明确委托报关具体事项和各自责任，双方经平等协商签订协议如下：

委托方	(3)	被委托方	(12)		
主要货物名称	(4)	*报关单编码	(13)		
H.S. 编码	(5)	收到单证日期	(14)		
货物总价	(6)	收到单证情况 (15)	合同 □	发票 □	
进出口日期	(7)　年　月　日		装箱单 □	提(运)单 □	
提单号	(8)		加工贸易手册 □	许可证件 □	
贸易方式	(9)		其他		
原产地/货源地	(10)	报关收费(16)	人民币		
其他要求：		承诺说明：			
背面所列通用条款是本协议不可分割的一部分，对本协议的签署构成了对背面通用条款的同意。		背面所列通用条款是本协议不可分割的一部分，对本协议的签署构成了对背面通用条款的同意。			
委托方业务签章：(11)		被委托方业务签章：(17)			
经办人签章： 联系电话： 　　　　年　月　日		经办报关员签章： 联系电话： 　　　　年　月　日			

（白联：海关留存、黄联：被委托方留存、红联：委托方留存）　　中国报关协会监制

图 7-1

二、代理报关委托书的缮制

代理报关委托书（见图 7-1）有 17 项内容，填写要领如下：

（1）委托书编号：共有 11 位数字，事先已经在委托书上印就。

（2）委托事宜：在 A 至 H 项中选一项或若干项填入，如"我单位现 B 委托贵公司代理 A、B、D 等通关事宜"，意思是"我单位现长期委托贵公司代理填单申报、辅助查验、办理海关证明联等通关事宜"。委托事宜填写完后，还要填入委托书有效期、委托日期以及委托方盖章签字。

（3）委托方：填写进出口商名称及其在海关登记备案时的十位数海关代码。

（4）主要货物名称：填写进出口货物的名称。

（5）H. S. 编码：填写进出口货物的税则号（商品编码）。

（6）货物总价：填写进出口货物的总价。

（7）进出口日期：出口货物时填写出口日期，进口货物时填写进口日期。

（8）提单号：出口时此栏出口商不填，等订舱配船办妥后，由报关企业添加上去；进口时由进口商填写。

（9）贸易方式：填写"一般贸易"、"进料加工"、"来料加工"等内容。如果填写了"进料加工"或"来料加工"，报关时须出具相应的备案手册，填写相应颜色的报关单。

（10）原产地/货源地：出口货物时填写货源地，进口货物时填写原产地。

（11）委托方业务签章：由进出口商盖公章，并填写公司具体联系人、联系电话号码与填写"委托报关协议"日期。

（12）被委托方：填写报关企业名称。

（13）报关单编码：此栏进出口商不填，由报关企业在报关时添加。

（14）收到单证日期：由报关企业填写收到进出口商的报关单证的日期。

（15）收到单证情况：由报关企业在收到的单证的名称后的框内打"√"，如果进出口商提供的单证名称没有在委托协议中列出，就在"其他"栏后面加填。

（16）报关收费：由双方协商填写。一般情况下一次报关费为人民币 100 元。

（17）被委托方业务签章：由报关企业盖公章，填上报关企业的报关员姓名，再由具体经办报关员签章，填写"委托报关协议"的日期。

此外，"其他要求"和"承诺说明"，是进出口商与报关企业之间的约定，可以由双方协商填写，每个进出口商与每个报关企业的约定都不尽相同。

第三节　出口货物报关单

一、报关单的种类和作用

出口货物报关单是由海关总署规定统一格式和填制规范，由出口货物的发货人或其代理人填制，对出口货物的真实情况做电子或书面声明，并提交海关办理出口货物申报手续的法律文书，是海关依法监管货物出口、征收关税及其他税费、编制海关统计及其他事务的重要凭证。

按照货物流转状态、贸易性质和海关监管方式的不同，出口货物报关单可以分为以下几种：

分类方式	报关单种类	习惯用语	含义
按用途分	报关单录入凭单	原始报关单	申报单位填写的凭单，盖章后交给海关
	预录入报关单	报关预录单	预录入公司（货代或报关行）录入，通过电脑输入给海关
	报关单证明联	海关证明联	海关核查货物出境并提供的证明
按海关监管方式分	进料加工出口货物报关单	进料报关单（粉红色）	进料加工贸易方式项下的出口货物申报内容报表
	来料加工出口货物报关单	来料报关单（浅绿色）	来料加工贸易及补偿贸易方式项下的出口货物申报内容报表
	一般贸易出口货物报关单	一般贸易报关单（白色）	一般贸易及其他贸易方式项下的出口货物申报内容报表

纸质出口报关单一式五联，分别是：海关作业联、海关留存联、企业留存联、海关核销联和出口退税证明联。

海关作业联与海关留存联是报关员配合海关审核、查验、缴税、装运货物的重要单据，也是海关查验、征税、编制统计及履行其他海关事务的重要依据。

企业留存联，作为货物合法出境的依据，是在海关放行货物和结关以后，企业向海关申领出口货物收汇证明联和出口货物退税证明联的文件。

海关核销联是口岸海关对申报出口货物所签发的证明文件，是海关办理加工贸易合同核销、结案手续的重要凭证之一。加工贸易的发货人在货物出口后申领核销证明联，凭以向主管海关办理加工贸易登记手册核销手续。

出口退税证明联是海关对已申报出口并装运出境的货物所签发的证明联，是国税部门办理出口货物退税手续的凭证之一。对可退税货物，出口货物的发货人或其代理人在货物出运后，向海关申领出口退税证明联，海关核准后签发。不属于退税范围的，海关不予签发。

二、报关单的缮制

1. 填制报关单的一般要求

出口货物报关单（样式见图 7-2）共 47 栏项目，除"税费征收情况"与"海关审单批注及放行日期（盖章）"由海关填写外，其余 45 个栏目均由发货人（出口商）或其代理人填写。

（1）申报人必须如实申报，不得伪报、瞒报、虚报和迟报。

（2）填制内容必须真实，做到单证相符、单货相符，即所填报关单各栏目的内容与商业发票、装箱单、出境货物通关单等文件的内容相符，与实际出口货物相符。

（3）报关单填报要正确、完整，字迹清楚，不得用铅笔或红色复写纸填写，用电脑或打字机打印。

（4）不同批文、不同合同、同一批货物不同贸易方式、同一批货物不同运输方式、同一批货物相同运输方式但不同航次的货物，都要分单填报。

（5）一张纸质报关单最多打印 5 项商品，超过 5 项的应加续页；一份报关单最多填报 20 项商品，超过 20 项的应分单填报。

（6）反映出口商品情况的项目中，需在相同项号内进行分栏填报。

（7）不同项号、商品名称、规格型号、单价、数量及单位等，均要分行填报。

（8）不同贸易方式和不同海关监管方式，使用不同颜色的报关单。

中华人民共和国海关出口货物报关单

预录入编号： (1)		海关编号： (2)	
出口口岸 (3)	备案号 (4)	出口日期 (5)	申报日期 (6)
经营单位 (7)	运输方式 (9)	运输工具名称 (10)	提运单号 (11)
发货单位 (8)	贸易方式 (12)	征免性质 (13)	结汇方式 (14)
许可证号 (15)	运抵国(地区) (16)	指运港 (17)	境内货源地 (18)
批准文号 (19)	成交方式 (20)	运费 (21)	保费 (22)	杂费 (23)
合同协议号 (24)	件数 (25)	包装种类 (26)	毛重(公斤) (27)	净重(公斤) (28)
集装箱号 (29)	随附单据 (30)		生产厂家 (31)

标记唛码及备注 (32)

项号 (33)	商品编号 (34)	商品名称 (35)	规格类型	数量及单位 (36)	最终目的国(地区) (37)	单价 (38)	总价 (39)	币制 (40)	征免 (41)

税费征收情况(42)

录入员 (43)	录入单位 (44)	兹声明以上申报无讹并承担法律责任	海关审单批注及放行日期(盖章) (47)	
报关员			审单	审价
单位地址			征税	统计
		申报单位(签章) (45)	查验	放行
邮编	电话	填制日期 (46)		

图 7－2

第七章　出境货物报关

(9) 对已申报的出口货物报关单，若原填报内容与实际货物不一致而有正当理由时，申报人可向海关递交书面申请进行更正或撤销，海关核准后，对原报关单做更改或撤销。

(10) 申报企业在填写完的报关单上加盖与企业名称一致的报关专用章和报关员章后，出口货物报关单才有效。例如：原始报关单申报单位 ABC 进出口公司，预录入报关单申报单位 DEF 货运公司，报关员 XYZ 先生，则报关单上须加盖三枚图章："ABC 进出口公司报关专用章"、"DEF 货运公司报关专用章"和 XYZ 报关员章。

2. 报关单填制规范

(1) 预录入编号：此栏填写预录入报关单的编号（由海关决定），出口商缮制报关单时，此栏可以留空。

(2) 海关编号：此栏填写海关接受申报时给予报关单的编号，一份报关单对应一个海关编号。出口商缮制报关单时，此栏可以留空。

(3) 出口口岸：此栏根据货物实际出境的口岸海关，填写海关规定的口岸海关的名称及 4 位数代码。例如：吴淞海关 2202。

(4) 备案号：此栏填写出口货物发货人在海关办理加工贸易合同备案或征税、减税、免税备案审批等手续时，海关核发的"中华人民共和国海关加工贸易手册"（以下简称"加工手册"）或其他备案审批文件的编号。一般贸易货物出口时，此栏留空。

(5) 出口日期：此栏填写运载出口货物的运输工具办结出境手续的日期，通俗地说，就是海运提单日期或航空运单的日期。日期采用 8 位数字，顺序是年（4 位）、月（2 位）、日（2 位）。

(6) 申报日期：指海关接受出口货物发货人或其代理人申报数据的日期。以电子数据报关单方式申报的，申报日期为海关计算机系统接受申报数据时的记录日期。此栏可以留空。

(7) 经营单位：此栏填写对外签订并执行出口合同的中国境内企业、单位或个人（出口商），应填写单位的中文名称及主管海关给企业设置的注册登记号码（10 位数海关代码）。

(8) 发货单位：此栏填写出口货物在境内的生产或销售单位名称，包括自营出口货物的单位和委托有进出口经营权的企业代理出口货物的单位等。加工贸易货物出口报关单的发货单位应与"加工手册"中的"货主单位"一致，一般贸易出口报关单的发货单位一般情况下与经营单位一致。

（9）运输方式：此栏指载运货物出境所使用的运输工具的种类，有水路运输、铁路运输、汽车运输、航空运输、邮递运输和其他运输（人扛、畜驮、电网、管道等）。

（10）运输工具名称：此栏指载运货物出境所使用的运输工具种类和运输工具编号。一份报关单只允许填写一个运输工具名称，若是国际多式联运出境，按驶离我国关境最后一个口岸时的运输工具名称填写。

（11）提运单号：此栏填写出口货物运输单证中的提单或运单编号。一份报关单只允许填报一个提单或运单号，一票货物对应多个提单或者运单号，应分单填写。

（12）贸易方式（海关监管方式）：此栏专指以国际贸易中出口货物的交易方式为基础，结合海关对出口货物监管综合设定和管理方式，采用4位数字表示的贸易方式。如一般贸易代码为0110，来料加工代码为0214，货样广告品代码为3010等。

（13）征免性质：此栏指海关根据《中华人民共和国海关法》（以下简称《海关法》）、《中华人民共和国进出口关税条例》（以下简称《关税条例》）及国家有关政策对出口货物实施的征税、减税、免税管理的性质类别，共39种，分5大类，即法定征税、法定减免税、特定减免税、其他减免税和暂定税率。一份报关单只允许填写一种征免性质。

（14）结汇方式：此栏填写出口货物的发货人收结外汇的方式，应按照海关规定的《结汇方式代码表》选择填写相应的结汇方式名称或英文缩写或代码。例如：信用证（LC/6）、付款交单（DP/4）、电汇（TT/2）等。

（15）许可证号：此栏填写由商务部及其授权发证机关签发的出口货物许可证的编号，一份报关单只允许填报一个许可证号码。非许可证管理的商品，此栏留空。

（16）运抵国（地区）：此栏指在未发生任何商业性交易或其他改变货物法律地位的情况下，货物被出口国（地区）所发往的或最后交付的国家（地区）。如果是运输中的货物，如在中转地发生商业性交易，则以中转地作为运抵国（地区）。

（17）指运港：此栏指出口货物运往境外的最终目的港。目的港后的"自

第七章　出境货物报关

由区"不能省略，因为货物不卸在自由区便无法享受各种减免税待遇。对于同名港口要加注国家名称。运输单据中的港口名称一般都是英文，而报关单上填写的是港口的中文名称或代码。

（18）境内货源地：此栏填写出口货物在国内的产地或原始发货地。如果出口货物在境内多次周转，不能确定产地的，应以最早起运地为准。

（19）批准文号：此栏在2012年7月31日（含）之前填写出口收汇核销单编号，2012年8月1日起留空。

（20）成交方式：此栏根据实际成交价格条款，按海关规定的《成交方式代码表》选择填写相应的成交方式名称或代码。如CIF代码是1，CFR代码是2，FOB代码是3，CIP、DAT与DAP按CIF填写，CPT按CFR填写，FAS与FCA按FOB填写。

（21）运费：此栏填写出口货物从我国始发地至境外目的地的国际运输所需要的所有运费，有币制与金额两项内容，都要填写。

（22）保费：此栏填写出口货物在国际运输过程中，由被保险人付给保险公司对货物出口所保险别的费用。

（23）杂费：此栏填写成交价格以外的，按照《关税条例》相关规定应计入完税价格或应从完税价格中扣除的费用，如佣金、手续费等。

（24）合同协议号：此栏填写出口货物涉及的合同（包括协议或订单）编号，一份报关单只能填写一个合同号。如果出口货物涉及多个合同号，则应分开申报。

（25）件数：此栏填写有外包装的出口货物的实际件数，应与提单或运单显示的件数一致。如果提单件数为集装箱，则填写集装箱个数；如果提单件数为托盘，则填报托盘数。裸装或散装货物的件数填"1"，相应的包装种类填写"裸装"或"散装"。

（26）包装种类：此栏填写出口货物实际外包装种类，以装箱单或提单上所反映的运输包装种类向海关申报，并与件数一致。此栏按海关规定的《包装种类代码表》选择填报相应的包装种类名称或代码。如果包装种类有多种，则可填报为"件"（PKGS）。裸装、散装货物的包装种类填写"裸装"或"散装"。

（27）毛重（千克）：此栏填写出口货物加上包装材料的重量之和。

（28）净重（千克）：此栏填写出口货物的毛重减去外包装材料后的纯商

品重量。

（29）集装箱号：此栏填写海运集装箱的箱体信息，不包括空运集装箱和铁路集装箱。填写规则是"集装箱号码"+"集装箱规格"+"集装箱自重"，如：COSU4241320/20/2275。如非集装箱货物，填报为"0"。一份报关单中有多个集装箱号的，一个填入此栏，其余填写在备注栏内。

（30）随附单据：此栏填写海关备案和出口许可证以外的监管单证代码及编号，一般不包括必备的随附单证商业发票、装箱单等。填写格式为"监管证件代码"+"监管证件编号"，如：B：310050211528548767。

（31）生产厂家：此栏填写出口货物在境内生产企业的名称，必要时填写。

（32）标记唛头及备注：此栏填写出口货物外包装上的运输标识，但标识上有图形的除外。一份报关单中有多个集装箱号的，在此填写除第一个集装箱号以外的其余集装箱号。申报时必须说明的其他事项填写在此。

（33）项号：此栏分两行填写，第一行填写报关单中的商品顺序编号，第二行专用于加工贸易、减免税等已备案、审批的货物，填写该项货物在"加工贸易手册"或"进出口货物免征税证明"等备案、审批单证中的顺序编号。

（34）商品编号：此栏填写由《中华人民共和国进出口税则》确定的出口货物的税则号和《中华人民共和国海关统计商品目录》确定商品编码，以及符合海关监管要求的附加编号组成的10位商品编号。同样商品名称不同税则号的，应分栏填写。

（35）商品名称、规格类型：此栏分两行填写，第一行填写出口货物的中文名称，第二行填报其外文名称。其中文名称应与增值税发票中的名称相符，其外文名称应与发票、提单等单据中的名称相符。

（36）数量及单位：此栏专指出口商品的实际数量及计量单位，分三行填写。第一行按海关第一法定计量单位及数量填写，第二行按海关第二计量单位及数量填写，第三行填写实际成交的计量单位及数量。无海关第二计量单位的，第二行填写星号＊＊＊。

例如：男衬衣，海关第一计量单位"件"，第二计量单位"千克"，成交计量单位"打"，填写如下：

商品名称　规格类型	数量及单位
8/2 CP MEN'S SHIRTS 8/2 棉涤男衬衣	2640 件 2640 千克 220 打

（37）最终目的国（地区）：此栏填写已知出口货物最后交付的国家（地区），也即最终消费、使用或进一步加工制造的国家（地区）。

（38）单价：此栏填写同一项号下出口货物实际成交的商品单位价格的金额，单价若非整数，其小数点后保留 4 位。

（39）总价：此栏填写同一项号下出口货物实际成交的商品总价的金额，总价若非整数，其小数点后保留 4 位。

（40）币制：此栏根据海关规定的《货币代码表》填写相应的货币名称或代码或符号，与相应的单价、总价币种一致。例如：人民币/CNY/142，美元/USD/502，欧元/EUR/300，英镑/GBP/303，港币/HKD/110 等。

（41）征免：此栏指海关依据《海关法》、《关税条例》及其他法律和行政法规，对出口货物进行征税、减税、免税或特案处理的实际操作方式，须填写《征免税方式代码表》中相应征减免税方式。填写时，注意备案号、贸易方式、征免性质、征免四个栏目的协调。

备案号	贸易方式	征免性质	征免
＊＊＊	一般贸易	一般征税	照章征税
B57704150022	来料加工	来料加工	全免
C57205711700	进料加工	进料加工	全免
C57105720035	进料非对口	进料加工	征免性质

（42）税费征收情况：此栏供海关批注出口货物税费征收及减免情况，申报人不填。

（43）录入员：此栏用于录入和 EDI 报关单，出口商不填。

（44）录入单位：此栏用于录入和 EDI 报关单，出口商不填。

（45）申报单位：此栏由申报单位填写并盖章，包括单位名称、地址、邮编和电话。如果出口企业在此盖的是自己单位的"报关专用章"，我们称之为"原始报关单"，如果是代理报关的企业盖的"报关专用章"，我们称之为

"报关预录单"。

（46）填制日期：此栏填写填制报关日期，日期顺序为年、月、日。

（47）海关审单批注及放行日期（盖章）：此栏供海关作业时签注，申报人不填。

三、报关单的缮制过程中的注意事项

在上述报关单的缮制过程中，有几项内容是出口商无法填写的，可以留空不填，由货代公司或报关行在代理报关时补充填写。有几项内容海关规定可以留空，但出口商必须填制，以示职责的担当。

（1）出口口岸：根据海关要求，此栏目填写隶属海关（口岸海关）的名称及代码。但是出口商并不知道口岸海关的名称和代码，因此可以填写装运港，代理报关的货代公司或报关行在报关时修正。

（2）出口日期：根据海关要求，此栏可以留空，但因为这是出口商要求承运人装运货物的出口日期，牵涉到承、托双方的责、权、利，所以出口商不能留空此栏。

（3）运输工具名称：根据海关要求，此栏目填写载货船舶的船名、航次，如果是航空或铁路运输，可以仅填写航班号或火车班次。出口商在填写报关单时，一般为实际出运前一周左右，尚不知船名、航次、航班号等内容，故可以留空，由代理报关的货代公司或报关行在报关时补充填上。

（4）提运单号：出口商可以留空，由代理报关的货代公司或报关行在报关时补充填上。

（5）集装箱号：出口商可以留空，由代理报关的货代公司或报关行在报关时补充填上。

（6）录入员与录入单位：出口商可以留空，由代理报关的货代公司或报关行在报关时补充填上。

（7）报关员：代理报关时，出口商可以留空。

这里要强调的是，关于报关单的填写，我国海关每年都会有新的规定，须与海关的规定相一致。

第四节　同步实训

一、示范

1. 缮制代理报关委托书

浙江省诸暨对外贸易有限公司（以下简称诸暨外贸）单证员蒋蕾在办理报检之后，立即填写代理报关委托书和出口货物报关单，寄给宁波宁运国际集装箱货运公司（以下简称宁运），委托宁运在宁波代理出口报关。诸暨外贸与宁波宁运是长期合作关系，诸暨外贸的货物若在宁波出口，填单申报、辅助查验、垫缴税款、办理海关证明联等海关事宜皆由宁运代理办理。

其他相关资料：

委托方：3304910228 浙江省诸暨对外贸易有限公司

委托日期：2012年8月3日

被委托方：宁波宁运国际集装箱货运公司

货物名称：男短袜/婴儿袜

H.S. 编码：6115950019/6111200010

货物总价：75600.00英镑

出口日期：2012年8月8日

贸易方式：一般贸易

收到单证情况：发票、装箱单、出境货物通关单

货源地：浙江诸暨

经办人：蒋蕾，联系电话：87882632，邮编：311800

报关收费：人民币100元

填写完毕的代理报关委托书见图7-3。

代理报关委托书

编号：1 2 0 8 0 4 0 3 0 7 1

我单位现 B（B 长期）委托贵公司代理 A、B、D、H 等通关事宜（A 填单申报、B 辅助查验、C 垫缴税款、D 办理海关证明联、E 审批手册、F 核销手册、G 申办减免税手续、H 其他）。详见《委托报关协议》。

我单位保证遵守《海关法》和国家有关法规，保证所提供的情况真实、完整、单货相符。否则，愿承担相关法律责任。

本委托书有效期自签字之日起至 2012 年 09 月 03 日止。

（盖章）：浙江省诸暨对外贸易有限公司（章）

法定代理人或其授权签署《代理报关委托书》的人（签字）：王一峰

2012 年 8 月 3 日

委托报关协议

为明确委托报关具体事项和各自责任，双方经平等协商签订协议如下：

委托方	3304910228 浙江省诸暨对外贸易有限公司	被委托方	宁波宁运国际集装箱货运公司
主要货物名称	男短袜/婴儿袜	*报关单编码	
H.S. 编码	6115950019 / 6111200010	收到单证日期	
货物总价	75600 英镑	收到单证情况	合同 □　发票 ☑ 装箱单 ☑　提（运）单 □ 加工贸易手册 □　许可证件 □ 其他：出境货物通关单
出口日期	2012 年 08 月 08 日		
提单号			
贸易方式	一般贸易	报关收费	人民币：100 元
原产地/货源地	浙江诸暨		
其他要求：		承诺说明：	
背面所列通用条款是本协议不可分割的一部分，对本协议的签署构成了对背面通用条款的同意。		背面所列通用条款是本协议不可分割的一部分，对本协议的签署构成了对背面通用条款的同意。	
委托方业务签章：		被委托方业务签章：	
经办人签章：蒋蕾 联系电话：87882632	浙江省诸暨对外贸易有限公司（章） 2012 年 08 月 03 日	经办报关员签章： 联系电话：	2012 年　月　日

（白联：海关留存、黄联：被委托方留存、红联：委托方留存）　　中国报关协会监制

图 7-3

2. 缮制出口货物报关单

其他相关资料：

出口口岸：宁波海关 3101　　　　　　海运费：2350.00 英镑

保险费：166.00 英镑　　　　　　　　生产厂家：浙江诸暨大唐制袜厂

出境货物通关单号：330600212016164010　合同号码：ZF12E0620

男短袜数量：400 箱　　　　　　　　男短袜毛重：10000.00 千克

净重：9200.00 千克　　　　　　　　海关第一计量单位：双

海关第二计量单位：千克　　　　　　成交计量单位：打双

婴儿袜数量：200 箱　　　　　　　　婴儿袜毛重：1800.00 千克

净重：1440.00 千克　　　　　　　　海关计量单位：千克

成交计量单位：打双

唛头：

GOODLUCKY

MEN'S SOCKS

O/NO. 599/2012

FELIXSTOWE

NO. 1－400

GOODLUCKY

BABIES' HOSIERY

O/NO. 599/2012

FELIXSTOWE

NO. 401－600

填写完委托书后，蒋蕾着手缮制报关单。缮制完毕的报关单见图 7－4。

中华人民共和国海关出口货物报关单

预录入编号：		每关编号：		
出口口岸 宁波海关 3101	备案号		出口日期 2012.08.08	申报日期 2012.08.03
经营单位 3304910228 浙江省诸暨对外贸易有限公司	运输方式 水路运输	运输工具名称		提运单号
发货单位 3304910228	贸易方式 一般贸易		征免性质 一般征税	结汇方式 信用证
许可证号	运抵国（地区） 英国		指运港 菲里克斯托	境内货源地 浙江诸暨
批准文号	成交方式 CIF	运费 2350 英镑	保费 166 英镑	杂费
合同协议号 ZF12E0620	件数 600	包装种类 纸箱	毛重（千克） 11800.00	净重（千克） 10640.00
集装箱号	随附单据 B：330600212016164010		生产厂家 浙江诸暨大唐制袜厂	
标记唛码及备注 GOODLUCKY MEN'S SOCKS O/NO. 599/2012 FELIXSTOWE NO. 1-400	GOODLUCKY BABIES' HOSIERY O/NO. 599/2012 FELIXSTOWE NO. 401-600			

项号	商品编号	商品名称	规格类型	数量及单位	最终目的国（地区）	单价	总价	币制	征免
1	6115950019	男短袜 MEN'S SOCKS		57600 双 9200 千克 4800 打双	英国	12.00	57600.00	英镑	照章征税
2	6111200010	婴儿袜 BABIES' HOSIERY		1440 千克 *** 2000 打双	英国	9.00	18000.00	英镑	照章征税

税费征收情况

录入员	录入单位	兹声明以上申报无讹并承担法律责任	海关审单批注及放行日期（盖章）	
报关员			审单	审价
单位地址 浙江省诸暨市西二环路288号		浙江省诸暨对外贸易 有限公司报关专用章	征税	统计
		申报单位（签章）	查验	放行
邮编 311800	电话 87882632	填制日期 2012.08.03		

图 7-4

二、测试

1. 缮制代理报关委托书

2012年1月21日,浙江省嘉兴市文桑制衣有限公司(海关代码3303910701)委托中外运上海物流有限公司代理报关220箱(2640件)男衬衣出口美国洛杉矶事宜,相关资料如下:

货物名称:棉涤染色男衬衣　　　　H.S.编码:6205200010
货物总价:40032.00美元　　　　　出口日期:2012年1月31日
贸易方式:一般贸易　　　　　　　货源地:浙江嘉兴
报关收费:人民币100元　　　　　收到单证日期:2012年1月21日
收到单证情况:发票、装箱单、核销单、出境货物通关单
委托方经办人:张凌,联系电话:68029378
经办报关员:顾锡娣,联系电话:54642838

请根据上述资料与一般惯例填制代理报关委托书(图7-5):

2. 缮制出口货物报关单

2012年1月29日,中外运上海物流有限公司的报关员顾锡娣着手缮制报关单,赶去上海报关中心大厅申报,因为嘉兴文桑制衣有限公司的货物1月31日要出运。

请按照惯例、上述填制完毕的代理报关委托书和下列其他相关资料,帮助中外运物流有限公司报关员顾锡娣缮制出口货物报关单(图7-6)。

其他相关资料:

货物英文品名:DYED MEN'S SHIRTS　　出口口岸:外港海关2225
合同号:11JW1106　　　　　　　　　　核销单号:120071681
船名航次:APL VICTORY V.864　　　　提单号:SH25T02351
毛重:3080.00千克　　　　　　　　　净重:2640.00千克
海运费:1500美元　　　　　　　　　　保险费:66美元
生产厂家:嘉兴文桑制衣厂　　　　　　成交方式:CIF
海关第一计量单位:件　　　　　　　　海关第二计量单位:千克
实际成交计量单位:件　　　　　　　　指运港:洛杉矶
通关单号:330308412025701965　　　　报关员:顾锡娣/2200090082918186
贸易方式:一般贸易　　　　　　　　　邮编:314000

集装箱箱号/规格/自重：APLU8663218/20/2200
唛头：POWER PLAY
　　　11JW1106
　　　LOS ANGELES
　　　NO. 1 – 220

第七章　出境货物报关

代理报关委托书

编号：12010317101

我单位现 B（B 长期）委托贵公司代理 A、B、D、H 等通关事宜（A 填单申报、B 辅助查验、C 垫缴税款、D 办理海关证明联、E 审批手续、F 核销手册、G 申办减免税手续、H 其他）。详见《委托报关协议》。

我单位保证遵守《海关法》和国家有关法规，保证所提供的情况真实、完整、单货相符。否则，愿承担相关法律责任。

本委托书有效期自签字之日起至 2012 年 02 月 20 日止。

（盖章）：浙江省嘉兴市文桑制衣有限公司（章）

法定代理人或其授权签署《代理报关委托书》的人（签字）：王平

2012 年 01 月 21 日

委托报关协议

为明确委托报关具体事项和各自责任，双方经平等协商签订协议如下：

委托方	
主要货物名称	
H.S.编码	
货物总价	
出口日期	
提单号	
贸易方式	
原产地/货源地	
其他要求：	

被委托方			
*报关单编码			
收到单证日期			
收到单证情况	合同 □	发票 □	
	装箱单 □	提（运）单 □	
	加工贸易手册 □	许可证件 □	
	其他：		
报关收费			
承诺说明：			

背面所列通用条款是本协议不可分割的一部分，对本协议的签署构成了对背面通用条款的同意。

委托方业务签章：

经办人签章：
联系电话：
　　　　　　　　　年　月　日

背面所列通用条款是本协议不可分割的一部分，对本协议的签署构成了对背面通用条款的同意。

被委托方业务签章：

经办报关员签章：
联系电话：
　　　　　　　　　年　月　日

（白联：海关留存、黄联：被委托方留存、红联：委托方留存）　　　　中国报关协会监制

图 7-5

中华人民共和国海关出口货物报关单

预录入编号：　　　　　　　　　　　海关编号：

出口口岸		备案号		出口日期		申报日期	
经营单位		运输方式		运输工具名称		提(运)单号	
发货单位		贸易方式		征免性质		结汇方式	
许可证号		运抵国(地区)		指运港		境内货源地	
批准文号		成交方式		运费		保费		杂费	
合同协议号		件数		包装种类		毛重(公斤)		净重(公斤)	
集装箱号		随附单据				生产厂家		
标记唛码及备注								

项号	商品编号	商品名称	规格类型	数量及单位	最终目的国(地区)	单价	总价	币制	征免

税费征收情况			
录入员　　录入单位	兹声明以上申报无讹并承担法律责任	海关审单批注及放行日期(盖章)	
报关员		审单	审价
单位地址		征税	统计
	申报单位(签章)	查验	放行
邮编　　　　电话　　　　填制日期			

图 7-6

第七章　出境货物报关

第八章 一般原产地证与普惠制原产地证

原产地证明书（Certificate of Origin）简称产地证，是一种证明货物原产地或制造地的文件，也是进口国海关核定进口货物应征税率的依据。

产地证按种类分一般原产地证、普惠制原产地证和政府间协议规定的特殊原产地证，按用途分优惠和非优惠两大类。产地证是商品进入国际贸易领域的"经济国籍"或"护照"，是贸易关系人交接货物、结算货款、索赔理赔的单据之一，也是进口国海关对不同出口国实施不同贸易政策的凭证之一。

第一节 一般原产地证

一、一般原产地证概述

一般原产地证也称普通原产地证或原产地证。在我国出口业务中使用的原产地证指中华人民共和国出口货物原产地证明书（Certificate of Origin of the People's Republic of China，英文简称 C/O）。它是证明出口货物符合《中华人民共和国货物原产地规则》，确系中华人民共和国原产或制造的证明文件，也是进口国海关对该进口货物按何种税率征收进口税的依据。

按照签发者不同，原产地证可分为出口商出具的产地证、生产厂家出具的产地证和贸促会（中国国际贸易促进委员会）或商检局（出入境检验检疫局）出具的产地证。在实务中，应根据合同或信用证的规定办理。一般情况下，以贸促会或商检局出具的产地证居多，因为它们具有权威性，并且有严格规定的缮制格式与申领要求。至于出口商或生产厂家出具的产地证，没有固定格式，只要用英文打印，说明出口货物是中国原产或中国制造即可。

二、一般原产地证申领

根据我国现行规定，出口企业最迟于货物出运三天前，持签证机构规定的正本文件，向签证机构申请办理（G2B电子商务做法）一般原产地证明书。计算机通过后，即可去签证机构所在地领取产地证。申领所需的文件有：

（1）中华人民共和国出口货物原产地证明书一套（一正三副）；

（2）出口商的商业发票正本一份；

（3）签证机构所需要的其他证明文件，如"加工工序清单"等。

三、一般原产地证的缮制要求

一般原产地证共有13项内容，除证书号（Certificate No.）由发证机构指定、第5栏签证机构使用、第12栏签证机构证明以外，其余10栏均由出口企业用英文打印，证书表面要求清洁、整齐，不能有留空栏，一般也不允许更改（参考样式见图8-1）。现就其各栏目内容逐项予以说明。

（1）出口商（Exporter）：此栏填写出口公司的正式名称、地址和国家全称。一般情况下，信用证项下为受益人，托收或汇付项下为合同卖方，中国地址的英文翻译采用汉语拼音。注意此栏不能填写境外中间商名称，即使信用证有规定也不可以，要事先修改信用证。

（2）收货人（Consignee）：此栏填写最终收货人名称、地址和国家全称。一般情况下，信用证项下为提单通知人，托收或汇付项下为合同买方。由于外贸需要，有时合同或信用证规定收货人一栏留空，在这种情况下，有处理两种方法：

①此栏加注"To whom it may concern"；

②此栏加注"To order"。

如果合同或信用证规定此栏需要填写转口商，可在收货人后面加填英文"VIA"＋转口商名称、地址、国家。

（3）运输方式和路线（Means of transport and route）：此栏填写装运港、目的港、中转港（若有）的名称，并说明运输方式（如：海运、空运等）。例如：From Shanghai to Hamburg via Hong Kong by vessel。

1. Exporter: (1)	Certificate No. (13)
	CERTIFICATE OF ORIGIN **OF** **THE PEOPLE'S REPUBLIC OF CHINA**
2. Consignee: (2)	
3. Means of transport and route (3)	5. For certifying authority use only (5)
4. Country / region of destination (4)	

6. Marks & Nos. (6)	7. Number and kind of packages; Description of goods (7)	8. H. S. Code (8)	9. Quantity (9)	10. Numbers and Date of Invoice (10)

11. Declaration by the exporter	12. Certification
The undersigned hereby declares that the above details and statements correct, that all the goods were produced in China and that they comply with the Rules of Origin of the People's Republic of China (11) Place and date, signature and stamp of authorized signatory	It is hereby that the declaration by the exporter is correct. (12) Place and date, signature and stamp of certifying authority

图 8-1

（4）运抵国（地区）（Country/region of destination）：此栏填写目的港所在的国家（地区）的全称。在转口贸易时，一般不能填写转口商所在国的国家名称，而应填写最终进口国（地区）的全称。

（5）签证机构用（For certifying authority use only）：此栏供签证机构对后发证书、补发证书、签发副本或其他事项加注声明时使用，出口企业应将此栏留空。

（6）唛头和包装号（Marks & Nos.）：此栏填写货物外包装上的运输标识且与商业发票、提单的同项内容一致。如果唛头过多此栏不够写，可填写在第7、8、9栏的空白处，或另加附页并在附页右上角显示原证号，由签证机构人员手签、加盖签证章。如果没有唛头，应填写"No Marks"或"N/M"。唛头中不能出现中国关境以外的国家（地区）制造的字样，如："Made in Hong Kong"等。

（7）商品描述、包装件数及种类（Number and kind of packages；Description of goods）：此栏填写的出口商品名称应是商业发票中所描述的货物，可采用与其他单据无矛盾的称谓，但须与实际商品一致。包装件数及种类应与提单或运单中的表述一致。若是散装货物，用"In bulk"表示。填写时要注意以下五点情况：

①商品名称须具体，应可以在商品编码 H. S. Code 的 8 位数中准确找到，不能填写笼统名称。比如"Man's Shirts"，不能写成"Garments"。

②包装件数及种类必须用英文大写和阿拉伯数字同时表示。例如："Two Hundred and Twenty（220）Cartons of Man's Shirts"。

③与商品名称有关的商标、品牌、颜色、货号等无须显示，因为这些内容与商品编码、海关税则无关。

④商品名称填完后，要在下一行加上表示结束的符号"＊＊＊＊＊＊＊＊＊＊＊＊"，以防加塞伪造。

⑤有时信用证要求在证书上加注合同号码、信用证号等内容，可加注在此栏结束符号下方，用 Remark 起始。

（8）商品编码（H. S. Code）：此栏填写上述商品对应的商品编码，应与报关单中显示的商品编码一致。同一证书中包含几种不同商品时，应分别标明不同的商品编码。

（9）数量（Quantity）：此栏填写出口商品的数量及单位，应与商业发票

中的表述一致。如：2640PCS 或者 2000DOZ. PR。如果计量单位为重量，应表明是毛重还是净重。如：N. W. 1440KGS。

（10）发票号码及日期（Number and Date of Invoice）：此栏填写商业发票的号码和日期，分两行填写，第一行填写发票号码，第二行填写发票日期。应与商业发票上的显示一致，并且不能迟于出货日期。为避免对月份、日期的误解，月份一律用英文表述。如：16 JAN., 2012。

（11）出口商声明（Declaration by the exporter）：出口商声明已事先印就，内容为："兹出口商声明以上所列内容正确无误，本批出口商品的生产地在中国，完全符合中华人民共和国出口货物原产地规则。"出口商在此声明栏空白处，由已在签证机构注册的法人代表或签署人员手签，加盖有中英文的公章，并且还需填写申报地点、申报日期。申报日期不能早于第 10 栏的发票日期。

（12）签证机构证明（Certification）：签证机构证明已事先印就，内容是："兹证明出口商的声明是正确无误的。"签证机构授权人经审核后在此栏（正本）签名，加盖签证机构印章，两者不能重叠。另外，签证机构还要在此注明签发地点和签发日期。签发日期不能早于发票日期和申报日期。

一般原产地证可以由商检局签发，也可以由贸促会签发。贸促会签发的产地证上一般在印章中还加注下列声明：China Council for the Promotion of International Trade（CCPIT）is China Chamber of International Commerce。意思是：中国国际贸易促进委员会就是中国国际商会。

（13）证书号码（Certificate No.）：出证机构计算机自动给出的编号，如：CA33121/120010，即 2012 年（12）一家注册号为 A33121 的公司的 0010 号一般原产地证书（C）。

四、一般原产地证的更改或重发

对签证机构已签发的原产地证书，当出口企业需要更改其内容时，出口企业应书面申明理由，提交已更改的产地证，并退回原证书正本。

对签证机构已签发的原产地证明书遗失或损毁，出口企业应书面说明遗失或损毁的原因，提交重新填制的产地证书副本。此时，签证机构将在第 5 栏加注下列内容：This Certificate is in replacement of Certificate of Origin No. ... dated... which cancelled。意思是：本证为某月某日签发的第 × 号证书之副本，原证作废。

第二节　普惠制原产地证

一、普惠制概述

普遍优惠制（Generalized System of Preference）简称普惠制（GSP），是指发达国家（给惠国）给予发展中国家或地区（受惠国）在经济、贸易方面的一种普遍的、非歧视的、非互利的特别优惠待遇。受惠国向给惠国出口工业制成品、半制成品或部分农产品时，给惠国海关凭受惠国当局出具的普惠制原产地证明书给予免征或减征关税的优惠待遇。

普惠制原产地证明书（Generalized System of Preferences Certificate of Origin）是一种受惠国有关机构就本国出口商向给惠国出口受惠商品而签发的，用以证明原产地的证明文件，也是给惠国给予优惠关税待遇或免税的凭证。

目前，给予我国普惠制待遇的国家共39个，它们是：欧盟27国[①]、挪威、瑞士、列支敦士登、俄罗斯、白俄罗斯、乌克兰、日本、土耳其、哈萨克斯坦、加拿大、澳大利亚、新西兰。

普惠制产地证主要有三种格式：格式A、格式59A和格式APR。其中格式A（Form A）使用范围较广，故在实务中常把普惠制产地证简称为Form A。

需要说明的是，在所有给惠国中，澳大利亚和新西兰要求的证书格式特殊。新西兰使用Form 59A，澳大利亚不用任何规定的格式，只需在商业发票上加注指定的声明文句即可。文句是这样的：

I declare：A，that the final process of manufacture of the goods for which special parts are claimed has been performed in China and B，that not less than one half of the factory cost of the goods is represented by the value of labour and material of China.

在我国，普惠制原产地证书由各地检验检疫机构（商检局）办理签证、发证和管理工作。出口商在对给惠国出口可受惠商品时，无论合同或信用证

---

① 欧盟27国分别是：法国、德国、意大利、荷兰、比利时、卢森堡、英国、丹麦、爱尔兰、希腊、葡萄牙、西班牙、奥地利、瑞典、芬兰、马耳他、塞浦路斯、波兰、匈牙利、捷克、斯洛伐克、斯洛文尼亚、爱沙尼亚、拉脱维亚、立陶宛、罗马尼亚、保加利亚。

是否要求提供 Form A，都应申领此证并交收货人，使其能够享受普惠制的待遇。

二、实施普惠制的原则和要求

实施普惠制必须遵循以下三个原则：

（1）普遍原则（Generalized），给惠国对于来自受惠国的工业制成品、半制成品或部分农产品实行普遍的、无例外的、不厚此薄彼的、一视同仁的优惠待遇。

（2）非歧视性原则（Non-discrimination），把原先称作落后国家、不发达国家或新兴国家统称为发展中国家（developing countries），亦称受惠国（beneficiary countries）；而把过去称作的先进国家或工业化国家一律称为发达国家（advanced countries）或给惠国（preferential giving countries）。

（3）非互惠原则（Non-reciprocity），给惠国给予受惠国普遍优惠，但不要求受惠国给予给惠国反向优惠。

实施普惠制还应该符合以下要求：

（1）产地原则（rules of origin），指产品必须由受惠国制造，或完全产自受惠国。若需有进口原料和零配件者，不得超过成品的 40%，并须给予实质性加工（商品编码税则号完全改变），否则不能享受普惠制中规定的关税减免。

（2）直接运输（direct consignment），指受惠国的出口商品必须直接运往给惠国，不得进入第三国市场，但允许在第三国分类、包装。若商品的运输工具不能直达给惠国而必须转运时，则须经转运地的海关封关，以防在转运地掉包或以次充好。

（3）提供普惠制产地证（provide generalized system of preferences certificate of origin），指给惠国进口商办理进口申报时，须提供受惠国有关当局出具的普惠制原产地证明书，否则无法享受普惠制中规定的关税减免。

三、普惠制原产地证明书格式 A（Form A）的申领

根据我国商检局的有关规定，出口企业最迟于货物出运前 5 天，向签证机构申请办理（G2B 电子商务做法）普惠制产地证。计算机通过后，即可去商检局领取 Form A。申领所需的文件有：

（1）缮制完毕的普惠制原产地证明书 Form A 一套（一正二副）；

（2）出口商的商业发票正本一份；

（3）签证机构所需的其他证明文件，如加工工序清单；

（4）如果出口商品含进口成分，应交纳含进口成分受惠商品成本明细单一式二份。

四、普惠制原产地证明书格式 A（Form A）的缮制

联合国贸发会优惠问题特别委员会对普惠制原产地证明书格式 A（Form A）的印刷格式、填制方法都有严格明确的规定，对所需纸张的质量、重量、大小尺寸都作了规定，并要求正本加印绿色防伪标识，防止涂改或伪造。因此缮制时必须认真细心，不得涂改，证书上不得加盖校正章。

普惠制产地证（见图 8-2）也有 13 项内容，除证书号（Certificate No.）由发证机构指定、第 4 栏签证机构使用、第 11 栏签证机构证明以外，其余 10 栏均由出口企业用英文打印，也可使用法文，特殊情况下，第二栏可以使用给惠国的文种。证书表面要求清洁、整齐，不能有留空栏。各栏目填制要求如下：

（1）出口商名称、地址和国家［Goods consigned from（Exporter's name, address, country）］：此栏是带有强制性的，必须填写在中国境内的出口商的详细地址，包括街道名称、门牌号码、城市、国家。信用证项下一般填写受益人，托收或汇付项下填写合同卖方。中文地名翻译采用汉语拼音。

（2）收货人名称、地址和国家［Goods consigned to（Consignee's name, address, country）］：此栏根据信用证要求填写给惠国的最终收货人名称（即信用证上规定的提单通知人或特别声明的收货人）。如果信用证未明确最终收货人，可以填写商业发票的抬头人，但绝不可填写中间商（如中国香港、新加坡客商）的名称。

欧盟 27 国和挪威对此栏是非强制性要求。若第 2 栏进口商所在国和第 12 栏的最终目的国都是欧盟成员，第 2 栏的国家可以与第 12 栏的进口国不一致，也可以填 "To order" 或 "To whom it may concern"。

（3）运输方式和路线（就所知而言）［Means of transport and route（as far as known）］：此栏填写出口货物的装运港、目的港或到货地点，并说明运输方式。如因运输需要发生转运，应注明转运地。若目的地为内陆地，则允许产地证上的目的地名称与提运单上的卸货港不一致。

第八章 一般原产地证与普惠制原产地证

1. Goods consigned from (Exporter's name, address, country) (1)	Reference No. (13) **GENERALIZED SYSTEM OF PREFERENCES** **CERTIFICATE OF ORIGIN** (Combined declaration and certificate) **FORM A** issued in **THE PEOPLE'S REPUBLIC OF CHINA** (country)			
2. Goods consigned to (Consignee's name, address, country) (2)				
3. Means of transport and route(as far as known) (3)	4. For official use (4)			
5. Item number (5)	6. Marks & Numbers of packages (6)	7. Number and Kind of packages; Description of goods (7)	8. Origin criterion See notes overleaf (8)	9. Gross weight & other quantity (9)	10. Number and date of Invoice (10)
11. Certification It is hereby certified, on the basis of control carried out, that the declaration by the exporter is correct. (11-1) (11-2) (11-3) Place and date, signature and stamp of certifying authority	12. Declaration by the exporter The undersigned hereby declares that the above details and statements are correct; that all goods were produced in **CHINA** (12-1) (Country) and that they comply with the origin requirements specified for those goods in the **Generalized System of Preferences** for goods exported to (12-2) (importing country)			
	(12-3) (12-4) Place and date, signature of authorized signatory			

图 8 – 2

如：From Shanghai to New York via Kobe by sea.

如：From Shanghai to Hamburg by sea thence transit to Switzerland.

（4）供官方使用（For official use）：此栏留空，供商检局加注说明时使用。若为"后发"证书，商检局在此栏加盖"issued retrospectively"红色印章。若为"副本"证书，商检局在此栏加盖"duplicate"红色印章，同时还注明"本证为某月某日签发的第×号证书的副本，原证书作废"字样（This Certificate is in replacement of Certificate of Origin No. . . Dated. . . which cancelled）。

（5）商品顺序号（Item number）：如果同一批出口货物有不同税则号的商品，按税则号归类，用阿拉伯数字"1、2、3…"按顺序编号填入此栏。单项商品用"1"表示。

（6）唛头和包装号（Marks and Numbers of packages）：此栏的填写方法与上述第一节一般原产地证相应栏目填法相同。

（7）商品名称、包装件数及种类（Number and Kind of packages；Description of goods）：此栏的填写方法与上述第一节一般原产地证相应栏目填法相同。

（8）原产地标准［Origin criterion（see notes overleaf）］：此栏文字最少，但却是国外海关审核的核心项目。对含有进口成分的商品，国外要求严格且容易退证，应根据原产地标准选择正确的代码填入。

原产地标准及填报代码：

填报代码	出口国家	原产地标准
P	所有给惠国家	完全原产品
W+H.S.	欧盟、挪威、瑞士、列支敦士登、日本	产品列入给惠国"加工清单"并符合其加工条件产品未列入"加工清单"，但产品使用的进口原料或零部件经过充分加工，产品 H.S. 号不同于原材料或零部件的 H.S. 号
F	加拿大	有进口成分，但进口成分价值未超过产品出厂价的 40%
W+H.S.	波兰	有进口成分，但进口成分价值未超过离岸价的 50%
Y+进口成分的百分比	俄罗斯、白俄罗斯、乌克兰、哈萨克斯坦	有进口成分，但进口成分价值未超过离岸价的 50%

（9）毛重或其他数量（Gross weight & other Quantity）：此栏的填写方法与上述第一节一般原产地证相应栏目填法相同。

（10）发票号码及日期（Number and date of Invoice）：此栏的填写方法与上述第一节一般原产地证相应栏目填法相同。

（11）签证机构证明（Certification）：签证机构证明事先已印刷，内容为"兹证明出口商的声明是正确无误的，本批货物已由承运人运出"。

商检局的批注内容有3项：

①中华人民共和国出入境检验检疫局公章，只签一份正本，副本不予盖章；

②由商检局授权人手签；

③签发日期与签署地点，此日期不能早于发票日期和申报日期，但应早于货物的出运日期；此地点为商检局所在地，一般情况与合同中的卖方所在地一致。

（12）出口商声明（Declaration by the exporter）：出口商声明已事先印刷，内容为"兹由出口商声明，以上所列内容正确无误"。此栏填写的内容4项：

①用英文填写生产国国名"CHINA"（已事先印刷）。

②用英文填写最终进口国国名。进口国必须与第2栏收货人所在地的国别一致。货物运往欧盟，进口国不明确时，可填写"E. U."。

③出口商签署（手签），加盖单位中英文印章（正副本均须签署盖章）。签署人手迹必须事先在商检局注册备案。盖章时，应避免覆盖进口国名称和签署人手迹。

④出口商填写地点、日期。此地点一般为信用证中受益人或买卖合同中卖方的所在地，此日期不能早于发票日期（可以与发票同一天），也不能晚于第11栏的日期。

（13）证书号码（Reference No.）：此栏由商检局计算机自动给予。网上申领时，只要计算机通过，就会自动给出。例如：G113800120050056是注册号为380012005的出口企业2011年（11）办理的第56票（0056）普惠制产地证（G）。

第三节 同步实训

一、示范

2012年8月3日,浙江省诸暨对外贸易有限公司单证员蒋蕾在缮制好了商业发票与装箱单后,开始申领产地证。

信用证(本书第一章图1-6)中有关原产地证明书的内容为:

…

APPLICANT　　　　＊50:GOODLUCKY CO.,LTD.
　　　　　　　　　　96 HIGHWAY
　　　　　　　　　　LUTON,BEDFORDSHIRE
　　　　　　　　　　LU1 1XL UNITED KINGDOM
APPLICANT BANK　51A:HSBC BANK PLC,LONDON
BENEFICIARY　　＊59:ZHUJI FOREIGN TRADE CORP. OF ZHEJIANG,LTD.
　　　　　　　　　　288 WEST SECOND RING ROAD
　　　　　　　　　　ZHUJI,ZHEJIANG
　　　　　　　　　　CHINA

…

DESCRIPTION OF GOODS 45A:
　　　　　　　　　　MEN'S SOCKS AND BABIES' HOSIERY
　　　　　　　　　　AS PER S/C NO. ZF12E0820 AND
　　　　　　　　　　APPLICANT'S ORDER NO. 599/2012
　　　　　　　　　　TRADE TERMS:CIF FELIXSTOWE

DOCUMENTS REQUIRED 46A:

…

　　　+ CERTIFICATE OF ORIGIN IN DUPLICATE

…

ADDITIONAL CON. 47A:

　　　+ APPLICANT'S ORDER NO. 599/2012 MUST BE SHOWN ON ALL DOCUMENTS

…

其他相关资料：

发票编号：ZFA0723 - Q　　　　　　发票日期：2012 年 7 月 23 日
男短袜 4800 打双/400 箱　　　　　税则号：6115950019
婴儿袜 2000 打双/200 箱　　　　　税则号：6111200010
完全国产，无进口成分　　　　　　申领日期：2012 年 8 月 3 日
唛头：GOODLUCKY　　　　　　　产地证日期：2012 年 8 月 3 日
　　　MEN'S SOCKS　　　　　　　装运港：NINGBO
　　　O/NO. 599/2012　　　　　　卸货港：FELIXSTOWE
　　　FELIXSTOWE
　　　NO. 1 - 400

唛头：GOODLUCKY
　　　BABIES' HOSIERY
　　　O/NO. 599/2012
　　　FELIXSTOWE
　　　NO. 401 - 600

　　因为信用证里没有明示进口商需要的是一般原产地证还是普惠制原产地证，但因进口国是给惠国，出口商品是"可受惠商品"，所以单证员蒋蕾决定让商检局签发普惠制原产地证。蒋蕾根据信用证号码 DC LUT120954 以及上述相关资料，填写普惠制原产地证。

　　当天下午，蒋蕾从商检局领回了签发的普惠制产地证（见图 8 - 3），授权人沈萍，证书号：G123304120500058。

1. Goods consigned from (Exporter's name address country) ZHUJI FOREIGN TRADE CORP. OF ZHEJIANG, LTD., 288 WEST SECOND RING ROAD ZHUJI, ZHEJIANG, CHINA	Reference No. G123304120500058 **GENERALIZED SYSTEM OF PREFERENCES** **CERTIFICATE OF ORIGIN** (Combined declaration and certificate)
2. Goods consigned to (Consignee's name, address, country) GOODLUCKY CO., LTD. 96 HIGHWAY, LUTON BEDFORDSHIRE LU1 1XL UNITED KINGDOM	**FORM A** issued in **THE PEOPLE'S REPUBLIC OF CHINA** (country)
3. Means of transport and route(as far as known) FROM NINGBO TO FELIXSTOWE BY SEA	4. For official use

5. item number	6. Marks & Numbers of packages	7. Number of kind of packages; Description of goods	8. Origin criterion	9. Gross weight & other quantity	10. Number and date of Invoice
1	GOODLUCKY MEN'S SOCKS O/NO.599/2012 FELIXSTOWE NO. 1-400	FOUR HUNDRED (400) CARTONS OF MEN'S SOCKS TWO HUNDRED (200) CARTONS OF BABIES' HOSIERY ************** REMARK: GOODLUCKY'S ORDER NO. 599/2012	P P	4800DOZ.PRS. 2000DOZ.PRS.	ZFA0723-Q 23 JUL., 2012
2	GOODLUCKY BABIES' HOSIERY O/NO.599/2012 FELIXSTOWE NO. 401-600				

11. Certification It is hereby certified, on the basis of control carried out, that the declaration by the exporter is correct. 诸暨市 出入境检验 检疫局(章) 沈萍 (手签) ZHUJI, CHINA 03 AUG., 2012 Place and date, signature and stamp of certifying authority	12. Declaration by the exporter The undersigned hereby declares that the above details and statements are correct; that all goods were produced in **CHINA** (Country) and that they comply with the origin requirements specified for those goods in the **Generalized System of Preferences** for goods exported to U. K. (Importing Country) 浙江省诸暨对外贸易有限公司 ZHUJI FOREIGN TRADE CORP. OF ZHEJIANG, LTD. 蒋蕾 (手签) ZHUJI, CHINA 03 AUG., 2012 Place and date, signature of authorized signatory

图 8-3

二、测试

请根据下列正确信用证和其他相关资料,帮助浙江省嘉兴市文桑制衣有限公司的单证员张凌缮制一般原产地证书(图 8-4)。

...

50:APPLICANT:POWER PLAY INC.

　　　　　　2ND FLOOR,NO. 137E 33RD STREET

　　　　　　LOS ANGELES CA.

　　　　　　90011 U. S. A.

59:BENEFICIARY:ZHEJIANG JIAXING WENSANG GARMENT CO.,LTD.

　　　　　　NO. 120 SOUTH FURUN ROAD

　　　　　　NANHU DISTRICT,JIAXING,

　　　　　　CHINA

...

44E:PORT OF LOADING:SHANGHAI

44F:PORT OF DISCHARGE:LOS ANGELES

44C:LATEST DATE OF SHIPMENT:120131

45A:SHIPMENT OF GOODS:

　　　DYED MEN'S SHIRTS COTTON 80 PCT POLYESTER 20 PCT

　　　OTHER DETAILS AS PER S/C NO. 11JW1106

　　　PACKING:ONE PC IN A POLYBAG AND 12PCS INTO AN EXPORT CARTON. TOTAL INTO ONE 20' FULL CONTAINER

　　　CIF LOS ANGELES

46A:DOCUMENTS REQUIRED:

...

　　　+ CERTIFICATE OF ORIGIN IN DUPLICATE

其他相关资料:

发票号码:ABC120116　　　　　发票日期:2012 年 1 月 16 日

数量:2640PCS　　　　　　　　包装:220CTNS

单证员:张凌　　　　　　　　商检局授权人:张才理

申领日期：2012 年 1 月 20 日　　证书日期：2012 年 1 月 20 日
H. S. 编码：6205200010　　　　　证书号：CA33349/120005
唛头：POWER PLAY
　　　11JW1106
　　　LOS ANGELES
　　　NO. 1 – 220

第八章　一般原产地证与普惠制原产地证

1. Exporter:	Certificate No.
	CERTIFICATE OF ORIGIN
2. Consignee:	**OF**
	THE PEOPLE'S REPUBLIC OF CHINA
3. Means of transport and route	5. For certifying authority use only
4. Country / region of destination	

6. Marks & Nos.	7. Number and kind of packages; Description of goods	8. H. S. Code	9. Quantity	10. Numbers and Date of Invoice

11. Declaration by the exporter	12. Certification
The undersigned hereby declares that the above details and statements correct, that all the goods were produced in China and that they comply with the Rules of Origin of the People's Republic of China	It is hereby that the declaration by the exporter is correct.
Place and date, signature and stamp of authorized signatory	Place and date, signature and stamp of certifying authority

图 8–4

第九章 区域性优惠原产地证

若干年以来，我国与许多国家或区域性经济集团进行了多轮谈判并达成协议，双方在减让清单中的产品可享受比最惠国税率更为优惠的关税税率。

这种关税优惠是相互的，与发达国家给予发展中国家的普遍的、非互惠的、非歧视的普惠制有所不同。在同这些协议项下的国家进出口货物时，由出口商提供区域性优惠原产地证，使进口商得到关税优惠待遇，从而达到双边互惠的目的。

由于区域性贸易协定的关税优惠是对等互惠的，它将逐渐代替普惠制，成为我国出口产品的主要优惠政策，各种区域性优惠原产地证明书也将逐步代替普惠制产地证 Form A。

截止到 2012 年 6 月 30 日，我国出入境检验检疫局或贸促会可以签发十种区域性优惠原产地证书，分别是：

亚太贸易协定原产地证；

中国—东盟自贸区优惠原产地证；

中国—智利自贸区原产地证；

中国—巴基斯坦自贸区原产地证；

中国—新西兰自贸区优惠原产地证；

中国—新加坡自贸区优惠原产地证；

中国—秘鲁自贸区协定原产地证；

中国—哥斯达黎加自贸区优惠原产地证；

内地与香港（澳门）关于建立更紧密经贸关系的安排（CEPA 产地证）和海峡两岸经济合作框架协议（ECFA 产地证）。

目前和我国正在商议中的区域性经济集团和国家，还包括海湾合作委员会（包括沙特、科威特、阿联酋、阿曼、卡塔尔和巴林 6 国）、南部非洲关税同盟、澳大利亚、冰岛、瑞士、挪威、中日韩三国自贸区等。通过相互降低和取消关税,进一步开放服务和投资领域,自贸区可以带来贸易和投资机会,降低生产和交易成本,从而实现互利共赢和共同发展。

第一节 亚太贸易协定原产地证

我国从 2006 年 9 月 1 日起签发亚太贸易协定原产地证[CERTIFICATE OF ORIGIN Asia – Pacific Trade Agreement(Combined Declaration and Certificate)],可以签发亚太贸易协定原产地证的国家有印度、韩国、孟加拉国、斯里兰卡、老挝和中国六个国家。减免产品范围包括农产品、药品、化工产品、纺织品、金属制品、机电产品和汽车及其零部件等,降税幅度从5%到100%不等。

因为证书号的首字是 B,所以亚太贸易协定原产地证(图 9 – 1)又称 From B。Form B 正本粉红色,副本白色,除了号码栏,共 12 栏,各栏的填写方法如下:

(1)第 1 栏:出口商名称、地址、国别[Goods consigned from(Exporter's business name, address, country)]:此栏是带有强制性的,应填写中国境内出口商的详细地址,包括道路名称、门牌号码等。出口商必须是已办理产地注册的企业,且英文名称与在签证机构注册备案的一致。此栏切勿出现中国香港、中国台湾等中间商。

(2)第 2 栏:收货人名称、地址、国家[Goods consigned to(Consignee's business name, address, country)]:此栏填写亚太贸易协定成员国最终收货人的名称,即信用证上规定的提单通知人,或特别声明的收货人,不能填中国香港、中国澳门、中国台湾等其他中间商名称。此栏在特殊情况下,也可填上"To order"或"To whom it may concern"字样。

(3)第 3 栏:供签证当局使用(For official use):此栏由签证机构填写,出口商留空。签证机构根据实际情况,填写如下内容:

①如属"后发"证书,签证机构在此栏盖上"Issued retrospectively"章;

②如属"重发"证书,签证机构在此栏注明原发证书的编号和签证日期,并声明原发证书作废,其文字是这样的:此证书是某月某日签发的某证书(号码为……)的副本,原证书已作废(This certificate is in replacement of Certificate of Origin No. ××× dated... which is cancelled),并盖上"副本"(duplicate)的红色印章。

1. Goods consigned from (1) (Exporter's business name, address, country)	Reference No. (13) **CERTIFICATE OF ORIGIN** Asia-Pacific Trade Agreement (Combined Declaration and Certificate) Issued in THE PEOPLE'S REPUBLIC OF CHINA (Country)
2. Goods consigned to (2) (Consignee's business name, address, country)	3. For official use (3)
4. Means of transport and route (4)	

5. Tariff item number (5)	6. Marks and numbers on packages (6)	7. Number and kind of packages /Description of goods (7)	8. Origin criterion (see notes overleaf) (8)	9. Gross weight or other quantity (9)	10. Number and date of invoice (10)

11. Declaration by the exporter The undersigned hereby declares that the above details and statement are correct; that all the goods were produced in **CHINA** (11-1) (Country) and that they comply with the origin requirements specified for these goods in the Asia-Pacific Trade Agreement for goods exported to (11-2) (Importing country) (11-3) Place and date, signature of authorized signatory	12. Certification It is hereby certified, on the basis of control carried out, that the declaration by the exporter is correct (12) Place and date, signature and stamp of Certifying Authority

图 9-1

(4) 第4栏：运输方式与路线（Means of transport and route）：此栏填写最后一个离开中国内地关境的离境地，如果是转运货物，还要加上转运地。如：From Shanghai to New York by Sea. 又如：Sea freight from Ningbo to Colombo via Hong Kong.

(5) 第5栏：税则号（Tariff item number）：此栏填写出口货物的 H. S. 编码，填写前4位。例如：婴儿袜的税则号是6111200010，填写为6111。

(6) 第6栏：唛码标志（Marks and numbers on Packages）：此栏填写出口货物外包装上的运输标识（唛头），须与发票上的唛头一致。唛头中处于同一行的内容不能换行。此栏不得留空。注意：

①如果散装货物没有唛头，应填写"N/M"（无唛头）；

②如果唛头过多，可填写在第7、8、9、10栏的空白处；

③如果唛头是图案等较为复杂的形式，可在该栏目填上"See attachment"，并另加附页。附页须一式三份，附页上方填上"Attachment to the Certificate of Origin No.×××"（证书号码），附页下方两边分别填上签证地点、签证日期、申报地点和申报日期，右下方盖上出口商的签证章并由申报员签名，附页与证书大小一致。

(7) 第7栏：包装数量及种类和货物描述（Number and kind of packages/Description of goods）：此栏填写出口货物的名称、包装件数的大小写，并在末行加上"＊＊＊"字符（截止线），以防加塞伪造内容。注意：

①商品名称应详细、准确，并与第5栏的税则号相对应。如果合同或信用证中的品名过于笼统，应在括弧内加注具体的描述；

②如果合同或信用证要求在产地证中显示信用证号、订单号等内容，可加在截止线下方，以"Remarks"开头。

例如：Forty (40) cartons of babies' hosiery

＊＊＊＊＊＊＊＊＊＊＊＊＊＊＊＊＊＊＊＊＊＊＊＊＊＊＊＊

Remarks：Credit No. SID46905067

(8) 第8栏：原产地标准［Origin criterion (see notes overleaf)］：此栏用字不多，却是进口国海关审核的核心项目，必须认真填写，若有不明之处，可查看证书反面。属于完全原产的货物，填写"A"；如果含有进口成分的产品，填写如下：

①在一出口成员国境内最终制得或加工的产品，如果其使用的来自非

成员国或不明原产地的原材料、零件或制品的总价值不超过该产品FOB价的55%，则填写字母"B"并注明原产于非成员国或原产地不明的原材料、零部件或制品的总价值占出口产品FOB价的百分比，例如"B 50%"。

②符合原产地累积标准的，如果最终产品中成员国成分合计不低于其FOB价的60%，则填写字母"C"并注明原产于成员国领土内的累计含量的总价值占出口产品FOB价的百分比，例如"C 60%"。

③最不发达成员国原产的产品在适用条件"A"时百分比不能超过65%，适用条件"B"时百分比不能低于50%。符合该特定原产地标准的产品，填写字母"D"。

（9）第9栏：毛重及其他数量（Gross weight or other quantity）：此栏应以商品的正常计量单位填写，如只、件、匹、双、打、台等，以重量计算的则填毛重，只有净重的，填净重也行，但要标明净重，即加上"N.W.（net weight）"。

（10）第10栏：发票号及日期（Number and date of invoice）：此栏填写对应的发票号码与发票日期，必须与商业发票上显示的一致。注意：

①月份用英文缩写表示，日期与年份月数字表示；

②年份要填完整，例如2012不能写成12；

③发票号码如果太长需换行打印时，应使用折行符"—"；

④发票日期不能迟于提单日期和申报日期。

（11）第11栏：生产国、进口国声明和出口商（Declaration by the exporter），此栏有三项内容：

①出口商声明和生产国，英文声明和生产国"CHINA"字样已经印就，大意是证书中所列内容正确，货物产于中国；

②进口国，横线上的进口国国名一定要正确，必须是亚太贸易协定成员国，与收货人及目的港所在的国别一致；

③出口商签署，出口企业的申报员应在此栏签署，并加盖已在签证机构注册过的中英文签证章，填上申报地点与时间。印章应清晰。

注意：申报日期不能填写法定休息日，此日期不得早于发票日期，一般也不能迟于提单日期，如果迟于提单日期，则要申请后发证书。在证书正本和所有副本上盖章签署时，要避免覆盖迕口国名称、原产国名称、申报地址

和申报时间。更改后证书的申报日期一般与原证一致,重发证书的申报日期应为重新申报时的日期。

(12)第12栏:签证当局证明(Certification):此栏填写签证地址和日期,一般情况下,与出口商申报日期、地址一致。签证机构授权签证人员在此栏签署,并加盖签证机构的印章。注意:签证机构只在证书正本加盖印章,副本没有印章。

(13)证书号码(Reference No.):此栏填写亚太贸易协定原产地证明书号码,例如:B123800000050045是指注册号为380000005的出口商2012年办理的第45票证书。

对于签署机构已经签发的证书,出口商如需更改内容,须提出更改申请,并退还原签证书。更改的号码与新证的编码规则一致,但改变流水号。如原签发的证书遗失,经签证机构重新签发,重发证的号码与新证的编码规则一致,但改变流水号。

第二节 中国—东盟自贸区优惠原产地证

中国—东盟自贸区优惠原产地证英文全称是:"ASEAN – CHINA FREE TRADE AREA PREFERENTIAL TARIFF CERTIFICATE OF ORIGIN(Combined Declaration and Certificate)FORM E",简称 Form E。为享受中国—东盟自贸区优惠关税协议优惠待遇而接受本证明书的成员国有:文莱、柬埔寨、印度尼西亚、老挝、马来西亚、缅甸、菲律宾、新加坡、泰国、越南和中国。

自2004年1月1日起,在中国—东盟自贸区的农产品的进口可凭Form E享受关税优惠待遇。2005年7月20日起,约7000个税目的产品开始全面降税,至2010年,中国与文莱、印度尼西亚、马来西亚、菲律宾、新加坡和泰国六个东盟老成员取消所有产品的关税,建成自由贸易区。老挝、缅甸至2009年1月、柬埔寨至2012年1月,50%的税目的关税降至0%~5%,2013年40%的税目的关税降至零。越南2010年50%的税目的关税降至0%~5%。2015年老挝、缅甸、柬埔寨、越南与中国将实现自由贸易(关税降至零)。

出口至上述任何一个国家的进出口货物，享受中国—东盟自贸区优惠关税协议下优惠待遇的主要条件是：

（1）必须是在目的国可享受关税减让的货物；

（2）必须符合货物由任一中国—东盟自贸区成员国直接运至另一成员国的运输条件，但如果过境运输、转换运输工具或临时储存仅是由于地理原因或仅出于运输需要考虑，运输途中经过一个或多个非中国—东盟自贸区成员国境内的运输亦可接受；

（3）必须符合原产地标准。

中国—东盟自贸区优惠原产地证由一份正本（灰棕色）及三份副本（浅绿色）组成：正本交给进口商；第一副本出证机构留存；第二副本交给进口商，货物在进口国通关后交还给有关当局；第三副本出口商留存。

Form E（图9-2）也是12栏（除了号码栏），用英文填制，其中证书号码、第1、2、6、10栏的内容及填制要求，和普惠制产地证（本书第八章第二节）以及上述亚太贸易协定原产地证的相应各栏一致，可参见Form A和Form B的填制要求。下面就第3、4、5、7、8、9、11、12栏的填制要求讲解如下：

（1）第3栏：运输方式及运输途径：此栏除了注明运输方式以外，还要在栏内对应的英文后依次填写上离港日期、运输工具号（船名、航班）和卸货港。

（2）第4栏：官方使用：此栏由进口国海关填写。不论是否给予优惠待遇，进口成员国海关必须在第4栏做出相应的标注。

（3）第5栏：序列号：此栏与Form A的第5栏相同，可参照本书第八章第二节Form A第5栏的填制。

（4）第7栏：包装数量及种类、货物描述（包括H. S. 税目号）：此栏填写货物的包装数量及种类，并在包装数量的英文描述后用括号加上阿拉伯数字；货物名称必须详细，以便验货的海关官员可以识别，产品的货号及任何商标也应列明；H. S. 编码要填写六位数，例如：H. S. Code：940320；货名与H. S. 编码要对应。如果货物无包装，应注明"散装（In bulk）"。货物描述结束后，应在后面添加"＊＊＊"（截止符）。如果合同或信用证要求在证书上添加信用证号码等内容的，参见Form B第7栏的填写方式。

第九章　区域性优惠原产地证

（5）第8栏：原产地标准：此栏填写如下：

①对于完全原产的产品，应填写"WO"（适用于文莱、马来西亚、泰国、新加坡和越南），或填写"X"（适用于缅甸、柬埔寨、印度尼西亚、老挝、菲律宾）；

②货物在出口成员国加工但并非完全生产，未使用原产地累计规则判断原产地标准的，其国产价值成分≥40%，填写该产品国产价值的百分比，例如70%；

③货物在出口成员国加工但并非完全生产，使用了原产地累计规则判断原产地标准的，中国—东盟累计价值成分≥40%，填写该产品价值的百分比，例如45%；

④货物符合产品的特定原产地标准的产品，填写"PSR"。

（6）第9栏：毛重或其他数量及价格（FOB）：此栏比Form A或Form B多一项内容，即除了填写数量或毛重外，还要填写出口货物的FOB金额。

（7）第11栏：生产国、进口国和出口商声明：此栏与Form B的第11栏相同，可参照Form B的填制。

（8）第12栏：官方证明：此栏填写签证机构的签证地点（城市名）、日期，签证机构的签证人员经审核后在此栏（正本和副本）签名，盖签证印章。当申请单位申请后发证书时，需在此栏上加注"Issued Retrospectively"。

如果Form E原产地证书需要更改，由原签证机构的签证人员将证书上错误项目以横线画去，在旁边空白处手写正确的内容，在正确内容周围加"＊＊＊"（截止符），由签证人员签字，并加盖签证印章，不再重新签发Form E更改证书。

Form E原产地证书被盗、遗失或毁坏的，出口商可以书面向签证机构申请签发该原产地证正本及第三副本的经核准真实副本。该副本应当根据签证机构存档的出口文件制发，同时提供相关的商业单证（如提单、报关单）的复印件，并应在第12栏中注明"经核准的真实副本"（Certified true copy）字样。审签人员审核无误予以签发该证书的补发证书，补发证书应当注明原始原产地证的签发日期，在原始证签发之日起一年内签发。

1. Goods consigned from (Exporter's business name, address, country) (1)	Reference No. (13) **ASEAN-CHINA FREE TRADE AREA PREFERENTIAL TARIFF CERTIFICATE OF ORIGIN** (Combined Declaration and Certificate) **FORM E**
2. Goods consigned to (Consignee's business name, address, country) (2)	Issued in THE PEOPLE'S REPUBLIC OF CHINA (Country) See Notes overleaf
3. Means of transport and route (as far as known) (3) Departure date Vessel's name / Aircraft etc. Port of discharge	4. For official use (4) ☐ Preferential treatment Given Under ASEAN-CHINA Free Trade Area Preferential Tariff ☐ Preferential treatment Not Given (Please state reason/s) Signature of Authorised Signatory of the Importing Country

5. Item number	6. Marks and numbers on packages	7. Number and type of packages, description of goods (including quantity where appropriate and H.S. number of the importing country)	8. Origin criterion (see notes overleaf)	9. Gross weight or other quantity and value(FOB)	10. Number and date of invoices
(5)	(6)	(7)	(8)	(9)	(10)

11. Declaration by the exporter (11) The undersigned hereby declares that the above details and statement are correct; that all the goods were produced in **CHINA** (Country) and that they comply with the origin requirements specified for these goods in the ASEAN-CHINA Free Trade Area Preferential Tariff for the goods exported to (Importing Country) Place and date, signature of authorised signatory	12. Certification (12) It is hereby certified, on the basis of control carried out, that the declaration by the exporter is correct Place and date, signature and stamp of certifying authority

图 9－2

第九章　区域性优惠原产地证

第三节　香港 CEPA 原产地证和 ECFA 原产地证

一、CEPA 原产地证

CEPA 全称为 Close Economic Partnership Arrangement，即关于建立更紧密经贸关系的安排的英文简称，包括中央政府与香港特区政府签署的内地与香港关于建立更紧密经贸关系的安排、中央政府与澳门特区政府签署的内地与澳门关于建立更紧密经贸关系的安排。

CEPA 原产地证是指中国内地、香港、澳门更紧密经贸关系的相关协定下使用的原产地证。出口商或生产商在中国香港、澳门，向特区政府授权的原产地证发证机构申请，可以享受 CEPA 原产地证。目前，根据 CEPA 规定，中国香港的发证机构有六家，分别是香港工业贸易署、香港中华总商会、香港中华厂商联合会、香港工业总会、香港总商会和香港印度商会。中国澳门的发证机构只有一家，即澳门经济局。

内地进口商或其代理人在进口报关时，应主动向进境地海关申明有关货物是 CEPA 货物，并提交有效的 CEPA 原产地证正本。进境地海关经联网核对无误后，准予进口货物享受零关税待遇。因故不能联网核对的，应进口商的要求，海关可按规定办理进口放行手续，但对该货物按非上述安排下适用的进口关税税率征收相当于税款的保证金。申报地海关自该货物放行之日起 90 天内，核对其原产地情况，根据核查结果，办理或退还保证金，或将保证金转为进口关税的手续。CEPA 货物的审价、归类和复验工作仍按照内地海关现行的规定办理，应当符合海关的要求，对 CEPA 货物实行零关税待遇，但属于内地税的增值税部分仍需征收。

因为目前的 CEPA 原产地证主要用于进口货物的报关中，况且每个栏目中关于填写的内容在栏头都详细标明，这里就不作缮制讲解了。

CEPA 原产地证（香港）见图 9-3。CEPA 原产地证（澳门）与图 9-3 的格式一样，只是中文为繁体字，"港"/"香港"改为"澳"/"澳门"，外文为葡萄牙语，"HONG KONG"改为"MACAO"。

出口商(名称及香港地址)Exporter (full name and Hong Kong address)		证书编号 CERTIFICATE NO.
		签发日期 DATE OF ISSUE
收货人(名称及内地地址)Consignee (full name and Inland address)		证书有效截止日期 VALID UP TO
		原 产 地 证 书 ［内地与香港关于建立更紧密经贸关系的安排］ **CERTIFICATE OF HONG KONG ORIGIN** (CLOSER ECONOMIC PARTNERSHIP ARRANGEMENT) (CEPA) 【原产地证书发证机构标志】
离港日期 Departure Date	工厂登记编号 Factory Number	
船只/飞机/火车/货车编号 Vessel/Flight/Train/Vehicle No.	装货地 Place of Loading	内部专用 For Internal Use Only
到货口岸 Port of Discharge		
包装标志，数量及货柜编号；包裹件数及种类；货物摘要及产品内地协制编号，离岸价(港元) Marks, Nos. and Container No.; No. and Kind of Packages; Description of Goods and Mainland H.S. Code; FOB value (HK$)	数量(计量单位) Quantity (Quantity Unit)	商标名称或标签 Brand Name or Labels(if any)

本人谨证明以上描述之货物均符合《内地与香港关于建立更紧密经贸关系的安排》下货物贸易的原产地规则的要求。
I HEREBY CERTIFY THAT THE GOODS DESCRIBED ABOVE COMFLY WITH THE REQUIREMENTS OF THE RULES OF ORIGIN FOR TRADE IN GOODS UNDER CEPA.

【原产地证书发证机构印章】　　　　　　　　　　【原产地证书发证机构签署】

图 9－3

二、ECFA 原产地证

ECFA 全称是 Economic Cooperation Framework Agreement，即《海峡两岸经济合作框架协议》的英文简称。《海峡两岸经济合作框架协议》已于 2010 年 9 月 12 日正式生效，协议目的是加强和增进海峡两岸之间的经济、贸易和投资合作，促进双方货物和服务贸易进一步自由化，逐步建立公平、透明、便利的投资及其保障机制，扩大经济合作领域，建立合作机制。

协议规定：其中货物贸易早期收获项目将于 2011 年 1 月 1 日正式实施，届时大陆方面将对 539 项原产于中国台湾的产品实施降税，包括轻纺产品、化工产品、机械电子产品等。中国台湾方面将对 267 项原产于大陆的产品实施降税，包括石化产品、机械产品、轻纺产品等。双方将在早期收获计划实施后不超过两年的时间内分三步对早期收获产品实现零关税。

ECFA 原产地证（图 9-4）以中文填写，必要时辅以英文，但不能仅以英文填写。所有栏目必须填写，如有任何涂改、损毁或填写不满均将导致原产地证书失效。如果一次货物出运太多，使得一张证书写不下时，可添加续页。证书如有续页，续页应填写同一证书编码，同时在证书下方填写"第×页，共×页"。如果证书仅有 1 页，亦应填写"第 1 页，共 1 页"。

ECFA 原产地证共 15 栏，逐一讲解如下：

第 1 栏：应填写海峡两岸经济合作框架协议下在双方注册登记的海峡两岸双方出口商详细名称、地址、电话、传真和电子邮件等联系方式。如无传真或电子邮件，应填写"无"。

第 2 栏：应填写海峡两岸经济合作框架协议下在双方注册登记的海峡两岸双方生产商的详细名称、地址、电话、传真和电子邮件等联系方式。如无传真或电子邮件，应填写"无"。如果证书包含一家以上生产商，应详细列出所有生产商的名称、地址，如果证书填写不下，可以随附生产商清单。如果生产商和出口商相同，填写"同上"。若本栏资料属机密性资料时，请填写"签证机构或相关机关要求时提供"。

第 3 栏：应填写海峡两岸经济合作框架协议下在双方注册登记的海峡两岸双方进口商的详细名称、地址、电话、传真和电子邮件等联系方式，如无传真或电子邮件，应填写"无"。

海峡两岸经济合作框架协议原产地证书

正本　如有任何涂改、损毁或填写不满均将导致本原产地证书失效

1.出口商(名称、地址) 电话：　　　　传真： 电子邮件：	编号： 签发日期： 有效期至：
2.生产商(名称、地址) 电话：　　　　传真： 电子邮件：	5. 受惠情况 □ 依据海峡两岸经济合作框架协议给予优惠关税待遇 □ 拒绝给予优惠关税待遇(请注明原因)
3.进口商(名称、地址) 电话：　　　　传真： 电子邮件：	_____ 进口方海关已获授权签字人签字
4. 运输工具及路线： 离港日期： 船舶/飞机编号等： 装货口岸： 到货口岸：	6. 备注

7.项目编号	8.H.S.编码	9. 货品名称、包装件数及种类	10.毛重或其他计量单位	11.包装唛头或编号	12.原产地标准	13.发票价格、编号及日期

| 14. 出口商声明
—本人对于所填报原产地证书内容的真实性与正确性负责；
—本原产地证书所载货物，系原产自本协议一方或双方，且货物属符合海峡两岸经济合作框架之原产货物。

　　　　出口商或已获授权人签字

地点和日期 | 15. 证明

　　地点和日期，签字和签证机构印章

电话：　　　　传真：
地址： |

图 9-4

第九章　区域性优惠原产地证

第 4 栏：应填写运输方式及路线，详细说明离港日期、运输工具（船舶、飞机等）的编号、装货口岸和到货口岸。如离港日期未最终确定，可填写预计的离港日期，并注明"预计"字样。

第 5 栏：不论是否给予优惠关税待遇，进口方海关可在本栏标注（√）。如果不给予优惠关税待遇，请在该栏注明原因。该栏应由进口方海关已获授权签字人签字。

第 6 栏：如有需要，可填写订单号码、信用证号等。

第 7 栏：应填写项目编号，但不得超过 20 项。

第 8 栏：应对应第 9 栏中的每项货物填写 HS 编码，以进口方 8 位编码为准。

第 9 栏：应详细列明货品名称、包装件数及种类，以便于海关关员查验。货品名称可在中文名称外辅以英文，但不能仅以英文填写。货品名称应与出口商发票及 H.S. 编码上的商品描述相符。如果是散装货，注明"散装"。当本栏货物信息填写完毕时，加上"＊＊＊"（三颗星）或"／"（结束斜线符号）。

第 10 栏：每种货物的数量可依照海峡两岸双方惯例采用的计量单位填写，但同时填写以国际计量单位衡量的数量，如毛重（用千克衡量），容积（用公升衡量），体积（用立方米衡量）等，以精确地反映货物数量。

第 11 栏：应填写唛头或包装号，以便于海关关员查验。

第 12 栏：若货物符合临时原产地规则，出口商必须按照下列表格中规定的格式，在本证书第 12 栏中标明其货物申报适用优惠关税待遇所根据的原产地标准。

本表格第 9 栏列名的货物生产或制造的详情	填入第 12 栏
（a）出口方完全获得的货物	WO
（b）完全是在一方或双方，仅由符合本附件的临时原产地规则的原产地材料生产	WP
（c）符合产品特定原产地标准的货物	PSR

此外，如果货物适用的原产地标准依据"累积规则"条款、"微小含量"条款或"可互换材料"条款，亦应于本栏相应填写"ACU"、"DMI"或"FG"。

第 13 栏：应填写海峡两岸经济合作框架协议下海峡两岸双方出口商开具

的商业发票所载明的货物实际成交价格、发票编号及发票日期。

第14栏：应由出口商或已获授权人填写、签名，并应填写签名的地点及日期。

第15栏：应由签证机构的授权人员填写签证地点和日期，并签名、盖章，同时提供签证机构的地址、电话及传真号码。

第四节　其他自贸区优惠原产地证

除了上文所述的四种原产地证书外，我国目前在进出口贸易中使用的自贸区优惠原产地证还有：

中国—智利自贸区原产地证，简称 Form F；中国—巴基斯坦自贸区原产地证，简称 Form P；中国—新西兰自贸区优惠原产地证，简称 Form N；中国—新加坡自贸区优惠原产地证，简称 Form X；中国—秘鲁自贸区协定原产地证，简称 Form R；中国—哥斯达黎加自贸区优惠原产地证，简称 Form L。

这些原产地证的填写与 Form B、Form E 和 ECFA 原产地证大同小异，第2栏都是生产厂商，第4栏都必须明示船名航次/飞机航班/火车编号、装运日期、装运港和卸货港（Form X 第4栏没有装运港的要求）等内容，都有备注栏（Form P 和 Form X 没有备注栏），签证机构都是在右下方签署盖章，其中 Form F 和 Form L 还必须显示签证机构的地址、电话和传真号码。下面就关键的原产地标准（Origin criterion）栏目作讲解。

1. Form F

中国—智利自贸区原产地证，Form F（图9-5）共15栏，原产地标准在第11栏。若货物符合原产地规则，出口商在第11栏注明其申报货物享受优惠待遇所依据的原产地标准。

出口商申明其货物享受优惠待遇所根据的原产地标准	填入第11栏
（1）完全原产	P
（2）含进口成分，区域价值成分≥40%	RVC
（3）产品特定原产地标准	PSR

1. Exporter's name, address, country:	Reference No.
	CERTIFICATE OF ORIGIN
2. Producer's name and address, if known:	**Form F for China-Chile FTA**
	Issued in <u>THE PEOPLE'S REPUBLIC OF CHINA</u>
3. Consignee's name, address, country:	(see Instruction overleaf)

4. Means of transport and route (as far as known)	5. For official use only
Departure Date	☐ Preferential Tariff Treatment Given Under <u>China-Chile FTA</u>
Vessel/Flight/ Train/Vehicle No.	☐ Preferential treatment Not Given (Please state reasons)
Port of loading	Signature of Authorized Signatory of the Importing Country
Port of discharge	6. Remarks

7. Item number (Max 20)	8. Marks and numbers on packages	9. Number and kind of packages; Description of goods	10. H.S. code (Six digit code)	11. Origin criterion	12. Gross weight quantity (Quantity Unit) or other measures (items, etc)	13. Number, date of invoice and invoiced value

14. Declaration by the export

The undersigned hereby declares that the above details and statement are correct, that all the goods were produced in
<u>CHINA</u>
(Country)
and that they comply with the origin requirements specified in the FTA for goods exported to
<u>CHILE</u>
(Importing Country)

Place and date, signature of authorized signatory

15. Certification

It is hereby certified, on the basis of control carried out, that the declaration by the exporter is correct.

Place and date*, signature and stamp of certifying authority

Certifying authority

Tel: Fax:

Address:

图 9－5

2. Form P

中国—巴基斯坦自贸区原产地证，Form P（图 9-6）共 13 栏，原产地标准在第 8 栏，填写规则如下：

出口商申明其货物享受优惠待遇所根据的原产地标准	填入第 8 栏
（1）完全原产	P
（2）含进口成分，但原材料总价值不超过产品离岸价的 60%	填写国产价值的百分比，例如：40%
（3）含进口成分，但这部分成分在中国—巴基斯坦自贸区成分累计中不少于最终产品的 40%	填写累计成分的百分比，例如 35%
（4）产品特定原产地标准	PSR

3. Form N

中国—新西兰自贸区优惠原产地证，Form N（图 9-7）共 15 栏，原产地标准在第 11 栏。若货物符合原产地规则，出口商在第 11 栏中标明货物申明享受优惠待遇所依据的原产地标准。

出口商申明其货物享受优惠待遇所根据的原产地标准	填入第 11 栏
（1）在中国境内完全获得或生产的产品	WO
（2）在中国或新西兰境内，完全由已经获得原材料资格生产的产品	WP
（3）在中国或新西兰境内生产，所使用的非原产材料满足《特定产品原产地标准表》规定的税则归类改变、工序要求或其他要求的产品	PSR
（4）在中国或新西兰境内生产，满足《特定产品原产地标准表》所规定的区域价值成分（RVC）的产品	PSR××%

填制举例：

（1）在中国境内完全获得或生产的产品，填写"WO"。例如：中国杭嘉湖一带产的蚕茧，经在中国生产加工完成的丝绸。

（2）在中国或新西兰境内，完全由已经获得原产资格的材料生产的产品，填写"WP"。例如：某企业生产的箱包，所用材料为牛皮、夹层布料及其他辅料，其中牛皮从新西兰进口，其他材料均在中国采购，在中国生产后出口新西兰。原产地标准一栏填写"WP"。又如：中国某公司生产的钢制型材

第九章 区域性优惠原产地证

1. Exporter's Name, Address, Country	Reference No.
	CERTIFICATE OF ORIGIN
2. Consignee's Name, Address, Country	**CHINA-PAKISTAN FTA**
	(Combined Declaration and Certificate)
	Issued in <u>THE PEOPLE'S REPUBLIC OF CHINA</u>
3. Producer's Name, Address, Country	(Country)
	See Notes overleaf
4. Means of transport and route (as far as known)	5. For Official Use Only
Departure date	☐ Preferential treatment Given Under China-Pakistan FTA
Vessel/Flight/Train/Vehicle No.	Free Trade Area Preferential Tariff
Port of loading	☐ Preferential treatment Not Given (Please state reason/s)
Port of discharge	Signature of Authorised Signatory of the Importing Country

6. Item number	7. Marks & Nos. on packages, number and kind of packages description of goods, H.S. code of the importing country	8. Origin criterion	9. Gross weight quantity and FOB value	10. Number and date of invoice	11. Remarks

12. Declaration by the export	13. Certification
The undersigned hereby declares that the above details and statement are correct; that all the goods were produced in	It is hereby certified, on the basis of control carried out, that the declaration by the exporter is correct
CHINA	
(Country)	
and that they comply with the origin requirements specified for these goods in the China-Pakistan Free Trade Area Preferential Tariff for the goods exported to	
PAKISTAN	
(Importing Country)	
Place and date, signature and stamp of authorized signatory	Place and date, signature and stamp of certifying authority

图 9-6

1. Exporter's name, address, country:	Certificate No.
	CERTIFICATE OF ORIGIN
2. Producer's name and address, if known:	Form for the Free Trade Agreement between the Government of the People's Republic of China and the Government of New Zealand
	Issued in _the People's Republic of China_
3. Consignee's name, address, country:	(see Instruction overleaf)

4. Means of transport and route (as far as known)	5. For official use only
Departure Date	☐ Preferential Tariff Treatment Given under China-New Zealand FTA
Vessel/Flight/Train/Vehicle No.	☐ Preferential treatment Not Given (Please state reasons)
Port of loading	Signature of Authorized Signatory of the Importing Country
Port of discharge	6. Remarks

7. Item number (Max 20)	8. Marks and numbers on packages	9. Number and kind of packages; Description of goods	10. H.S. code (Six digit code)	11. Origin criterion	12. Gross weight quantity (Quantity Unit) or other measures (items, etc)	13. Number, date of invoice and invoiced value

14. Declaration by the export

The undersigned hereby declares that the above details and statement are correct, that all the goods were produced in

CHINA
(Country)

and that they comply with the origin requirements specified in the FTA for goods exported to

NEW ZEALAND
(Importing Country)

Place and date, signature of authorized signatory

15. Certification

On the basis of control carried out, it is hereby certified that the information herein is correct and that the goods described comply with the origin requirements specified in the Free Trade Agreement between the Government of the People's Republic of China and the Government of New Zealand.

Place and date, signature and stamp of authorized body

图 9-7

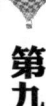

第九章 区域性优惠原产地证

（H. S. 编码 7308），其使用的钢板（H. S. 编码 7219）由巴西进口的铁矿石（H. S. 编码 7202）提炼。由于钢板已经判定为中国国产，所以该型材符合品目改变的要求，其原产地标准一栏填写"WP"。

（3）在中国或新西兰境内生产，所使用的非原产材料满足《特定产品原产地标准表》规定的税则归类改变、工序要求或其他要求的产品，填写"PSR"。例如：中国某公司生产的服装（H. S. 编码 6206），使用了意大利进口的面料，所有加工工序均在中国境内完成，根据产品特定规则"从任何其他章改变到品目 6206，但产品的裁剪（或缝制成形）及车缝或其他缝制工序需在一方或双方境内完成"，符合品目改变及相关工序要求，因此具有原产资格，在原产地标准一栏填写"PSR"。

（4）在中国或新西兰境内生产，满足《特定产品原产地标准表》所规定的区域价值成分（RVC）的产品，填写"PSR××%"。例如：中国某公司生产的拖拉机（H. S. 编码 8701），使用了美国进口零部件，按照区域价值成分的计算方法，区域价值成分为 80%，符合 8701 项下的品目改变且区域价值成分不少于 45% 的标准，因此该产品符合原产要求，在原产地标准一栏填"PSR 80%"。

4. Form X

《中国—新加坡自贸区优惠原产地证》Form X（图 9-8）共 12 栏，原产地标准在第 8 栏。若货物符合原产地规则，出口商在第 8 栏注明其申报货物享受优惠待遇所依据的原产地标准。

出口商申明其货物享受优惠待遇所根据的原产地标准	填入第 8 栏
（1）中国—新加坡自贸区原产地规则规定在出口方完全获得的产品	P
（2）含进口成分，区域价值成分≥40%的产品	RVC
（3）符合产品特定原产地规则的产品	PSR

1. Goods consigned from(Exporter's business name, address, country)	Reference No.
	CHINA-SINGAPORE FREE TRADE AREA PREFERENTIAL TARIFF CERTIFICATE OF ORIGIN (Combined Declaration and Certificate)
2. Goods consigned to(Consignee's business name, address, country)	Issued in <u>the People's Republic of China</u> (Country) See Notes Overleaf
3. Means of transport and route (as far as known) Departure Date Vessel's name/Aircraft etc. Port of Discharge	4. For official use only ☐ Preferential Treatment Given Under CHINA-SINGAPORE Free Trade Area Preferential Tariff ☐ Preferential treatment Not Given (Please state reasons) Signature of Authorized Signatory of the Importing Country

5. Item number	6. Marks & Nos. Packages	7. Number and type of packages, description of goods (including quantity where appropriate and H.S. number of the importing country)	8. Origin criterion (see notes overleaf)	9. Gross weight or other quantity and value (FOB)	10. Number and date of invoice

11. Declaration by the exporter The undersigned hereby declares that the above details and statement are correct; that all the goods were produced in **CHINA** (Country) and that they comply with the origin requirements specified for these goods in the China-Singapore Free Trade Area Preferential Tariff for the goods exported to **SINGAPORE** (Importing Country) Place and date, signature of authorized signatory	12. Certification It is hereby certified, on the basis of control carried out, that the declaration by the exporter is correct Place and date, signature and stamp of certifying authority

图 9-8

第九章 区域性优惠原产地证

5. Form R

中国—秘鲁自贸区协定原产地证，Form R（图9-9）共14栏，原产地标准在第9栏。若货物符合原产地规则，出口商必须按照下表所示方式，在第9栏中申明其货物享受优惠待遇所依据的原产地标准。

原产地标准	填入第9栏
该货物是根据第三条（完全获得货物）及附件四（产品特定原产地规则）的相关规定，在缔约方境内完全获得或生产；	WO
该货物是在缔约方境内，完全符合第三章（原产地规则及与原产地相关的操作程序）第一节（原产地规则）规定的原产材料生产的；	WP
该货物是在缔约方境内，使用符合附件四（产品特定原产地规则）所规定的税则归类改变、区域价值成分、工序要求或其他要求的非原产材料生产的，同时该货物还满足第三章（原产地规则及与原产地相关的操作程序）第一节（原产地规则）的其他规定。	PSR[1]

[1] 如果货物使用附件四（产品特定原产地规则）所规定的区域价值成分（RVC）要求，应注明货物制造所达到的百分比。

6. Form L

中国—哥斯达黎加自贸区优惠原产地证，Form L（图9-10）共14栏，原产地标准在第10栏。若货物符合原产地规定，出口商必须按照下表所示方式，在第10栏中申明其货物享受优惠待遇所依据的原产地标准。

原产地标准	填入第10栏
该货物是根据第二十二条（完全获得货物）的相关规定，在缔约一方或双方境内完全获得或生产；	WO
该货物是在缔约一方或双方境内，完全由符合第四章（原产地规则及相关操作程序）规定的原产材料生产的；	WP
该货物是在缔约一方或双方境内，使用符合第四章（原产地规则及相关操作程序）所规定的产品特定原产地规则及其他要求的非原产材料生产的。	PSR

1. Exporter's name and address:	Certificate No.:
2. Producer's name and address, if known:	**CERTIFICATE OF ORIGIN** **Form for China – Peru FTA** Issued in THE PEOPLE'S REPUBLIC OF CHINA (see Overleaf Instruction)
3. Consignee's name and address:	
4. Means of transport and route (as far as known): Departure Date: Vessel/Flight/Train/Vehicle No.: Port of loading: Port of discharge:	For Official Use Only: 5. Remarks:

6. Item number (Max 20)	7. Number and kind of packages; Description of goods	8. HS code (Six digit code)	9. Origin criterion	10. Gross weight, quantity (Quantity Unit) or other measures(liters, m³, etc)	11. Number and date of invoice	12. Invoiced value

13. Declaration by the exporter: The undersigned hereby declares that the above details and statement are correct, that all the goods were produced in **CHINA** (Country) and that they comply with the origin requirements specified in the FTA for the goods exported to **PERU** (Importing Country) Place and date, signature of authorized signatory	14. Certification: On the basis of control carried out, it is hereby certified that the information herein is correct and that the goods described comply with the origin requirements specified in the China – Peru FTA Place and date, signature and stamp of authorized body

图 9－9

Certificate of Origin

1. Exporter's name, address, country:	Reference No.
	CERTIFICATE OF ORIGIN
2. Producer's name and address, if known:	**Form for China-Costa Rica Free Trade Agreement**
	Issued in <u>THE PEOPLE'S REPUBLIC OF CHINA</u>
	(see Instruction overleaf)
3. Consignee's name, address, country:	For official use only
4. Means of transport and route (as far as known) Departure Date Vessel/Flight/ Train/Vehicle No. Port of loading Port of discharge	5. Remarks

6. Item number (Max 20)	7. Marks and numbers on packages	8. Number and kind of packages; Description of goods	9. H.S. code (Six digit code)	10. Origin criterion	11. Gross weight quantity (Quantity Unit) or other measures (items, etc)	12. Number, date of invoice and invoiced value

| 13. Declaration by the export

The undersigned hereby declares that the above stated information is correct, and that all the goods were produced in
CHINA
(Country)
and that they comply with the origin requirements specified in the Free Trade Agreement for the goods exported to
COSTA RICA
(Importing Country)

Place and date, signature of authorized person | 14. Certification
On the basis of the carried out control, it is hereby certified that the information is correct and that the described goods comply with the origin requirements of the China - Costa Rica Free Trade Agreement

Place and date*, signature and stamp of the Authorized Body

Tel: Fax:

Address: |

图 9-10

第五节 同步实训

一、示范

2011年10月31日,浙江省诸暨对外贸易有限公司出口960盒(40箱)圣诞灯(Christmas Lights)到菲律宾马尼拉。其他相关资料如下:

发票号码:ZFA1017-P　　　发票日期:2011年10月17日
H. S. 编码:9405300000　　证书号码:E113301060150019
装运港:上海　　　　　　　卸货港:马尼拉
装运日:2011年10月31日　　FOB价值:4800美元
船名航次:PIL CORAL V. 45　授权签署:沈萍
完全国产,无进口成分
出口商:ZHUJI FOREIGN TRADE CORP. OF ZHEJIANG, LTD.
　　　　288 WEST SECOND RING ROAD
　　　　ZHUJI, ZHEJIANG, CHINA
进口商:LAXON ENTERPRISES
　　　　926 MAKARTEE BOULEVARD
　　　　MANILA THE PHILIPPINES
唛头:LAXON
　　　ZF11E0926
　　　MANILA
　　　NO. 1-40

10月24日,浙江省诸暨对外贸易有限公司单证员蒋蕾根据上述有关资料缮制中国—东盟自贸区优惠原产地证。10月25日取得证书(图9-11)。

1. Goods consigned from (Exporter's business name, address, country) ZHUJI FOREIGN TRADE CORP. OF ZHEJIANG, LTD., 288 WEST SECOND RING ROAD ZHUJI, ZHEJIANG, CHINA	Reference No. E113301060150019 **ASEAN-CHINA FREE TRADE AREA PREFERENTIAL TARIFF CERTIFICATE OF ORIGIN** (Combined Declaration and Certificate)
2. Goods consigned to (Consignee's business name, address, country) LAXON ENTERPRISES 926 MARKARTEE BOULEVARD MANILA THE PHILIPPINES	**FORM E** Issued in THE PEOPLE'S REPUBLIC OF CHINA (Country) See Notes overleaf
3. Means of transport and route (as far as known) Departure date 31 OCT., 2011 Vessel's name / Aircraft etc. S. S. PIL CORAL V. 45 Port of discharge MANILA	4. For official use ☐ Preferential treatment Given Under ASEAN-CHINA Free Trade Area Preferential Tariff ☐ Preferential treatment Not Given (Please state reason/s) Signature of Authorised Signatory of the Importing Country

5. Item number	6. Marks and numbers on packages	7. Number and type of packages, description of goods (including quantity where appropriate and H.S. number of the importing country)	8. Origin criterion (see notes overleaf)	9. Gross weight or other quantity and value(FOB)	10. Number and date of invoice
1	LAXON ZF11E0926 MANILA NO. 1-40	FORTY (40) CARTONS OF CHRISTMAS LIGHTS, H. S. CODE: 940530 ******	"X"	960PCS USD4800.00	ZFA1017-P 17 OCT., 2011

11. Declaration by the export The undersigned hereby declares that the above details and statement are correct; that all the goods were produced in **CHINA** (Country) and that they comply with the origin requirements specified for these goods in the ASEAN-CHINA Free Trade Area Preferential Tariff for the goods exported to **THE PHILIPPINES** (Importing Country) 浙江省诸暨对外贸易有限公司 ZHUJI FOREIGN TRADE CORP. OF ZHEJIANG, LTD. 蒋蕾(手签) ZHUJI, CHINA 24 OCT., 2011 Place and date, signature of authorised signatory	12. Certification It is hereby certified, on the basis of control carried out, that the declaration by the exporter is correct 诸暨市 出入境检验 检疫局(章) 沈萍(手签) ZHUJI, CHINA 25 OCT., 2011 Place and date, signature and stamp of certifying authority

图 9-11

二、测试

2012年2月10日浙江省嘉兴市文桑制衣有限公司出口新西兰780件（65箱）针织女式毛衫（LADIES SWEATER），2012年2月1日公司单证员张凌向嘉兴市出入境检验检疫局申领中国—新西兰自贸区优惠原产地证Form N。请根据下列相关资料填写Form N（图9-12）。

其他相关资料：

发票号码：ABC120201　　　　　　发票日期：2012年2月1日
证书号码：N1233010390039　　　　运输方式：空运
起运港：上海　　　　　　　　　　卸货港：AUCKLAND（奥克兰）
税则号：6104310090　　　　　　　授权签署人：张才理
运单日期：2012年2月10日　　　　 航班号：NZ288
毛重：10千克/箱　　　　　　　　　净重：8千克/箱
体积：48×36×40厘米/箱

原产地情况说明：毛衫中含55%的羊毛，20%的兔毛，20%的棉，5%的涤纶。其中羊毛从新西兰进口，其余原材料均在中国采购，在中国生产后出口。

出口商：ZHEJIANG JIAXING WENSANG GARMENTS CO.,LTD.
　　　　NO.120 SOUTH FURUN ROAD,NANHU DISTRICT
　　　　JIAXING,CHINA

生产商：ZHEJIANG JIAXING WENSANG GARMENTS FACTORY
　　　　399 NANHU ROAD,XIUZHOU DISTRICT,
　　　　JIAXING,CHINA

进口商：ANTHONY TRADING CO.,LTD.
　　　　20 CHARLOTTE STREET
　　　　EDEN TCE BOX 3425
　　　　AUCKLAND NEW ZEALAND

唛头：
A.T.C.L.
ZJ12E0115
AUCKLAND
NO.1-65

1. Exporter's name, address, country:	Certificate No.
	CERTIFICATE OF ORIGIN
2. Producer's name and address, if known:	Form for the Free Trade Agreement between the Government of the People's Republic of China and the Government of New Zealand
	Issued in <u>the People's Republic of China</u>
3. Consignee's name, address, country:	(see Instruction overleaf)
4. Means of transport and route (as far as known)	5. For official use only
Departure Date	☐ Preferential Tariff Treatment Given under <u>China-New Zealand FTA</u>
Vessel/Flight/ Train/Vehicle No.	☐ Preferential treatment Not Given (Please state reasons)
Port of loading	Signature of Authorized Signatory of the Importing Country
Port of discharge	6. Remarks

7. Item number (Max 20)	8. Marks and numbers on packages	9. Number and kind of packages, Description of goods	10. H.S. code (Six digit code)	11. Origin criterion	12. Gross weight quantity (Quantity Unit) or other measures (items, etc)	13. Number, date of invoice and invoiced value

14. Declaration by the export	15. Certification
The undersigned hereby declares that the above details and statement are correct, that all the goods were produced in **CHINA** (Country) and that they comply with the origin requirements specified in the FTA for goods exported to **NEW ZEALAND** (Importing Country)	On the basis of control carried out, it is hereby certified that the information herein is correct and that the goods described comply with the origin requirements specified in the Free Trade Agreement between the Government of the People's Republic of China and the Government of New Zealand
Place and date, signature of authorized signatory	Place and date, signature and stamp of authorized body

图 9-12

第十章 其他单据

《跟单信用证统一惯例》(《UCP600》)将信用证项下的单据分为四大类：运输单据、保险单据、商业发票和其他单据。运输单据、保险单据和商业发票在前面第四、六、二章里都已讲过，其他单据包括：包装单据、产地证、检验检疫证书、受益人证明信、装船通知、船公司证明等。包装单据、产地证我们在前面第三、八、九章里也已讲了，这里着重讲述受益人证明信、装船通知、检验检疫证书和船公司证明。

这些单据的内容及制作格式没有严格统一的规范，但必须与信用证的要求一致。有些信用证要求："所有单证显示×××号码（All documents showing No. ×××）"，那么，这些单据上也要显示相应的号码。

第一节 装运通知

一、装运通知概述

装运通知（shipping advice）也称装船通知，是出口商在货物装运后发给进口商的电讯（电传、传真、电子邮件）通知，目的是让进口商了解货物已经装船发运，准备付款接货。议付时，该电传副本、传真副本或电子邮件打印件可以作为提交银行结汇的单据之一。

在FOB、CFR条件下成交的合同，需进口商自行办理货物保险的凭证，装运通知应该在货物装运或交承运人后立即发出，以便进口商办理投保手续。在CIF、CIP条件下成交的合同，为了让买方了解货物装运情况、准备接货或筹措资金赎单，出口商也要及时发送装运通知。

装运通知也是提交银行结汇的单据之一。在CFR术语、进口商是中东地区客商的信用证中，为避免卖方因疏忽而未及时发送装运通知，常常规定让出口商在议付时提交装运通知副本，并具体规定了装运通知的内容。有的信用证规定用传真发出装运通知，同时要求把传真机上的发送记录一并提交银行作为议付单据之一。

二、装运通知缮制

装运通知（图10-1）无统一格式，主要是给予买方关于货物已按规定交至船上（或交承运人）的充分的通知。该装船通知在时间上是毫不迟延的，在内容上是详尽的，可满足买方为在目的港收取货物采取必要的措施（包括办理保险）的需要。如果合同或信用证对装运通知已有具体规定，必须按合同或信用证的规定办理；如果合同或信用证对装运通知没有具体规定，按一般惯例，有下列内容：

（1）单据名称：装运通知在合同或信用证里的英文表述为Shipping Advice 或 Advice of Shipment，必须符合信用证的要求。

（2）收件人名称与地址：按照合同或信用证的规定，装运通知的收件人可以是进口商（开证申请人），也可以是指定的保险公司。有时信用证上还明示收件人的传真或电邮号码，也须一并显示出来。如果合同或信用证没有明示收件人，可以填写为"To whom it may concern"，意思是"敬启者"。

（3）单据号码：按惯例一般填写发票号码。

（4）日期：填写装运通知的日期，此日期不能超过合同或信用证约定的时间，常见的有以小时为准，如"within 24/48 hours"；或以天为准，如"one day before the shipment date"。当信用证没有规定时间时，应与提单日期同一天，即装船后立即发送。如果信用证规定"immediately after shipment（装船后立即通知）"，应掌握在提单日期的三天之内；如果信用证规定"within 2 days after shipment（装运后两天之内）"，应掌握在提单日期后的两天之内。

（5）装运货物的名称：填写出口货物的名称，须与发票、装箱单、提单等其他单据上的相应内容一致。

（6）货物数量（重量）和包装件数：填写出口货物的数量（重量）和包装件数，须与发票、装箱单、提单等其他单据上的相应内容一致。

（7）装运港：填写出口货物的起运港，须与提单上的相应内容一致。

（8）卸货港：填写出口货物的目的港，须与提单上的相应内容一致。

XXX 进出口有限公司
XXX IMPORT AND EXPORT CO. LTD.
123 JIEFANG ROAD, HANGZHOU, CHINA

装运通知
SHIPPING ADVICE (1)

To:
(2)

No.: (3)
Date: (4)

第十章 其他单据

WE ARE PLEASED TO INFORM YOU THAT THE GOODS UNDER L/C NO. XXX HAVE BEEN SHIPPED. THE DETAILS ARE AS FOLLOWS:

Description of goods: (5)

No. and kind of pkgs.: (6)

Port of loading: (7)

Port of discharge: (8)

Name of vessel & Voy.: (9)

Bill of Lading number: (10)

Bill of Lading date: (11)

Invoice value: (12)

Marks and Nos.: (13)

(14)
Signature

图 10 - 1

（9）船名航次：填写载货船舶的船名航次，须与提单上的相应内容一致。

（10）提单号码：填写提单上显示的号码，须与提单上的相应内容一致。

（11）提单日期：填写提单上显示的日期，须与提单上的相应内容一致。

（12）发票金额：填写出口货物的金额，须与发票、汇票上的相应内容一致。

（13）唛头：填写出口货物的唛头，须与发票、提单等单据上的相应内容一致。

（14）签署：即加盖出口企业的中英文章和法人代表的签署章。

这里有必要指出，如果合同或信用证中有具体的要求，应严格按规定缮制。有时可能会出现包装说明、ETD（预计船舶离港时间）、ETA（预计船舶到达时间）等内容，也应该一一填写进去。

第二节　受益人证明信

受益人证明信（beneficiary's statement）是一种由受益人出具的证明，用以证实自己已履行了合同或信用证规定的条款，如证明所交的货物品质符合合同规定、证明运输包装中不含木质材料、证明已按要求寄送了某些单据等。在信用证结算方式下，受益人证明信往往也是出口商必须向银行提交的单据之一。

一、受益人证明的种类

1. 寄单证明（certificate for dispatch of documents）

这是最常见的受益人证明信。受益人（卖方）根据合同或信用证规定，在货物装运前（或后）的一定期限内，邮寄给指定的收件人全套副本单据（或部分正本单据、部分副本单据），并出具相关的证明信，作为受益人向银行议付的单证之一。

2. 电抄本 (copy of Telex/Fax/E-mail)

这是买方对卖方的一种要求，即根据合同或信用证的规定，在货物装运前（或后）的一定期限内，由受益人按照合同或信用证的规定，用电讯方式（电传、传真或电子邮件）传递给合同或信用证规定的接收者相应的单据，并以电传、传真或电子邮件发送器下载的报告，证明受益人已经发出电文，此报告即电抄本，作为受益人向银行议付的单证之一。

3. 履约证明 (certificate of agreement honoring)

这是一种由受益人出具的，证明自己已经履行了合同或信用证规定的相关条款，如证明出口货物品质完好无损、符合合同规定，证明出口货物的运输包装经过了特殊处理，无害虫或虫卵，证明出口货物如何生产制造等。此证明作为受益人向银行议付的单证之一。

二、受益人证明信的缮制

受益人证明信（图10-2）与装运通知一样，也无固定格式，其内容一般包括以下几个方面：

（1）单据名称：根据合同或信用证的要求填写，一般有 Beneficiary's certificate（受益人证明）、Beneficiary's statement（受益人说明）、Beneficiary's declaration（受益人声明）等。

（2）单据号码：按惯例一般填写发票号码。

（3）日期：此日期应与证明信的内容吻合，并具有逻辑性。例如，证明信的内容是证明受益人在货物装运后的两天之内寄送了一套副本单据给买方，相关提单的日期是3月12日，则证明信日期既不能早于3月12日，也不能晚于3月14日。而对于证明出口货物品质完好、运输包装无木质材料、出口货物如何生产制造等情况说明的证明信，日期应该早于提单日期，或与提单日期同一天。

（4）抬头：如果信用证有指定的抬头（如开证申请人），即按信用证指定的缮制。如果不知道具体收件人的姓名，按惯例一般填写"To whom it may concern"，即"敬启者"。

（5）内容：根据合同或信用证的规定缮制，但对所使用的动词的时态、语态要作相应的调整。例如，信用证规定是："Beneficiary's certificate certifying that one set of N/N shipping documents must be sent to the applicant immediately af-

ter shipment date",意思是要求受益人在货物装船后立即寄送一套副本单据给开证申请人,而相应的开证申请人名称是 Orchid Trading Ltd.。受益人在完成寄单工作,缮制证明信时,应将祈使句中的"must be sent"改成完成时态"have been sent",并明示开证申请人的名称,用以说明自己已正确完成了相应的行为。受益人证明信应写成:"We hereby certify that one set of N/N shipping documents has been sent to Orchid Trading Ltd. immediately after shipment date"。

(6)签署:即加盖出口企业的中英文章和法人代表的签署章。

XXX 进出口有限公司
XXX IMPORT AND EXPORT CO. LTD.
123 JIEFANG ROAD, HANGZHOU, CHINA

受益人证明信
BENEFICIARY'S CERTIFICATE (1)

No. (2) _____
Date (3) _____

(4)
WHOM IT MAY CONCERN

  (5)
  WE HEREBY CERTIFY THAT …

(6)
Signature

图 10-2

第三节　检验检疫证书

检验检疫证书是由检验检疫机构、公证机构、制造厂商、出口商或进口商的代理人对进出口商品进行检验检疫后，根据不同的结果或鉴定项目出具并签署的书面声明，证明货物已检验达标并平述检验结果的书面单证。

一、检验检疫证书的作用

在出口贸易中，检验检疫证书的作用有：
（1）用于证明履约情况，便于交接货物。
（2）是结算某些出口商品货价不可缺少的依据。
（3）是银行议付和出口结汇的单证之一。
（4）是解决进出口商品责任归属的主要依据。
（5）是承运人和托运人计算运费的依据之一。
（6）是进出口海关验放的凭据。

二、检验检疫证书的内容

检验检疫证书因其本身所需证明的内容不同以及各国标准不一而有所区别，然而，各种检验检疫证书一般都有以下内容：

（1）出证机关、地点及证书的名称。如果信用证并未规定出具检验检疫证书的具体单位，则由出口商决定。如果信用证规定"有权机构"（competent authority）出证，即指有公证资格或经政府授权的机构，则应根据具体情况由有关的检验检疫机构出具。检验检疫证书的出具地点一般在货物生产/制造地或装运地。除非信用证另有规定，检验检疫证书的名称应与合同或信用证的规定一致。

（2）发货人名称及地址。一般为出口商，应与合同或信用证的规定，并与其他单据的相应内容一致。

（3）收货人名称与地址。一般为进口商，应与合同或信用证的规定，并与其他单据的相应内容一致。

（4）品名、数量（重量）、包装种类及数量、金额、装运港、卸货港、

运输工具、唛头等栏目须与发票、装箱单、提单等其他单据的相应内容一致。

（5）检验结果。此栏是检验检疫证书中最重要的一项，在此栏中记载的出口货物经检验检疫后的现状是衡量货物是否符合合同或信用证规定的凭证，亦是交接货物或索赔、理赔的具有法律效力的证明文件。如果合同或信用证规定了相应的检验结果文句，此栏在文字表述上应与合同或信用证上表述的文句一致，否则会被开证行或进口商认为单证不一而导致拒付。

（6）签证日期。检验检疫证书的出具日期应不迟于运输单据的日期，但也不能太过早于运输单据日期。但是，如果证书的日期晚于运输单据日期，但在证书内明示了检验日期，此日期早于运输单据日期，这样，开证行或进口商便不能以单证不一的理由拒付。

（7）签字盖章。由检验检疫机构签署并加盖公章。一般而言，盖章与签字一样有效。但是有的国家则要求出具的检验检疫证书一定要手签，在这种情况下，只有盖章而无签字的证书将被视作无效。

在这里有必要指出，目前我国出口业务的信用证中，要求我国检验检疫机构或公证机构出具的检验检疫证书不多，要求出口商出具的证书几乎没有，绝大多数是要求进口商或进口商的代理人检验货物并出具证书。如果进口商或进口商的代理不来我国检验货物，或检验货物后不出具证书，或出具的证书不符合信用证规定，开证行就会以单证不一而拒付。由于此类条款的规定，进口商将是否及时付款的主动权掌握在自己手中，那么，信用证的开证行保证付款的承诺成了一句空话，信用证也就成了一纸空文。这样的条款是对国外进口商有利而对我国出口商非常不利的。

第四节　船公司证明信

船公司证明信（shipping company's certificate）是承运人或其代理人出具的单据，通常是进口商为了满足政府需要或为了解船舶装载性能、货物运输情况等，要求出口商提供由承运人或其代理人出具的相关证明文件。

一、船公司证明信的种类

1. 船舶本身的证明文件

（1）船龄证明。

船龄证明（Certificate of Vessel's Age）是船公司或其代理人出具的说明载货船舶年限的证明文件。因为海洋中波涛汹涌，日晒雨淋，一条船舶经过了15年左右时间的航行，大多破旧不堪，所以有些国家/地区的信用证规定，装载货物的船舶的船龄不得超过15年，并要求受益人提供船公司或其代理人出具的船龄证明书。这样要求的主要目的在于禁止使用老龄船，以保护货物运输安全。

（2）船级证明。

船级证明（Certificate of Classification）是一种证明载货船舶符合一定船级标准的证明文书。按照惯例船级证明由船级社（专门从事船舶检验的机构）出具，国际上著名的船级社有英国劳埃德船级社（LR）、德国船级社（GL）、挪威船级社（DNV）、法国船级社（BV）、日本海事协会（NK）、美国船级社（ABS）等。

（3）船籍证明。

船籍证明（Certificate of Ship's Nationality）主要用于证明船舶所属国籍，一般由承运人出具。进口商要求提供船籍证明，通常是因为一些政治原因。例如，在1998年之前巴基斯坦的银行开来的信用证常要求提供载货船舶的船籍不属于印度的证明；在2000年之前某些阿拉伯国家的银行开来的信用证经常要求提供船籍不属于以色列的证明。随着冷战的结束，船籍证明日渐减少。

2. 运输和航行证明

（1）航行路线证明。

航行路线证明（Certificate of Sailing Route）主要说明航程中船舶停靠的港口和挂靠港。在中东战争和海湾战争时期，红海和波斯湾地区的国家常在信用证中有这样的要求，主要是不让进口货物在以色列或与以色列友好的国家中转或停靠，证明信的格式及内容一般不固定，可以由受益人出具，也可以由承运人出具，只须符合信用证的要求即可。

（2）转船证明。

转船证明（Certificate of Transshipment）主要用来说明出口货物将在中途

转船，且已联系妥当，由承运人出具，由出口商负责通知进口商。

(3) 船长收据。

船长收据（Captain's Receipt）是船长收到随船带交给收货人的单证时的收单证明。在上世纪五六十年代，航空快递还没有今天这样发达，常常出现货物到达目的港而单据还未到达的情况，进口商为了能及时提货，就要求出口商让船长将某些单据随货带到目的地。如今随着航空快递业的发展，船长收据已经见得不多了。

3. 航运组织和公约证明

(1) 黑名单证明。

黑名单证明信（Black List Certificate）是船公司出具的说明载货船舶未被列入黑名单的证明文件。中东战争与海湾战争时期，阿拉伯国家将与以色列有业务往来的船公司列入黑名单，并不与他们发生业务往来。许多阿拉伯国家开出的信用证都要求出具载货的船舶不属于黑名单的证明，现已不多见。

(2) SMC、DOC 和 SOLAS。

这几个缩略语近年来常出现在信用证的要求中，SMC（Safety Management Certificate 船舶安全管理证书）和 DOC（Document of Compliance 安全符合证书，也有人称其为船/港保安符合证书）是按照国际安全管理规则（ISM）的规定，载货船舶应拥有的必要证书。SOLAS 指的是《1974 年国际海上人命安全公约》（简称 SOLAS 公约）。美国"9·11"事件后，国际海事组织于 2002 年 12 月召开缔约国大会通过对 SOLAS 公约的修正案，并在 2004 年 7 月 1 日起开始实施。按上述有关规定，船舶应持有"安全管理证书"正本，其船名与国籍证书一致，所载公司名称与"符合证书"中的公司名称相一致。

二、船公司证明的缮制

如果船公司证明有固定格式的，如船级证明，不需要出口商提供资料。如果一些船公司证明本身没有格式的，一般都是出口商按照信用证条款的要求进行缮制，然后，让承运人或其代理人盖章签上即可。

出口商（受益人）在审核或缮制船公司证明时要注意：证书上关于运输单据号码、货物名称、装运港、卸货港等的内容，必须与发票、装箱单、提单等其他单据的相应内容一致。如果信用证要求"所有单据显示×××号码（All documents must show ××× No.）"时，船公司证明上也必须显示相应的号码，否则开证行可能以单证不一而拒付。

第五节 同步实训

一、示范

浙江省诸暨对外贸易有限公司单证员蒋蕾按照信用证的要求，于2012年8月9日将商业发票、装箱单和海运提单的副本传真给了开证申请人，并制作受益人证明信。

信用证（本书第一章图1-6）中有关受益人证明信缮制的内容为：

...
APPLICANT　　　＊50：GOODLUCKY CO.，LTD.
　　　　　　　　　　96 HIGHWAY
　　　　　　　　　　LUTON，BEDFORDSHIRE
　　　　　　　　　　LU1 1XL UNITED KINGDOM
APPLICANT BANK 51A：HSBC BANK PLC，LONDON
BENEFICIARY　　＊59：ZHUJI FOREIGN TRADE CORP. OF ZHEJIANG，LTD.
　　　　　　　　　　288 WEST SECOND RING ROAD
　　　　　　　　　　ZHUJI，ZHEJIANG
　　　　　　　　　　CHINA
...
DESCRIPTION OF GOODS 45A：
　　　　　MEN'S SOCKS AND BABIES' HOSIERY
　　　　　AS PER S/C NO. ZF12E0620 AND
　　　　　APPLICANT'S ORDER NO. 599/2012
　　　　　TRADE TERMS：CIF FELIXSTOWE
DOCUMENTS REQUIRED 46A：
...
　　　　　+ CERTIFICATE SENT BY BENEFICIARY TO APPLICANT EVIDENCING THAT COPIES OF INVOICE，BILL OF LADING，AND PACKING LIST HAVE BEEN FAXED TO APPLICANT ON FAX NO 44-1-5824-3470 ONE DAY AFTER

第十章　其他单据

BILL OF LADING DATE

...

ADDITIONAL CON. 47A：

+ APPLICANT'S ORDER NO. 599/2012 MUST BE SHOWN ON ALL DOCUMENTS

...

其他相关资料：

发票编号：ZFA0723 - Q　　　　　　发票日期：2012 年 7 月 23 日

提单号码：COSNB6311803　　　　　提单日期：2012 年 8 月 8 日

蒋蕾缮制的受益人证明信如下（图 10 - 3）。

二、测试

请根据合同（第一章图 1 - 7）、下列信用证（部分）及其他相关资料缮制装运通知（图 10 - 4）。

...

50：APPLICANT：POWER PLAY INC.

　　　　　　2ND FLOOR，NO. 137E 33RD STREET

　　　　　　LOS ANGELES CA.

　　　　　　90011 U. S. A.

59：BENEFICIARY：ZHEJIANG JIAXING WENSANG GARMENT CO. ,LTD.

　　　　　　NO. 120 SOUTH FURUN ROAD

　　　　　　NANHU DISTRICT，JIAXING，

　　　　　　CHINA

44E：PORT OF LOADING：SHANGHAI

44F：PORT OF DISCHARGE：LOS ANGELES

44C：LATEST DATE OF SHIPMENT：120131

45A：SHIPMENT OF GOODS：

　　　DYED MEN'S SHIRTS COTTON 80 PCT POLYESTER 20 PCT

　　　OTHER DETAILS AS PER S/C NO. 11JW1106

浙江省诸暨对外贸易有限公司
ZHUJI FOREIGN TRADE CORP. OF ZHEJIANG, LTD.
浙江省诸暨市西二环路 288 号
288 West Second Ring Road, Zhuji, Zhejiang, China

受益人证明信
BENEFICIARY'S CERTIFICATE

TO:
GOODLUCKY CO., LTD.
96 HIGHWAY
LUTON, BEDFORDSHIRE
LU1 1XL UNITED KINGDOM

No. ZFA0723-Q
Date 09 AUG., 2012

WE HEREBY EVIDENCE THAT COPIES OF INVOICE, BILL OF LADING, AND PACKING LIST HAVE BEEN FAXED TO YOU ON FAX NO 44-1-5824-3470 ONE DAY AFTER BILL OF LADING DATE.
GOODLUCKY'S ORDER NO. 599/2012.

浙江省诸暨对外贸易有限公司
ZHUJI FOREIGN TRADE CORP. OF ZHEJIANG, LTD.

王一峰(章)

图 10 - 3

PACKING:ONE PC IN A POLYBAG AND 12PCS INTO AN EXPORT CARTON. TOTAL INTO ONE 20' FULL CONTAINER
CIF LOS ANGELES
……

其他相关资料：
发票号码：ABC120116　　　　发票日期：2012 年 1 月 16 日
提单号码：SH25T02351　　　　提单日期：2012 年 1 月 31 日
船名航次：APL VICTORY V. 864　数量：2640 件/220 箱
发票金额：40032 美元　　　　　信用证号码：T – 117641
唛头：POWER PLAY
　　　11JW1106
　　　LOS ANGELES
　　　NO. 1 – 220

浙江省嘉兴市文桑制衣有限公司
ZHEJIANG JIAXING WENSANG GARMENTS CO., LTD.
中国嘉兴南湖区富润南路 120 号
NO. 120 SOUTH FURUN ROAD, NANHU DISTRIC JIAXING, CHINA

装 运 通 知
SHIPPING ADVICE

No.: _____

Date: _____

TO WHOM IT MAY CONCERN:

WE ARE PLEASED TO INFORM YOU THAT THE GOODS UNDER L/C NO. T-117641 HAVE BEEN SHIPPED. THE DETAILS ARE AS FOLLOWS:

Description of goods:

No. and kind of pkgs. :

Port of loading:

Port of discharge:

Name of vessel & Voy. :

Bill of Lading number:

Bill of Lading date:

Invoice value:

Marks and Nos. :

浙江省嘉兴市文桑制衣有限公司
ZHEJIANG JIAXING WENSANG GARMENT CO., LTD.

王平(章)

图 10-4

第十章 其他单据

第十一章　航空货运单与铁路运单

第一节　航空货运单

航空运输不同于水路运输，航空公司既接受货代的间接托运，也接受出口企业的直接托运。当危险品出运时，航空公司只接受出口商直接托运而不接受货代的间接托运。

出口商通过货代托运空运货物时，填写国际货物运输托运单（第四章图4－1）；直接向航空公司托运，填写国际货物托运书，全称为"Shipper's Letter of Instruction"，简称"SLI"。如果出口企业通过货代托运，SLI由货代填写，如果出口企业直接向航空公司托运，SLI由出口商填写。

一、国际货物托运书的缮制

国际货物托运书的内容大同小异，以浙江瀚达国际货运代理有限公司的托运书（图11－1）为例，共24项内容：

（1）货运单号码（No. of AWB）：此栏留空，如果出口企业通过货代间接托运，此栏由货代填写。

（2）始发站（Airport of departure）：此栏填写起运地的汉语拼音，如果出口企业通过货代间接托运，由货代加填起运地机场代码。

（3）到达站（Airport of destination）：此栏填写目的地的英文，如果出口企业通过货代间接托运，由货代加填目的地的机场代码。如属同名机场，须注明所属城市或国家名称。

（4）供承运人用（For carrier use only）：此栏可留空，由承运人或货代填写，也可以填写出口企业已经预先订妥的航班及日期。

浙江瀚达国际货运代理有限公司
ZHEJIANG HANDA INTERNATIONAL LOGISTICS CO., LTD

国际货物托运书
SHIPPER'S LETTER OF INSTRUCTION

货运单号码：
No. of AWB: (1)

始发站 AIRPORT OF DEPARTURE (2)	到达站 AIRPORT OF DESTINATION (3)	供承运人用 (4) FOR CARRIER USE ONLY	
		航班/日期 FLIGHT/DATE	航班/日期 FLIGHT/DATE

路线及到达站(5) ROUTING AND DESTINATION								已预留吨位 BOOKED
至 TO	第一承运人 BY 1ST CARRIER	至 TO	承运人 BY	至 TO	承运人 BY	至 TO	承运人 BY	

托运人账号(6) SHIPPER'S ACCOUNT NUMBER	托运人姓名及地址(7) SHIPPER'S NAME AND ADDRESS ↓	运费 (11) CHARGES

另请通知 (8) ALSO NOTIFY		

收货人账号(9) CONSIGNEE'S ACCOUNT NUMBER	收货人姓名及地址(10) CONSIGNEE'S NAME AND ADDRESS ↓	

托运人声明的价值(12) SHIPPER'S DECLARED VALUE		保险金额 (13) AMOUNT OF INSURANCE	所附文件 (14) DOCUMENTS TO ACCOMPANY AIR WAYBILL
供运输用 FOR CARRIAGE	供海关用 FOR CUSTOMS		

件数 NO. OF PACKAGES	实际毛重(千克) ACTUAL G. WEIGHT (KG)	运价类别 RATE CLASS	收费重量 CHARGEABLE WEIGHT	费率 RATE/CHARGE	货物品名及数量（包括体积或尺寸）NATURE AND QUANTITY OF GOODS (INCL. DIMENSIONS OR VOLUME)
(15)	(16)	(17)	(18)	(19)	(20)

在货物不能交付收货人时，托运人指示处理方法 (21)
SHIPPER'S INSTRUCTION IN CASE OF INABILITY TO DELIVER SHIPMENT AS CONSIGNED

处理情况（包括包装方式、货物标志及唛码等） (22)
HANDLING INFORMATION (INCL. METHOD OF PACKING, IDENTIFYING MARKS & NUMBERS, ETC.)

托运人证实以上所填全部属实并愿遵守承运人的一切载运章程
THE SHIPPER CERTIFIES THAT THE PARTICULARS ON THE FACE HEREOF ARE CORRECT AND AGREES TO THE CONDITIONS OF CARRIAGE OF THE CARRIER

托运人签字 (23) SIGNATURE OF SHIPPER	日期 DATE	经手人 (24) AGENT

图 11-1

第十一章　航空货运单与铁路运单

（5）路线及到达站（Routing and destination）：此栏出口企业不用填写，仅在没有直达航班的情况下，由货代或航空公司填写。

（6）托运人账号（Shipper's account number）：此栏填写出口企业账号，如果是通过货代间接托运，由货代填写（即填写货代的账号）。FCA 术语项下，此栏留空。

（7）托运人姓名及地址（Shipper's name and address）：此栏填写出口企业的英文名称、地址等信息，须与合同或信用证一致。

（8）另请通知（Also notify）：此栏一般情况下留空，但如果合同或信用证有"被通知人"的要求，可以将"被通知人"的信息填写在此处。

（9）收货人账号（Consignee's account number）：此栏一般情况下留空。如果是 FCA 术语项下，由航空公司填写。

（10）收货人姓名及地址（Consignee's name and address）：此栏填写收货人的名称、地址、国家等信息，须与合同或信用证一致。航空运单不是物权凭证，不能转让（每份航空运单的右上方都有"not negotiable"的字样），所以此栏不能填写 To order 或 To order of ×××。在实务中，航空公司可以拒绝运载要求在收货人栏填写 To order 或 To order of ××× 的货物。

（11）运费（Charges）：此栏填写 Freight prepaid（CPT 或 CIP 术语）或 Freight collect（FCA 术语）。

（12）托运人声明的价值（Shipper's declared value）：此栏有两项内容：

①供运输使用：此栏填写出口企业向货代或航空公司办理货物声明价值的金额，一般按发票金额缮制。如果不声明，就填写 NVD（No value declare），即没有声明价值。

②供海关用：此栏所填内容是提供给海关的征税依据，当用出口货物报关单或商业发票征税时，此栏可以留空或填 As per Inv.（如发票）。如果货物没有商业价值（如样品），此栏填写 NCV（No commercial value），即没有商业价值。

（13）保险金额（Amount of insurance）：如果航空公司为托运人代办货物运输保险业务，此栏填写货物的保险金额。如果航空公司不提供此项服务或托运人不要求代办保险，此栏填写 NIL（Nothing）。

（14）随附文件（Documents to accompany Air Waybill）：此栏填写出口企业交给航空公司或货代的随同货物一起出运的单据名称，如发票、装箱单等。

（15）件数（No. of packages）：此栏填写货物的包装件数，如果包装种类不同，应分别填写，并将总件数填写在横线下面。

（16）实际毛重［Actual g. weight（kg）］：此栏填写货物的毛重，与件数相对应。分别填写时，将总毛重填写在横线下面。如果货物毛重以千克（kg）表示，重量的最小单位是 0.5 kg。当重量不足 0.5 kg 时，按 0.5 kg 计算；超过 0.5 kg 不足 1 kg 时，按 1 kg 计算。如果货物毛重以磅（lb）表示，当货物重量不足 1 lb 时，按 1 lb 计算。比如：货物毛重 269.3 千克，填写为 269.5 kg；货物毛重 269.6 千克，填写为 270.0 kg。

（17）运价类别（Rate class）：此栏根据航空公司的有关资料，结合出运的货物，按实际填写运价类别代码。

（18）收费重量（Chargeable weight）：此栏填写货物的实际毛重。若属于"M"费率等级，此栏可空白。若属于按体积计费者，填写计费重量。使用航空集装箱运输时，还要填写航空集装箱的皮重。

（19）费率（Rate/Charge）：此栏可以留空，也可以填写实际运费。

（20）货物品名及数量（包括体积或尺寸）［Nature and quantity of goods（incl. dimensions or volume）］：此栏填写货物的具体名称及数量。货物名称不得填写表示货物类别的统称，如电器、仪器等；鲜活易腐物品、活体动物等及危险品不能作为货物品名，而应填写其标准学术名称。

此栏填写完货物名称后，还要填写每件货物的外包装尺寸或体积，单位分别用厘米和立方米表示，货物尺寸按其外包装的"长×宽×高×件数"的顺序填写。

（21）在货物不能交付收货人时，托运人指示处理方法（Shipper's instruction in case of inability to deliver shipment as consigned）：此栏在一般情况下留空，或填写"由承运人处理"。

（22）处理情况（包括包装方式、货物标志及唛码等）［Handling information（incl. method of packing，identifying Marks & Numbers, etc.）］：此栏填写货物在运输、中转、装卸和仓储时需要注意的事项；填写货物的包装形式、标志和号码以及货物外包装所用的材料。同一票货物如包装不同要分别写明数量和包装种类。但这些事项不能超过航空公司的运输能力。

（23）托运人签字、日期（Signature of shipper, date）：此栏由出口企业签字或盖章，间接托运时由货代签字或盖章，并填写托运货物的日期。

（24）经手人（Agent）：此栏填写出口企业单证员姓名；间接托运时，此栏填写货代的具体经办人名字。

二、航空货运单概述

航空货运单（Air Waybill，简称 AWB）是航空运输公司及其代理人（航空货运代理公司）签发给托运人表示已收妥货物并接受托运的货物收据，也是承运人与托运人之间签订的运输契约，还可以作为核收运费的依据和海关查验放行的基本单据。但是它不同于海运提单，不是物权凭证，不能凭以提货，也不能背书转让（运单右上方印有 not negotiable 字样），必须做成记名抬头。

由于航空运输的承运人有两大类，即航空运输公司和航空货运代理公司，因此航空货运单主要也分两类，即主运单和分运单。

凡航空货运单右上方标明是某航空公司的货运单称主运单（Master Air Waybill），简称 MAWB。它可以由航空公司签发，也可以由货运代理公司签发。

凡航空货运单右上方标明是某货运代理公司的货运单称分运单（House Air Waybill），简称 HAWB。它只能由货代公司签发。在实务中，出口企业用于结汇的航空货运单大多数是货代签发的，有主运单，也有分运单。两种货运单的内容基本相同，法律效力相当。

航空货运单正本一式三份：正本一（Original 1）交承运人留存；正本二（Original 2）随货同行，在目的地交收货人；正本三（Original 3）交托运人，供出口商议付结汇用。副本至少六份，分别发给货代、目的地、第一、第二、第三承运人（若有）和用作提货收据。

三、航空货运单的缮制

航空货运单与海运提单一样，各个航空公司有各自的格式，不过内容大同小异。以中国国际航空公司的航空货运单（图11-2）为例，讲解如下：

（1）航空货运单编号（Air Waybill No.）：此栏由航空公司填写。编号前三位一般是各国航空公司的代号，如中国国际航空公司是999，日本航空公司是131，德国汉莎航空公司是020，俄罗斯航空公司是555，美国西北航空公司是012 等。第四位至第十位数字表示货运单序号，最后一位是检验号。例如，999 5019 0081。

（2）承运人（Carrier）：主运单上的承运人为航空运输公司，分运单上的承运人为航空货代。《UCP600》第23条规定，若信用证要求空运单据，银行将接受表面标明承运人名称的单据。

(3) 托运人名称及地址（Shipper's name and address）：信用证结算时，此栏一般填写受益人名称地址；托收或汇付结算时，此栏一般填写合同卖方的名称地址。若合同或信用证有特殊规定，则按照要求填写。

(4) 托运人账号（Shipper's account No.）：此栏一般留空不填。

(5) 收货人名称及地址（Consignee's name and address）：信用证结算时，此栏一般填写开证申请人名称地址，托收或汇付结算时，此栏一般填写合同买方的名称地址。若合同或信用证有特殊规定，则按照要求填写。此外，此栏必须做成记名抬头，不允许填写"To order"或"To order of ×××"，如果信用证有此要求，应事先修改信用证。

(6) 收货人账号（Consignee's account No.）：此栏一般留空不填。

(7) 航空货代名称及所属城市（Issuing carrier's agent name and city）：此栏填写航空货代的名称及所属城市。如果货运单直接由承运人签发，此栏留空不填。

(8) 航空货代的国际航协代号（Agent's IATA code）：IATA 是国际航空运输协会的缩写，在实务中，此栏一般留空不填。

(9) 代理人账号（Account No.）：此栏填写代理人账号，供承运人结算时使用，但在实务中，此栏一般留空不填，除非承运人要求。

(10) 始发站机场和指定航线（Airport of departure and requested routing）：此栏填写始发站机场名称和所要求的运输路线，但在实务中，一般仅填写始发站机场名称或代码。

(11) 财务说明（Accounting information）：此栏填写运费缴付方式及其他财务说明事项，如运费预付（Freight prepaid）、运费到付（Freight collect），或托运人结算使用信用卡号码、账号以及其他必要的情况。

(12) 运输路线和目的站（Routing and destination）：如果是直达运输的，就在第一个"To"下方填写目的站机场代码，在 By first carrier 下方填写第一承运人代码。如果货物需经转运，分别在后面的 By 下方填写第二、第三承运人代码，在后面的 To 下方填写第二、第三个机场代码，当该城市有多个机场而不知道机场的名称时，也可填写城市代码。

(13) 货币（Currency）：此栏填写始发站所在国的货币代码，如：出口货物时填写 CNY。

(14) 运费代号（CHGS. code）：此栏一般留空不填，仅供电子传送货运单信息时使用。

999 – (1)			999–

Shipper's Name and Address (3)	Shipper's Account Number (4)	Not negotiable **Air Waybill*** As Carrier: (2)	**AIR CHINA** 中国国际航空公司 BEIJING CHINA

Copies 1, 2 and 3 of this air waybill are originals and have the same Validity.

Consignee's Name and Address (5)	Consignee's Account Number (6)

It is agreed that the goods described here are accepted in apparent good order and condition (except as noted) and SUBJECT TO THE CONDITION OF CONTRACT ON THE REVERSE HEREOF. ALL GOODS MAY BE CARRIED BY ANY OTHER MEANS INCLUDING ROAD OR ANY OTHER CARRIER UNLESS SPECIFIC CONTRARY INSTRUCTIONS ARE GIVEN HEREON BY THE SHIPPER. THE SHIPPER'S ATTENTION IS DRAWN TO THE NOTICE CONCERNING CARRIER'S LIMITATION OF LIABILITY. Shipper may increase such limitation of liability by declaring a higher value for carriage and paying a supplement charge if required.

Issuing Carrier's Agent Name and City (7)	
Agent's IATA Code (8)	Account No. (9)

Accounting information (11)

Airport of Departure and Requested Routing (10)

To	By first Carrier	Routing & Destination (12)	To	By	To	By	Currency (13)	CHGS Code (14)	WT/VAL PPD (15)	COLL	Other PPD (16)	COLL	Declared Value for Carriage (17)	Declared Value for Customs (18)

Airport of Destination (19)	Flight/Date (20)	For Carrier use only	Flight/Date	Amount of Insurance (21)	INSURANCE If shipper requests insurance in accordance with conditions on reverse hereof indicate amount to be insured in figures in box marked "amount of insurance".

Handling Information
(22)

No of Piece RCP (23)	Gross Weight (24)	Kg Lb (25)	Rate class Commodity Item No. (26) (27)	Chargeable Weight (28)	Rate Charge (29)	Total (30)	Nature and Quantity of Goods (incl. Dimensions or Volume) (31)

Prepaid	Weight charge (32)	Collect	Other charges (44)
Prepaid	Valuation charge (33)	Collect	
Prepaid	Tax (34)	Collect	Shipper certifies that the particulars on the face hereof are correct and that insofar as any part of the consignment contains restricted articles, such part is properly described by name and is in proper condition for carriage by air according to the Applicable Dangerous Goods Regulations.
Prepaid	Total other Charges Due Agent (35)	Collect	
Prepaid	Total other Charges Due Carrier (36)	Collect	

Signature of Shipper or its Agent (45)

Total prepaid (37)	Total Collect (38)		
Currency Conversion Rate (39)	CC Charges in Dest. Currency (40)	Executed on (46) at (47)	
For Carrier use only at Dest. (41)	Charges at Destination (42)	Total Collect Charges (43)	Signature of Issuing Carrier or its Agent (48)

999–

ORIGINAL 3 (FOR SHIPPER)

图 11 – 2

（15）航空运费（WT/VAL.）：WT 是 weight charge 的缩写，指根据货物计费重量乘以适用的运价收取的运费；VAL 是 valuation charge，指声明价值附加费。两者必须同时预付或同时到付。如果是 CIP 或 CPT 术语的，在 PPD 栏内填写"P"或"×"，如果是 FCA 术语的，在 COLL 栏内填"C"或"×"。

（16）其他费用（Other）：指在始发站基础的其他费用，与贸易术语对应，在 PPD 栏内或 COLL 栏内填"P"、"C"或"×"。

（17）供运输用声明价值（Declared value for carriage）：此栏填写托运人向承运人办理货物声明价值的金额，一般按发票金额填写。托运人未办理货物声明价值，必须填写"NVD（No value declared）"，即没有声明价值。

（18）供海关用声明价值（Declared value for customs）：此栏填写托运人向海关申报的货物价值，是提供给海关征税的依据。当以出口货物报关单或商业发票征税时，本栏填写"As per invoice"。如果货物没有商业价值（如样品），此栏填写 NCV（No commercial value）。

（19）目的站机场（Airport of destination）：此栏填写最后目的站机场代码。机场名称不明确时可填城市代码，如果城市名称有重复时，应加上国名代码。

（20）航班/日期（仅供承运人使用）〔Flight/Date（For carrier use only）〕：此栏一般留空不填，除非参加运输的各承运人需要。注意：此日期不能作为运输单据的日期，如果此栏有日期填写并且和下面46栏"签发日期（Executed on）"不一致的话，以签发日期作为运输单据的日期。

（21）保险金额（Amount of insurance）：如果承运人向托运人提供代办货物保险业务，此栏填写货物的保险金额；如果承运人不提供此项服务或托运人不要求投保，可填"NIL"（nothing）或"×"。

（22）储运事项（Handling information）：此栏填写货物在仓储和运输过程中所需要注意的事项。但必须注意，这些事项应不能超过承运人的仓储、运输能力。具体事项如下：

①对于危险物品，填写"详见随附货运单的危险品申报单"或者"危险物品，但不需要危险物品申报单"或者"仅限货机"等；

②对于危险物品中包含有非危险物品，填写危险物品的件数；

③填写货物标志、堆码以及货物包装方式等；

④填写除收货人名称地址（第5栏）以外的其他在目的站的被通知人的名称、地址、联系方式等；

⑤填写随附货运单的文件名称；

⑥填写需要作特殊说明的其他情况。

（23）件数（No. of piece RCP）：此栏填写托运货物的总件数。RCP 是 rate combination point 的缩写，即运价组合点。如果使用非公布直达运价计算运费时，在件数的下方还应填写运价组合点城市的 IATA 代码。

（24）毛重（Gross weight）：此栏填写空运货物的实际毛重，详见托运单的第 16 栏。

（25）千克/磅（kg/lb）：此栏填写托运货物毛重的计量单位，以千克为单位时用代号 K，以磅为单位时用代号 L。

（26）费率等级（Rate class）：此栏填写所采用货物运价种类的代码。

代码	运价等级（中文）	运价等级（英文）
M	最低运费	Minimum charge
N	45 千克以下普通货物标准运价	Normal rate 45
Q	45 千克以上普通货物标准运价（重量分界点运价）	Quantity rate 45
C	指定商品运价	Specific commodity rate
S	附加等级运价	Class rate surcharge
R	附减等级运价	Class rate reduction
U	集装设备基准运费或运价	Unit load device basic charge or rate
E	集装设备超基准运价	Unit load device additional rate
X	集装设备附加项	Unit device additional information
Y	集装设备折扣	Unit load device discount

（27）商品品名编号（Commodity item No.）：此栏根据下列情况分别填写：

①使用指定商品运价时，填写指定商品代码；

②使用等级货物运价时，填写所适用的普通货物运价的代号，比如填写"S"表示附加等级运价；

③当托运集装箱货物时，填写集装箱货物运价等级。

（28）计费重量（Chargeable weight）：此栏填写据以计收的航空运费的货物重量。比如某货物毛重 890 千克，体积 5.508 立方米，按照航空体积与重量的折算，1000 千克等于 6 立方米，计费重量就是 918 千克。因此这里必须填写 918 千克，而不能填写 890 千克，航空公司按照 918 千克计收运费。

（29）运价/运费（Rate/Charge）：此栏填写实际计费的费率。在实务中可根据不同的贸易术语填写 Prepaid as arranged 或者 Collect as arranged。

（30）运费总额（Total）：此栏填写计收运费的总额。在实务中常填写 As arranged。

（31）货物品名与数量（包括体积或容积）［Nature and quantity of goods (incl. dimensions or volume)］：此栏填写货物的名称及数量，包括外包装尺码和体积。注意：

①填写的货物品名不得用表示类别的统称，托运危险物品时应填写其标准学术名称。作为货物运输的行李应填写其内容和数量，或随附装箱清单；

②填写每件货物的外包装尺寸或体积，用厘米和立方米表示，按长×宽×高×件数的顺序填写；

③根据承运人的要求，填写有关服务代码。

（32）航空运费（预付/到付）［weight charge（prepaid/collect）］：此栏根据不同的贸易术语在对应的"预付"或"到付"栏内填写 As arranged 或者留空不填。

（33）声明价值附加费（Valuation charge）：如果托运人在上述 17 栏内填写了货物声明价值的金额，则根据不同的贸易术语在对应的"预付"或"到付"栏内填入按规定收取的声明价值附加费或者留空不填。

（34）预付税款（Tax）：此栏根据不同的贸易术语在对应的"预付"或"到付"栏内填入适用的税款，或填写 As arranged 或者留空不填。

（35）由代理人收取的其他费用（Total other charges due agent）：此栏根据不同的贸易术语在对应的"预付"或"到付"栏内填入由货代收取的其他费用的总和，或留空不填。

（36）由承运人收取的其他费用（Total other charges due carrier）：此栏根据不同的贸易术语在对应的"预付"或"到付"栏内填入由承运人收取的其他费用的总和，或留空不填。

（37）预付费总额（Total prepaid）：此栏填写上述 32 至 36 栏各项预付费用之和，也可以填写 As arranged。

（38）到付费用总额（Total collect）：此栏填写上述 32 至 36 栏各项到付

费用之和，也可以填写 As arranged。

（39）货币兑换比价（Currency conversion rate）：此栏填写目的站机场所在国家的货币代码及兑换比率，或留空不填。

（40）用目的站货币付费（CC charges in dest. currency）：此栏填写目的站机场所在国家货币到付的费用总金额，或留空不填。

（41）仅供承运人在目的站使用（For carrier use only at dest.）：此栏留空不填。

（42）在目的站的费用（Charges at destination）：此栏填写最后承运人在目的站发生的费用金额（包括利息等），或留空不填。

（43）到付费用总额（Total collect charges），填写所有到付费用的总金额，CIP 和 CPT 贸易术语出口时此栏也可以留空不填。

（44）其他费用（Other charges）：此栏填写始发站运输中发生的其他费用，若无费用，则可以留空不填。

（45）托运人或其代理人签名（Signature of shipper or its agent）：此处印就一段文字，意思是保证所托运的货物并非危险品，结尾处由托运人或其代理人签署。但在实务中，此栏往往留空不填。

（46）日期（Executed on）：此栏填写出具航空货运单的日期。信用证结算方式项下，此日期不能晚于信用证规定的最晚装运日；托收或汇付结算方式项下，此日期不能晚于合同规定的最晚装运日。

（47）地点（At）：此栏填写出具航空货运单的地点，一般为始发站所在地。

（48）承运人或代理人签字（Signature of issuing carrier or its agent）：此栏由承运人签署盖章，主运单由航空运输公司或航空货代签署，分运单由航空货代签署，签署后航空货运单方能生效。和海运提单的签署一样，航空运输公司签署时须加注 As carrier，航空货代签署时须加注 As agents for the carrier ×××。

第二节　铁路运单

一、国际铁路货物联运

1. 国际铁路货物联运的概念、公约与规则

我国幅员辽阔，有 15 个陆上邻国。目前与我国有铁路相连的国家主要有

俄罗斯、朝鲜、蒙古国、越南和哈萨克斯坦。我国内地与香港地区也有铁路相连。

国际铁路货物联运是指使用一份统一的国际铁路联运票据，在跨及两个或两个以上国家铁路的货物运输中，由参加国铁路当局负责办理两个或两个以上国家铁路全程运输货物过程，由托运人支付全程运输费用的铁路货物运输组织形式。

采用国际铁路货物联运，有关当事国必须事先签订书面协定。《国际铁路货物运输公约》（以下简称《国际货约》）和《国际铁路货物联运协定》（以下简称《国际货协》）是有关国际铁路货物联运的两大约定。

《国际货约》是在1890年签订的《伯尔尼公约》基础上发展起来的，1961年由奥地利、法国、比利时等国在瑞士签订，1970年修订，1980年再修订，修订后称《COTIF公约》（《国际铁路运输公约》）。目前参加的国家有：瑞士、瑞典、德国、法国、英国、卢森堡、比利时、西班牙、葡萄牙、荷兰、芬兰、波兰、奥地利、匈牙利、意大利、丹麦、挪威、希腊、列支敦士登、爱尔兰、阿尔巴尼亚、保加利亚、罗马尼亚、捷克、斯洛伐克、土耳其、叙利亚、黎巴嫩、伊朗、伊拉克、突尼斯、摩洛哥32个国家。

《国际货协》于1951年由阿尔巴尼亚、苏联、匈牙利、波兰、罗马尼亚等东欧八国订立，我国于1953年加入。1956年《国际货协》组织成立"铁路合作组织"，并在波兰华沙设立常驻机构，进行协调与组织工作。"铁组"于1991年公布了《关于统一过境运价规程的协议》，决定在国际铁路过境运输中采用《统一过境运价规程》。《国际货协》现有22个成员国，包括中国、越南、朝鲜、蒙古、哈萨克斯坦、乌兹别克斯坦、吉尔吉斯斯坦、塔吉克斯坦、土库曼斯坦、伊朗、格鲁吉亚、阿塞拜疆、俄罗斯、白俄罗斯、乌克兰、摩尔多瓦、爱沙尼亚、拉脱维尼、立陶宛、匈牙利、保加利亚和阿尔巴尼亚。另外，波兰、捷克、斯洛伐克、匈牙利、德国虽然已退出《国际货协》，但仍采用《国际货协》的规定。因此过境这五个国家的进出口货物的过境费用特别高，且必须用自由兑换外汇。

2. 国际铁路货物联运的范围

同参加《国际货协》或未参加但采用《国际货协》国家间的货运，铁路从发送站以一份《国际货协》运输票据运送至最终到达站并交收货人。

同未参加《国际货协》国家间的货运，发货人在发送站用《国际货协》

第十一章 航空货运单与铁路运单

运输票据运输货物至参加《国际货协》的最后一个过境路的出口国境站,由该站站长或收、发货人委托的收转人转运至最终到达站。

对于从参加《国际货协》的国家通过过境铁路口岸,向其他国家(无论这些国家是否参加《国际货协》),或相反方向运输货物时,用《国际货协》运输票据只能办理至过境铁路口岸止,或只能从此站开始办理运输,由口岸站的收转人办理转送。

3. 国际铁路联运运单

国际铁路联运运单(International Through Railway Bill)包括《国际货约》运单和《国际货协》运单,是参加国际铁路货物联运的铁路与发货人、收货人之间缔结的运输契约。它仅具有运输合同证明和货物收据的功能,不具有物权凭证的功能,不具有流通性。因此《国际货协》和《国际货约》均明确规定,铁路联运运单的收货人栏必须是记名的。

我们通常使用的《国际货协》运单一式五联(图11-3)。第一联运单正本联、第二联运行报单联(副本)、第三联结汇使用联(副本)、第四联货物交付联(副本)、第五联货物到达通知联(副本)。其中第一联、第五联随货同行交收货人,第二联、第四联留存到达站(目的地铁路部门),第三联交托运人送银行结汇使用。

二、国际铁路运单的缮制

《国际货协》采用的运单分慢运和快运两种。这两种运单格式相同,区别在于快运运单带有红边而慢运运单没有。两者不得互相代用。

中朝、中越铁路间运送的货物,可仅用本国文字填写。同其他《国际货协》参加国铁路间运送时,则须附俄文译文。但我国经满洲里、绥芬河发往独联体国家的货物,可只用中文填写,不用附俄文译文。

国际铁路运单的填写如下:

(1) 发货人及其通信地址:此栏填写发货人全程及其通信地址。由中国、朝鲜、越南发货时,可用其国家规定的代号。

(2) 合同号码:此栏填写出口单位和进口单位签订的供货合同号码。

(3) 发站:此栏填写运价规程中所载发站全称。

(4) 发货人特别声明:此栏填写发货人的声明,例如关于对运单的修改、易腐货物的运送条件等。

运单正本 (给收货人)				运单号码	
发货站简称	1. 发货人及其通讯地址			批号 25. 检查标签	2. 合同号码
				3. 发站	
中铁 1	5. 收货人及其通讯地址			4. 发货人特别声明	
				26. 海关记录	
	6. 对铁路无约束力的记录			27. 车辆 28. 标记载重(吨) 29. 轴数 30. 自重 31. 换装后的货物重量 27 28 29 30 31	
	7. 通过的国境站				
	8. 到站				
慢运 国际货协-运单	9.记号、标记、号码	10.包装种类	11.货物名称	50.附件第2号 12.件数	13.发货人确定的重量(千克)	32.铁路确定的重量(千克)
	14. 共计件数(大写)		15. 共计重量(大写)		16. 发货人签字
	17. 互换托盘 数量		集装箱/运送用具 18. 种类、类型		19. 所属者及号码
	20. 发货人负担下列过境铁路的费用		21. 办理种别 整车* 零担* 大吨位集装箱* *不需要的划掉	22. 由何方装车 发货人* 铁路*	33 34 35
	23. 发货人添附的文件		24. 货物的声明价格		36 37
			45. 封印 个数 记号		38 39 40 41
	46. 发站日期戳	47. 到站日期戳	48. 确定重量的方法	49. 过磅站戳记,签字	42 43 44

图 11-3

第十一章 航空货运单与铁路运单

（5）收货人及其通信地址：此栏填写收货人全称及其通信地址，类似第1栏。如为《国际货协》参加国向非《国际货协》参加国发货时，此栏填写"站长"。

（6）对铁路无约束效力的记录：此栏可填对本批货物的记载，该项记载仅作为对收货人的通知，铁路不承担任何义务和责任。如发货人注明"运送用具应予返还"、"此批货物属×××合同项下"等。

（7）通过的国境站：此栏填写货物应通过的发送路和过境路的出口国境站。如有可能从一个出口国境站通过邻国的几个进口国境站办理货物运送，则还应注明运送所要通过的进口国境站。

（8）到站：此栏在斜线之前注明到达路的简称，在斜线之后用印刷体字母（中文用正楷粗体字）注明运价规程上到站的全称。运往朝鲜的货物，还应注明到站的数字代号，如平壤1-030。运往非《国际货协》参加国的货物由站长办理转发时，记载《国际货协》参加国最后过境路的出口国境站，并在该站站名后记载"由铁路继续办理转发送至……铁路……站"。

部分国家铁路使用的简称及编码：

铁路名称	简称	编码	铁路名称	简称	编码
俄罗斯联邦铁路	俄铁	20	蒙古国铁路	蒙铁	31
乌克兰铁路	乌（克）铁	22	越南社会主义共和国铁路	越铁	32
摩尔多瓦共和国铁路	摩铁	23	中华人民共和国铁路	中铁	33
立陶宛共和国铁路	立铁	24	波兰共和国铁路	波铁	51
拉脱维亚共和国铁路	拉铁	25	保加利亚共和国铁路	保铁	52
爱沙尼亚共和国铁路	爱铁	26	阿塞拜疆共和国铁路	阿（塞）铁	57
朝鲜民主主义人民共和国铁路	朝铁	30	土库曼斯坦铁路	土铁	67

（9）记号、标记、号码：此栏填写每件货物上的记号、标记和号码。货物如装在集装箱内，则还要填写集装箱号码。

（10）包装种类：此栏填写货物的包装种类，如纸箱、木桶等，不能笼统地填"箱"、"桶",如用集装箱运输,注明集装箱并在下面用括弧注明装入集装箱内货物的包装种类。如果货物不需要容器或包装,并在托运时也未加容器和包装,则应填写"无包装"。

(11) 货物名称:此栏应按国际货协的规定填写,或按发送路或发送路和到达路现行的国内运价规程品名表的规定填写,但需注明货物的状态和特征。

(12) 件数:此栏填写货物的件数。使用敞车类货车运送不盖篷布或盖有篷布而未加封的货物,当总件数超过 100 件时,则注明"堆装"字样,不注明货物件数。使用集装箱运送货物时,注明集装箱箱数。

(13) 发货人确定的重量(千克):此栏填写货物的总重量。

(14) 共计件数(大写):此栏用大写填写第 12 栏中所记载的件数。

(15) 共计重量(大写):此栏用大写填写第 13 栏中所载的总重量。

(16) 发货人签字:此栏由发货人签字,证明列入运单中的所有事项正确无误。发货人也可用盖戳记处理。

(17) 互换托盘:此栏填写托盘互换方法,并分别注明平式或箱式托盘的数量。所有其他托盘均为运送用具,与这些托盘有关事项填入第 18、19 栏。

(18) 种类、类型:此栏填写货物的包装种类,在使用集装箱装运货物时,应注明集装箱的种类和类型。如种类——大吨位,类型——20 英尺。使用运送用具时,应注明该用具的种类。

(19) 所属者及号码:此栏填写集装箱或运送工具的所属者的记号和号码。运送集装箱时,应注明集装箱所属路局的记号和号码。对不属于铁路的集装箱,应在集装箱号码之后注明大写字母"P"。使用属于铁路的运送用具时,应注明运送用具所属路局的记号和号码。使用不属于铁路的运送用具时,应在号码之后注明大写字母"P"。

(20) 发货人负担下列过境铁路的费用:此栏填写发货人负担的过境铁路运送费用,加注负责过境铁路名称的简称。如果发货人不负担任何一个过境铁路的运送费用,填写"无"。如中铁和波铁联运发货人负担蒙铁和俄铁的费用,在数字编码栏内按照货物运送的先后顺序,由铁路填写发货人所指出的过境路的编码。如填写"无",即过境费用由收货人支付。

(21) 办理种别:此栏已印就"整车"、"零担"和"大吨位集装箱"三种,根据实际情况将不需要的划掉。

(22) 由何方装车:此栏已印就"发货人"和"铁路"两种,根据实际

情况将不需要的划掉。

（23）发货人添附的文件：此栏填写发货人在运单上添附的所有文件的名称和份数。

（24）货物的声明价格：此栏用大写填写注明以瑞士法郎表示的货物价格。

（25）批号：由铁路填写，其中上半部为发送站和发站编码，下半部为批号。

（26）海关记录：供海关记载用栏目。

（27）~（31）栏的一般说明：用于记载使用车辆的事项，只有在运送整车货物时填写。至于各栏是由发货人填写还是由铁路车站填写，则视由何方装车而定。

（27）车辆：填写车种、车号和所属路简称。

（28）标记载重：填写车辆上记载的载重量。

（29）轴数：填写使用车辆的轴数。

（30）自重：填写车辆记载的自重。

（31）换装后的货物重量：填写货物换装后由铁路确定的重量。

（32）铁路确定的重量：填写铁路确定的重量。

（33）~（44）数字编码栏，由铁路填写，记载事项用。

（45）封印个数和记号：此栏填写车辆或集装箱上施加的封印个数和记号，由施封方填写。发货人委托铁路施封时，应注明"委托铁路施封"。

（46）发站日期戳：由发站路局盖戳。

（47）到站日期戳：由到站路局盖戳。

（48）确定重量的方法：填写确定重量的方法，例如"用轨道衡"、"按标准重量"、"按货件上标记重量"等。

（49）过磅站戳记、签字：由过磅站盖戳签字。

（50）附件第2号：根据国际货协附件第2号，托运危险物品时须在方框内画对角线，反之留空。

三、对中国香港的铁路运输

对中国香港的铁路运输既不同于国际联运，也不同于一般的内地铁路运输，而是一种特殊的租车方式的两段运输。它的特点是"租车方式，两票运输，三段计费，货物承运收据结汇"。

出口企业在始发站装车托运至深圳北站，铁路当局以租用车皮的方式将货车租给各出口企业。货到深圳后，中国对外贸易运输总公司深圳分公司或中国铁路对外服务总公司作为各地出口企业的代理向铁路当局租车过轨，交付租车费并办理报关手续。

过轨后，由香港中旅货运有限公司作为上述两家公司在香港的代理人，在罗湖车站向香港九广铁路公司办理香港段铁路运输的托运、报关，由九广铁路公司将货物运至目的站。

内地段运输时一次起票，两端收费，即发站至广州北站的运费由发站计收，广州北站至深圳北站的运费由深圳北站计收。对港运输是租车方式，另行制票运输。深圳口岸的租车费由发货人的代理人先行垫付或发货人直接支付。

对中国香港运输不是国际联运，内地使用的运单不是全程运送票据，不能作为结汇凭证。因此目前采用中外运集团总公司或中国铁路对外服务总公司的货物承运收据作为结汇凭证。

1994年12月15日，中铁集装箱运输中心与香港九广铁路公司联合经营，推出了首列郑州至香港九龙的集装箱直达快运列车，之后又开通了武汉、成都等地至九龙的铁路集装箱直达快运列车。中铁对外服务（香港）有限公司作为中铁集团在香港的代理人，负责该项业务在香港的代理工作。

内地与香港九龙间的铁路集装箱货物运输具有以下两个显著的特点：

（1）在运输单据上，使用中铁集装箱运输中心印制的"中铁集装箱运输中心联运提单"取代货物运单。

（2）在运输组织上，改变了普通货物的"租车方式，两票运输"方式，采取在指定办理站之间一票直达的方式。

四、货物承运收据

货物承运收据（Cargo receipt）是货物在出口地装上火车后，由中国对外贸易运输总公司当地分公司或中国铁路对外服务总公司当地分公司签发给托运人的收据（图11-4），它既是承运人与托运人之间的运输契约的证明，也是出口商办理银行议付结汇的凭证。

货物承运收据只签发一份。出口商结汇后，货物承运收据通过银行到达中国香港，香港进口商到银行付款赎单，取得单据后才能提货。

中国对外贸易运输总公司上海分公司
货物承运收据
CARGO RECEIPT

运编 No. _____
发票 No. _____
合约 No. _____

第一联 （凭提货物）

发货 日期：　　　　　　　　　　　　车号：
装车 Date:　　　　　　　　　　　　　Train No.

标　记 Marks & Nos.	件　数 Packages	货 物 名 称 Description of Goods	附　记 Remarks

运费交付地点　Freight Payable at
全程运费在上海付讫　Shanghai

请向下列地点接洽提取货件
For delivery, Apply to:
香港中旅货运有限公司
CHINA TRAVEL SERVICE (CARGO) HONG KONG LIMITED
3/F China Travel (Cargo) Logistics Centre
1 Cheong Tung Road, Hurg Hom, Kowloon, Hong Kong

中国对外贸易运输总公司上海分公司

押汇银行签收　　　　　收货人签收
Bank's Endorsement　　Consignee's Signature

_____　_____

图 11 – 4

第三节 同步实训

一、示范

2011年10月,浙江省诸暨对外贸易有限公司出口丹麦男式短袜(Men's socks)240打双,其他有关资料如下:

合同号码:ZF11E0926　　　　　　　合同日期:2011年9月26日
每箱12打双,共20箱　　　　　　　体积:55×45×40厘米/箱
毛重:25千克/箱　　　　　　　　　托运日期:2011年10月17日
所附文件:一张商业发票,一张装箱单　贸易术语:FCA SHANGHAI
起运地:浦东机场(PUDONG AIRPORT,PVG)
目的地:比伦德机场(BILLUND AIRPORT,BLL)
发货人:ZHUJI FOREIGN TRADE CORP. OF ZHEJIANG, LTD.
　　　　288 WEST SECOND RING ROAD,
　　　　ZHUJI, ZHEJIANG, CHINA
收货人:INDKOBS FORENTNGEN AF
　　　　1964 AMBA, ALBUEN 6-8
　　　　6000 KOLDING, DENMARK
唛头:INDKOBS
　　　ZF11E0926
　　　BILLUND
　　　NO.1-20

诸暨对外贸易有限公司单证员蒋蕾,根据上述资料填写国际货物托运书(图11-5)。

中国国际航空公司在浙江的代理浙江瀚达国际货运代理公司(Zhejiang Handa International Logistics Co.,Ltd)根据浙江省诸暨对外贸易有限公司的托运书缮制航空货运单,然后送交蒋蕾,以便其结汇。缮制好的航空货运单见图11-6。

其他相关资料如下:
制单费AWC:50.00　　　　　　　　运单号:999 - 5019 0081
航班/日期:CA935/2011年10月24日　运单签署:周源

浙江瀚达国际货运代理有限公司
ZHEJIANG HANDA INTERNATIONAL LOGISTICS CO., LTD
国际货物托运书
SHIPPER'S LETTER OF INSTRUCTION

货运单号码: No.of AWB:

始发站 AIRPORT OF DEPARTURE PUDONG AIRPORT, PVG	到达站 AIRPORT OF DESTINATION BILLUND AIRPORT, BLL	供承运人用 FOR CARRIER USE ONLY		
		航班/日期 FLIGHT/DATE	航班/日期 FLIGHT/DATE	

路线及到达站 ROUTING AND DESTINATION								已预留吨位 BOOKED
至 TO	第一承运人 BY 1ST CARRIER	至 TO	承运人 BY	至 TO	承运人 BY	至 TO	承运人 BY	

托运人账号 SHIPPER'S ACCOUNT NUMBER	托运人姓名及地址 SHIPPER'S NAME AND ADDRESS	
	ZHUJI FOREIGN TRADE CORP. OF ZHEJIANG, LTD. 288 WEST SECOND RING ROAD, ZHUJI, ZHEJIANG, CHINA	运费 CHARGES FREIGHT COLLECT
另请通知 ALSO NOTIFY		

收货人账号 CONSIGNEE'S ACCOUNT NUMBER	收货人姓名及地址 CONSIGNEE'S NAME AND ADDRESS
	INDKOBS FORENTNGEN AF 1964 AMBA, ALBUEN 6-8 6000 KOLDING, DENMARK

托运人声明的价值 SHIPPER'S DECLARED VALUE		保险金额 AMOUNT OF INSURANCE NIL	所附文件 DOCUMENTS TO ACCOMPANY AIR WAYBILL ONE COMMERCIAL INVOICE AND ONE PACKING LIST
供运输用 FOR CARRIAGE NVD	供海关用 FOR CUSTOMS AS PER INV.		

件数 NO. OF PACKAGES	实际毛重(千克) ACTUAL G. WEIGHT (KG)	运价类别 RATE CLASS	收费重量 CHARGEABLE WEIGHT (KG)	运价/运费 RATE/ CHARGE	货物品名及数量(包括体积或尺寸) NATURE AND QUANTITY OF GOODS (INCL. DIMENSIONS OR VOLUME)
20	500.0	Q	500.0		MEN'S SOCKS 240 DOZ. PRS DIM.: (55*45*40)CM*20 VOL.: 1.980CBM

在货物不能交付收货人时,托运人指示处理方法
SHIPPER'S INSTRUCTION IN CASE OF INABILITY TO DELIVER SHIPMENT AS CONSIGNED

处理情况(包括包装方式、货物标志及唛码等)
HANDLING INFORMATION (INCL. METHOD OF PACKING, IDENTIFYING MARKS & NUMBERS, ETC.)
MARKS & NOS.:
INDKOBS
ZF11E0926
BILLUND
NO. 1-20

(浙江省诸暨对外贸易有限公司托运专用章)

托运人证实以上所填全部属实并愿遵守承运人的一切载运条件
THE SHIPPER CERTIFIES THAT THE PARTICULARS ON THE FACE HEREOF ARE CORRECT AND AGREES TO THE CONDITIONS OF CARRIAGE OF THE CARRIER

托运人签字 SIGNATURE OF SHIPPER	日期 DATE 2011年10月17日	经办人 AGENT 蒋蕾

图 11-5

999 - 5019 0081				999- 5019 0081
Shipper's Name and Address ZHUJI FOREIGN TRADE CORP. OF ZHEJIANG, LTD. 288 WEST SECOND RING ROAD, ZHUJI, ZHEJIANG, CHINA		Shipper's Account Number	Not negotiable Air Waybill* As Carrier	 AIR CHINA 中国国际航空公司 BEIJING CHINA
			Copies 1, 2 and 3 of this air waybill are originals and have the same Validity.	
Consignee's Name and Address INDKOBS FORENTNGEN AF 1964 AMBA, ALBUEN 6-8 6000 KOLDING, DENMARK		Consignee's Account Number	It is agreed that the goods described here are accepted in apparent good order and condition (except as noted) and SUBJECT TO THE CONDITION OF CONTRACT ON THE REVERSE HEREOF. ALL GOODS MAY BE CARRIED BY ANY OTHER MEANS INCLUDING ROAD OR ANY OTHER CARRIER UNLESS SPECIFIC CONTRARY INSTRUCTIONS ARE GIVEN HEREON BY THE SHIPPER. THE SHIPPER'S ATTENTION IS DRAWN TO THE NOTICE CONCERNING CARRIER'S LIMITATION OF LIABILITY. Shipper may increase such limitation of liability by declaring a higher value for carriage and paying a supplement charge if required.	
Issuing Carrier's Agent Name and City ZHEJIANG HANDA INTERNATIONAL LOGISTICS CO., LTD.				
Agent's IATA Code		Account No.	Accounting information FREIGHT COLLECT	

Airport of Departure and Requested Routing PUDONG AIRPORT, PVG										
To BLL	By first Carrier CA	Routing & Destination	To	By	To	By	Currency CNY	CHGS Code	WT/VAL PPD COLL C	Other PPD COLL C	Declared Value for Carriage NVD	Declared Value for Customs AS PER INV.
Airport of Destination BILLUND AIRPORT, BLL		Flight/ Date CA935/24 OCT., 2011	For Carrier use only	Flight/ Date	Amount of Insurance NIL		INSURANCE If shipper requests insurance in accordance with conditions on reverse hereof indicate amount to be insured in figures in box marked "amount of insurance".			

Handling Information
NIL

No of Piece RCP	Gross Weight	Kg Lb	Rate class Commodity Item No.	Chargeable Weight	Rate Charge	Total	Nature and Quantity of Goods (incl. Dimensions or Volume)
20	500.0	K	Q	500.0	FREIGHT COLLECT AS ARRANGED		MEN'S SOCKS 240 DOZ. PRS DIM.: (55*45*40)CM*20 VOL.: 1.980CBM

MARKS & NOS.:
INDKOBS
ZF11E0926
BILLUND
NO. 1-20

Prepaid	Weight charge AS ARRANGED	Collect	Other charges AWC: 50.00
Prepaid	Valuation charge AS ARRANGED	Collect	
Prepaid	Tax	Collect	Shipper certifies that the particulars on the face hereof are correct and that insofar as any part of the consignment contains restricted articles, such part is properly described by name and is in proper condition for carriage by air according to the Applicable Dangerous Goods Regulations.
Prepaid	Total other Charges Due Agent	Collect	
Prepaid	Total other Charges Due Carrier	Collect	
			Signature of Shipper or its Agent Zhejiang Handa International Logistics Co., Ltd As agent for the Carrier: AIR CHINA 周源(章)
Total prepaid		Total Collect AS ARRANGED	
Currency Conversion Rate		CC Charges in Dest. Currency	Executed on OCT. 24, 2011 at SHANGHAI Signature of Issuing Carrier or its Agent
For Carrier use only at Dest.		Charges at Destination	Total Collect Charges	999- 5019 0081

ORIGINAL 3 (FOR SHIPPER)

图 11-6

二、测试

浙江省嘉兴市文桑制衣有限公司有 480 件女式背心要通过空运给法国客户，请根据下列相关资料和已经缮制完毕的国际货物托运书（图 11-7）缮制航空货运单（图 11-8）。

运单日期：2012 年 5 月 26 日　　航班/日期：CA933/2012 年 5 月 25 日
运单号：999 - 3687 7175　　　　制单费 AWC：50.00
运单签署地点：杭州　　　　　　　国航代码：CA
运单签署：Zhejiang Handa International Logistics Co.,Ltd，周源

浙江瀚达国际货运代理有限公司
ZHEJIANG HANDA INTERNATIONAL LOGISTICS CO., LTD

国际货物托运书
SHIPPER'S LETTER OF INSTRUCTION

货运单号码 No.of AWB:

始发站 AIRPORT OF DEPARTURE PUDONG AIRPORT, PVG	到达站 AIRPORT OF DESTINATION PARIS AIRPORT, CDG	供承运人用 FOR CARRIER USE ONLY		
		航班/日期 FLIGHT/DATE	航班/日期 FLIGHT/DATE	

路线及到达站 ROUTING AND DESTINATION								已预留吨位 BOOKED
至 TO	第一承运人 BY 1ST CARRIER	至 TO	承运人 BY	至 TO	承运人 BY	至 TO	承运人 BY	

托运人账号 SHIPPER'S ACCOUNT NUMBER	托运人姓名及地址 SHIPPER'S NAME AND ADDRESS	运费 CHARGES FREIGHT PREPAID
	ZHEJIANG JIAXING WENSANG GARMENTS CO., LTD. NO. 120 SOUTH FURUN ROAD, NANHU DISTRICT JIAXING, CHINA	

另请通知
ALSO NOTIFY

收货人账号 CONSIGNEE'S ACCOUNT NUMBER	收货人姓名及地址 CONSIGNEE'S NAME AND ADDRESS
	SIMACO FASHION CO., LTD. 6 PLACE DU PARVIS NOTRE - DAME, ILE DE LA CITÉ, 75004 PARIS

托运人声明的价值 SHIPPER'S DECLARED VALUE		保险金额 AMOUNT OF INSURANCE	所附文件 DOCUMENTS TO ACCOMPANY AIR WAYBILL
供运输用 FOR CARRIAGE NVD	供海关用 FOR CUSTOMS AS PER INV.	NIL	ONE INVOICE AND ONE PACKING LIST

件数 NO. OF PACKAGES	实际毛重(公斤) ACTUAL G. WEIGHT (KG)	运价类别 RATE CLASS	收费重量 CHARGEABLE WEIGHT	费率 RATE/ CHARGE	货物品名及数量(包括体积或尺寸) NATURE AND QUANTITY OF GOODS (INCL. DIMENSIONS OR VOLUME)
15	160.0 K	Q	184.5		LADIES' VESTS 480PCS DIM.1:(50*45*30)CM*10 DIM.2:(60*48*30)CM*5 VOL.: 1.107CBM

在货物不能交付收货人时，托运人指示处理方法
SHIPPER'S INSTRUCTION IN CASE OF INABILITY TO DELIVER SHIPMENT AS CONSIGNED

处理情况（包括包装方式、货物标志及咴码等）
HANDLING INFORMATION (INCL. METHOD OF PACKING, IDENTIFYING MARKS & NUMBERS, ETC.)
SHIPPING MARKS:
SIMACO
ORDER 12090
PARIS
MADE IN CHINA
NO. 1-15

(浙江省嘉兴市文桑制衣有限公司托运专用章)

托运人证明以上所填全部属实并同意承运人的运输条件
THE SHIPPER CERTIFIES THAT THE PARTICULARS THEREOF ARE CORRECT AND AGREES TO THE CONDITIONS OF CARRIAGE OF THE CARRIER

托运人签字 SIGNATURE OF SHIPPER	日期 DATE 2012年5月17日	经手人 AGENT 张凌

图 11-7

第十一章 航空货运单与铁路运单

999 –				999–						
Shipper's Name and Address		Shipper's Account Number		Not negotiable **Air Waybill*** As Carrier				**AIR CHINA** 中国国际航空公司 BEIJING CHINA		
				Copies 1, 2 and 3 of this air waybill are originals and have the same Validity.						
Consignee's Name and Address		Consignee's Account Number		It is agreed that the goods described here are accepted in apparent good order and condition (except as noted) and SUBJECT TO THE CONDITION OF CONTRACT ON THE REVERSE HEREOF. ALL GOODS MAY BE CARRIED BY ANY OTHER MEANS INCLUDING ROAD OR ANY OTHER CARRIER UNLESS SPECIFIC CONTRARY INSTRUCTIONS ARE GIVEN HEREON BY THE SHIPPER. THE SHIPPER'S ATTENTION IS DRAWN TO THE NOTICE CONCERNING CARRIER'S LIMITATION OF LIABILITY. Shipper may increase such limitation of liability by declaring a higher value for carriage and paying a supplement charge if required.						
Issuing Carrier's Agent Name and City										
Agent's IATA Code		Account No.		Accounting information						
Airport of Departure and Requested Routing										
To	By first Carrier	Routing & Destination	To	By	To	By	Currency	CHGS Code	WT/VAL PPD / COLL	Other PPD / COLL	Declared Value for Carriage	Declared Value for Customs
Airport of Destination		Flight/ Date	For Carrier use only	Flight/ Date		Amount of Insurance		INSURANCE If shipper requests insurance in accordance with conditions on reverse hereof indicate amount to be insured in figures in box marked "amount of insurance".		
Handling Information										
No of Piece RCP	Gross Weight	Kg Lb	Rate class / Commodity Item No.	Chargeable Weight	Rate / Charge	Total	Nature and Quantity of Goods (incl. Dimensions or Volume)			
Prepaid	Weight charge		Collect	Other charges						
Prepaid	Valuation charge		Collect							
Prepaid	Tax		Collect	Shipper certifies that the particulars on the face hereof are correct and that insofar as any part of the consignment contains restricted articles, such part is properly described by name and is in proper condition for carriage by air according to the Applicable Dangerous Goods Regulations.						
Prepaid	Total other Charges Due Agent		Collect							
Prepaid	Total other Charges Due Carrier		Collect	Signature of Shipper or its Agent						
Total prepaid		Total Collect						周源 (章)		
Currency Conversion Rate		CC Charges in Dest. Currency		Executed on			at	Signature of Issuing Carrier or its Agent		
For Carrier use only at Dest.		Charges at Destination		Total Collect Charges			999–			

ORIGINAL 3 (FOR SHIPPER)

图 11 – 8

第十二章 汇票

第一节 汇票概述

一、汇票的定义与当事人

我国《票据法》第19条对汇票的定义是：汇票是出票人签发的，委托付款人在见票时或者在指定的日期无条件支付确定的金额给收款人或持票人的票据。

英国《票据法》关于汇票的定义是：汇票是由一人向另一人签发的，要求即期或定期或在可以确定的将来的时间，对特定的人或其指定人或持票人支付一定金额的无条件书面支付命令（A bill of exchange is an unconditional order in writing addressed by one person to another signed by the person giving it requiring the person to whom it is addressed to pay on demand, or at a fixed or determinable future time a sum certain in money to or to the order of a specified person, or to bearer）。

根据汇票定义，汇票的基本当事人有三个：出票人、受票人和收款人。

1. 出票人

出票人（Drawer）即签发汇票的人，也是汇票上的债务人。在进出口业务中，通常是出口商。信用证结算方式项下，开证行只接受受益人出具的汇票。

2. 受票人

受票人（Drawee）即接受汇票的人，也是汇票的付款人。远期汇票的付款人承兑汇票后，便成了汇票的主债务人。在进出口业务中，付款人通常是进口商（托收结算方式项下）或开证行指定的银行（信用证结算方式项下）。在信用证结算方式下，若信用证没有指定付款人，根据《UCP600》规定，开证行即是付款人。

3. 收款人

收款人（Payee）即汇票规定的可收领汇票金额的人，汇票上的唯一债权人。在进出口业务中，若信用证没有特别指定，收款人通常是出口商指定的银行。

除此之外，汇票在使用中还可能出现一些非基本当事人，如：背书人（Endorser）、持票人（Holder）、保证人（Guarantor）等。

在国际结算业务中，即期付款信用证支付时不一定需要汇票，可以用发票代替，而对于议付信用证或承兑信用证，受益人议付或受票人承兑，汇票都是必需的。议付行议付后成为持票人，可向开证行索汇；可贴现承兑后的汇票，也可背书后转让汇票。

二、汇票应具备的要项

我国《票据法》第22条规定，汇票必须记载下列事项，未记载规定之一的，汇票无效。

1. 标明"汇票"字样

汇票上必须标明"汇票"，如"Exchange for"、"Bill of Exchange"、"Draft"等，为的是以区别于本票和支票。但英国《票据法》并不要求非有此项目。

2. 无条件支付的委托

汇票采用祈使句，不用"Please"（请）等字眼，不允许出现任何限制支付的文句或附带条件，否则汇票无效。但是"出票依据"（如根据某银行某月某日开立的某号信用证出具此汇票）不是附带条件，此类汇票有效。

3. 收款人名称

收款人又称汇票抬头，在实务中有三种记载方法：

（1）限制性抬头，如"仅付给甲公司"（Pay to A Co. only）。该类汇票不能转让，在国际贸易中鲜见。

（2）指示性抬头，如"Pay to the order of A Co."（付给甲公司或其指定人）。此类汇票经背书可以转让，国际贸易中很常见，我国出口贸易中的汇票皆采用此抬头。

（3）来人抬头，如"Pay to bearer"或"Pay to holder"。该类汇票仅凭交

付即可转让，无须背书。根据英国《票据法》汇票可以做成来人抬头，我国《票据法》与《日内瓦统一票据法》认为不可以，在我国汇票做成"来人抬头"的无效。

4. 载明一定的货币金额

汇票需同时以确切的阿拉伯数字（Amount in figures）和文字大写（Amount in words）标明汇票价值的金额数目。根据我国《票据法》，汇票大、小写不一致的无效，但英国《票据法》与《日内瓦统一票据法》则规定以文字大写数目为准。

此外，各国票据法允许在汇票上加列利息条款，英国《票据法》允许汇票分期付款，我国《票据法》允许用其他货币支付汇票金额，如：在我国可用人民币支付外币汇票。

5. 出票日期

出票日期（Date of issue）即出票人开立汇票的日期。汇票日期的作用是：

（1）决定汇票有效期；

（2）决定付款到期日；

（3）决定出票人的行为能力。

《日内瓦统一票据法》和我国《票据法》认为出票日期是汇票要项；而英国《票据法》认为，即使汇票没有出票日期，汇票依然有效。

6. 付款人姓名

付款人是汇票的基本当事人之一，出票人应详细列明付款人的姓名及地址，以便收款人或持票人向付款人提示。

7. 出票人签署

汇票须经出票人签署后才生效，未经出票人签署的汇票在法律上是无效的。出票人签章后，即承担了汇票的债务责任，汇票也成了体现债权债务关系的凭证。

除上述要项外，汇票还记载一些其他内容，如利息与利率条款、付一不付二或付二不付一、禁止转让、汇票号码、出票条款等。

《日内瓦统一票据法》把付款期限、付款地点和出票地点作为汇票的要项，对此，我国《票据法》第23条规定：汇票上记载付款期限、付款地点和出票地点等事项应当清楚。汇票上未记载付款期限的，为见票即付。汇票上未记载付款地点的，付款人的营业场所、住所或经常居住地为付款地点。汇票上未记载出票地点的,出票人的营业场所、住所或经常居住地为出票地点。

三、汇票的种类

汇票可以从不同角度进行分类:

1. 按有无附带货运单据,汇票可分为光票和跟单汇票

(1) 光票 (Clean draft)。

光票是不附带货运单据的汇票。光票的流通完全依靠当事人的信用,即完全看出票人、付款人或背书人的资信。在国际贸易中,对定金、佣金、保险费、运费等从属费用,可采用光票向对方收款或付款。

(2) 跟单汇票 (Documentary draft)。

跟单汇票是附带货运单据的汇票。跟单汇票的付款或承兑以交付单据(提单、发票、保险单)为条件,体现了货与款的对流原则,为进出口双方提供了一定的安全保障。在国际货物贸易的结算中,大多使用跟单汇票。

2. 按付款时间不同,汇票可分为即期汇票和远期汇票

(1) 即期汇票 (sight draft 或 demand draft)。

即期汇票是采用见票即付形式记载付款日期的汇票。当即期汇票的持票人向付款人提示时,付款人应见票即付。

(2) 远期汇票 (time draft 或 usance bill)。

远期汇票是采用定日付款或在一定期限后付款形式记载付款日期的汇票,常见的远期汇票期限有:

①定日付款 (fixed date),也称板期;

②见票后若干天付款 (at...days after sight),此种汇票在业务中最常见;

③出票后若干天付款 (at...days after date of draft);

④提单日期后若干天付款 (at...days after date of B/L)。

3. 按出票人不同,汇票可分为商业汇票和银行汇票

(1) 商业汇票 (commercial draft)。

商业汇票是指由工商企业或个人签发的汇票,付款人可以是工商企业或个人,也可以是银行。此类汇票广泛用于各类经济交易中。

(2) 银行汇票 (banker's draft)。

银行汇票是指由银行签发的汇票,其付款人也是银行,通常用于资金转

移（如汇款）业务。

4. 按承兑人的不同，汇票分为商业承兑汇票和银行承兑汇票

（1）商业承兑汇票（commercial acceptance draft）。

商业承兑汇票是由工商企业或个人承兑的远期汇票，以商业信用为基础。

（2）银行承兑汇票（banker's acceptance draft）。

银行承兑汇票是由银行承兑的远期汇票，以银行信用为基础。银行承兑汇票的信用等级较高，更易于在金融市场上流通。

四、汇票的票据行为

票据行为是指票据流通过程中，依票据上规定的权利和义务所确立的法律行为。根据票据法的一般规则，每个票据行为不因其他票据行为的缺陷而受影响。

汇票的票据行为包括：出票、提示、承兑、付款、背书、拒付、追索等。其中出票是主票据行为，其他票据行为都以出票所设立的票据为基础，统称为从票据行为。

1. 出票（Draw）

出票，即汇票的签发，是指出票人写成汇票经签署后交付给收款人的票据行为。它包括两个动作：一是写成汇票（Draw），即在汇票上写明有关内容，并签名；二是交付（Deliver），将汇票交付给收款人。只有经过交付，才真正建立了债权，完成了出票手续。

根据票据法的一般规则，汇票一经开立，出票人即成了主债务人，承担该汇票被承兑和/或被付款的责任。若汇票得不到承兑和/或付款，出票人应当向持票人清偿被拒付的汇票金额和利息以及可能发生的有关费用。

2. 提示（Presentation）

收款人或持票人将汇票交付款人要求其付款或承兑的行为叫作提示。付款人看到汇票叫做见票（sight）。提示分为两种：提示承兑（Presentation for acceptance）和提示付款（Presentation for payment）。如系远期汇票，持票人先提示承兑，付款人见票后办理承兑手续，承诺到期付款，汇票到期时持票人再做提示付款。如系即期汇票或承兑汇票到期，持票人提示付款，付款人（承兑人）见票即付。

3. 承兑（Acceptance）

承兑是指汇票付款人承诺在远期汇票到期日支付汇票金额的票据行为。汇票一经承兑，承兑人（acceptor）就成了主债务人，出票人成为从债务人。承兑由"写成"和"交付"两个动作组成。

（1）写成：由付款人在汇票正面写上"已承兑"（Accepted）字样，注明承兑日期，并由承兑人签名，交还收款人或持票人。按照票据法的一般规则，仅由付款人签名而未写"已承兑"字样的，也构成承兑。

（2）交付：付款人将汇票交还给持票人（实际交付），或者付款人签发记载有承兑日期的承兑通知书交还给持票人（推定交付）。在实务中，推定交付的做法比较多。

承兑应该是无条件的，但实际业务中，付款人可能在承兑汇票时附加一定的保留，常见的有：

①完成某项条件才付款。如：凭交付提单付款。

②仅对票面金额的一部分承兑和支付。如：汇票金额10000美元，仅承兑8000美元。

③限定支付地点。如：仅在中国香港支付。

④改变付款时间。如：汇票原规定见票后90天付款，承兑时改见票后180天付款。

我国《票据法》第43条规定："承兑附有条件的，视为拒绝承兑。"因此对于这种载有限制、保留及改变票据文意的限制性承兑，应视作拒绝承兑，持票人可凭以行使追索权。

4. 付款（Payment）

付款是指汇票付款人按票面金额付清款项的行为。即期汇票在持票人提示时即付，远期汇票于到期日在持票人提示付款时由承兑人付款。

在汇票的付款人向持票人做正当付款后，付款人一般均要求收款的持票人在背面签字，注上"付讫"（Paid）字样，并注销汇票，从而结束汇票上所反映的债权、债务关系。

5. 背书（Endorsement）

汇票可以通过背书或仅凭交付进行转让。所谓背书，指收款人或持票人在汇票背面或粘单上记载有关事项并签章的行为。即使不加文字说明，仅在汇票背面签字，也视为背书。背书包括两个动作：汇票的收款人

（持票人）在汇票背面签名或再加上受让人（被背书人）的名称，并交付给受让人。汇票经背书后，收款的权利便转让给了受让人。汇票可以经过背书不断转让下去。对于受让人来说，所有在他以前的背书人（Endorser）以及出票人都是他的"前手"。对于出让人来说，在他出让以后的所有受让人都是他的"后手"。前手对后手负有担保汇票必然会被承兑或被付款的责任。

背书的方式主要有：

（1）限制性背书，即不可转让背书，指背书人对支付给被背书人的指示带有限制性的词语。我国《票据法》第34条规定：背书人在汇票上记载了"不得转让"字样，其后手再背书转让，原背书人对后手的被背书人不承担保证责任。实务中限制性背书很少使用。

（2）空白背书，也称略式背书或不记名背书。空白背书的汇票可以自由流通，无须再背书转让。出于对票据使用安全性考虑，我国《票据法》不允许持票人采用空白背书的方式转让票据权利。

（3）特别背书，又称记名背书、正式背书或完全背书。记名背书时，背书人必须记载被背书人名称并签章。我国外贸结算中最常见背书方式就是特别背书方式。

6. 拒付与追索（Dishonor and Recourse）

持票人提示汇票要求付款时遭到付款人拒绝付款，或持票人提示汇票要求付款人承兑时遭到拒绝承兑，付款人逃匿、破产、死亡等，或者付款人是虚构人物，以致付款成事实上不可能时，均称为"拒付"（Dishonor），又叫"退票"。

追索（Recourse）是指汇票被拒付后，持票人要求其前手、出票人、承兑人清偿汇票金额及有关费用的行为。我国《票据法》第70条规定，追索金额包括：被拒付的汇票金额、汇票金额自到期日或提示付款日起至清偿日止的利息、取得有关拒绝证明和发出通知书的费用。持票人的这种权利称"追索权"（Right of recourse）。行使追索权要有三个条件：

（1）必须在法定期限内提示汇票；

（2）必须在法定期限内发出退票通知；

（3）外国汇票遭到退票，必须在法定期限内做成拒绝证书。

第二节 汇票的填制

这里我们主要讲解信用证结算方式下商业汇票(图12-1)的填制。

凭   信用证 第   号
Drawn under   (1)   **L/C No.**   (2)
日期
Dated   (3)   (4)支取 Payable with interest @   % per annum 按年息   付款
号码   汇票金额   中国绍兴   年   月   日
No.   (5)   **Exchange for**   (6)   Shaoxing China   (7)
见票   日后(本汇票之副本未付)付交
At   (8)   sight of this FIRST of Exchange (Second of exchange   金额
being unpaid) **Pay to the order of**   (9)   the sum of
(10)

款已收讫
Value received   (11)
此致
To:
(12)   (13)

图12-1

(1)出票依据(Drawn under)。

此栏填写开证行的名称,一般应该有分行所在城市的名称,除非信用证有专门规定。如信用证显示:FM:Union Bank of California N. A.,Los Angeles,此栏填写:UNION BANK OF CALIFORNIA N. A.,LOS ANGELES。

(2)信用证号码(L/C No.)。

此栏填写信用证号码。如信用证显示:20:DOC. CREDIT NUMBER:T-117641,此栏填写:T-117641。

(3)开证日期(Dated)。

此栏填写信用证的开证日期。为了避免混淆,月份用英文大写,年份用四位数字。如信用证显示:31C:DATE OF ISSUE:120210,此栏填写:10

FEB., 2012。

(4) 年息（Interest per annum）。

此栏一般留空不填，仅在贴现时由银行填写。

(5) 号码（No.）。

此栏填写相应的发票号码。

(6) 汇票小写金额（Exchange for）。

此栏填写币制与金额的阿拉伯数字。一般为发票金额，灵活结算方式除外。先填写币制的三位英文字母，再填写阿拉伯数字，小数点后保留两位，第三位小数四舍五入。此栏不得涂改，涂改后汇票无效。如某发票金额40032.00美元，信用证要求汇票金额为发票金额的百分之百，此栏填写：USD40032.00。填写时注意三点：

①除非信用证另有规定，汇票金额应与发票金额一致。

②如果信用证规定汇票金额为发票金额的百分之几，例如97%，那么发票金额应为100%，汇票金额为97%，其差额3%一般为应付的佣金。

③如果合同规定部分信用证付款，部分托收，则分做两套汇票：信用证项下支款的汇票按信用证允许的金额填制，其余部分为托收项下汇票的金额，两者之和等于发票金额。

(7) 出票日期和地点（Date and Place of Issue）。

出票地点一般为受益人所在地，且已印好，无须填写。出票地点后面填写出票日期。出票日期也称汇票日期，该日期是一套结汇单据中日期最晚的一天，即受益人缮制完成和/或取得了全部单据，准备去银行议付或结汇的那天。在信用证结算方式项下，此日期不能晚于信用证规定的交单期和信用证的有效期。当然，这一天也不可能是银行休息日或国定节假日。如某提单日期为2012年1月31日，信用证有效期为2012年2月15日，交单期为运输单据后15天但又必须在信用证有效期内。此栏可以填写2月1日至2月15日之内的任何一天（除去节假日）。

(8) 汇票付款期限（Tenor）。

此栏填写汇票的期限，在实务中，有即期和远期两种。

①即期汇票的付款期限填法较简单，只需在横线上用"＊＊＊"、"－－－－－－"或"×××"表示，按惯例不能留空。

②远期汇票按照信用证的规定填入。

例1，信用证规定：drafts at 30 days after sight，这是见票后30天付款的远期汇票，在此栏填写：30 days after。

例2，信用证规定：drafts at 45 days after drafts date，这是出票后45天付款的远期汇票，在此栏填写：45 days after this draft date，并把已印的sight划掉。

例3，信用证规定：drafts at 60 days after B/L date，这是提单日期后60天付款远期汇票，在此栏填写：60 days after B/L date，并把已印的sight划掉，还要在汇票的空白处补充写上提单日期。如果提单日期是2012年3月31日，则填写为：B/L date：31 Mar.,2012。

例4，信用证规定：drafts payable at 12 Oct.,2012，这是在将来指定的日期付款的远期汇票，出票日期肯定在付款日期之前，此栏填写：12 Oct.,2012，并把已印的sight划掉。

（9）收款人（Payee）。

汇票收款人又称受款人，俗称汇票抬头。在实务中，如果信用证是自由议付的，出口商可以在此填写任何银行的名称，如果信用证是限制议付的，出口商在此只能填写信用证的指定银行名称。

例1，信用证规定：Available with HSBC（China），Shanghai Branch，这是限制在汇丰银行上海分行议付的信用证，即收款人是汇丰银行上海分行，此栏这样填写：HSBC（China），Shanghai Branch。

例2，信用证规定：Available with any bank in China，这是自由议付的信用证，不限制收款人，受益人可以在其所在地选择任何一家适合的银行作为收款人。在填写汇票时，应在此栏中填入选择好的银行名称，而不能机械地照抄"any bank"。比如选择中国银行嘉兴分行议付，此栏填写：Bank of China, Jiaxing Branch。

（10）汇票大写金额（The sum of）。

此栏先填写英文Say，再填写货币的英文名称，然后用英文填写汇票的金额，大小写应相一致，结束时加一个only，以防加塞伪造内容。比如某笔汇票金额是40032.00美元，就填写：Say U. S. dollars forty thousand and thirty two only。注意此栏不能涂改，也不许加盖校正章。涂改或加盖校正章后汇票无效。

（11）收讫备注（Value received）。

此栏为汇票付款后的说明，实务中，受益人（出口商）一般不填写，留空。

（12）付款人（Drawee）。

信用证结算方式项下，开证行或其指定的付款行即为付款人。倘若信用证中未指定付款人，也应填写开证行，因为按照《UCP600》，开证行承担第一性的付款责任。《UCP600》不允许开立以开证申请人为付款人的信用证。

例1，来证规定：drawee：Union Bank of California N. A.，all office in U. S. A.，此栏填写：UNION BANK OF CALIFORNIA N. A.，ALL OFFICE IN U. S. A.。

例2，来证规定：drafts drawn on us，这里的"us"指的就是开证银行，应该把开证行的名称和地址填入此栏，而不能机械地搬抄"US"。

（13）出票人（Drawer）。

此栏由受益人加盖出口公司的中英文章和法人代表的签署章。在转让信用证项下，允许汇票由第一受益人签发。

第三节 同步实训

一、示范

2012年8月13日，浙江省诸暨对外贸易有限公司单证员蒋蕾在缮制和审核了信用证DC LUT120954项下的发票、提单、装箱单、产地证、受益人证明信和保险单后，着手缮制汇票，并准备送银行议付。

信用证（本书第一章图1-6）中有关汇票缮制的内容为：

```
SEQUENCE OF TOTAL      *27:1/1
FORM OF DOC. CREDIT    *40A:IRREVOCABLE
DOC. CREDIT NUMBER     *20:DC LUT120954
DATE OF ISSUE：        31C:120625
EXPIRY                 *31D:DATE 120824 PLACE IN CHINA
……
APPLICANT BANK         51A:HSBC BANK PLC,LONDON
BENEFICIARY            *59:ZHUJI FOREIGN TRADE CORP. OF ZHEJIANG,LTD.
                          288 WEST SECOND RING ROAD
                          ZHUJI,ZHEJIANG CHINA
```

AMOUNT	*32B:CURRENCY GBP AMOUNT 75600.00
POS./NEG. TOL.(%)	*39A:05/05
AVAILABLE WITH/BY	*41D:ANY BANK IN CHINA
	BY NEGOTIATION
DRAFT AT…	41C:AT SIGHT
	FOR FULL INVOICE VALUE
DRAWEE	42D:MIDLGB22B××
	*HSBC BANK PLC
	*LONDON

…

ADDITIONAL CON. 47A:

　　+ APPLICANT'S ORDER NO. 599/2012 MUST BE SHOWN ON ALL DOCUMENTS

…

PRESENTATION PERIOD 48:WITHIN 15 DAYS AFTER THE DATE OF SHIPMENT BUT WITHIN THE VALIDITY OF THE CREDIT

其他相关资料：
发票编号：ZFA0723－Q　　　　　　　发票金额：GBP75600.00
提单日期：2012年8月8日　　　　　　汇票签署：王一峰
议付银行：中国银行诸暨支行

　　浙江省诸暨对外贸易有限公司单证员蒋蕾根据信用证和上述资料缮制的汇票如图12－2。

凭 Drawn under	HSBC BANK PLC, LONDON	信用证 第 号 L/C No.	DC LUT120954

日期 Dated 25 JUN., 2012   支取 Payable with interest @   % per annum 按年息   付款

号码 No. ZFA0723-Q   汇票金额 Exchange for GBP75600.00   中国诸暨 Zhuji China   年 月 日 13 AUG., 2012

见票 At ****** sight of this SECOND of Exchange (First of exchange being unpaid) Pay to the order of BANK OF CHINA, ZHUJI SUB-BRANCH 金额 the sum of

SAY G. B. POUNDS SEVENTY FIVE THOUSAND SIX HUNDRED ONLY.

款已收讫 Value received   GOODLUCKY'S ORDER NO. 599/2012

此致 To:
HSBC BANK PLC

LONDON

浙江省诸暨对外贸易有限公司
ZHUJI FOREIGN TRADE CORP. OF ZHEJIANG, LTD.

图 12-2

第十二章 汇票

二、测试

请根据合同（第一章图 1-7）、下列信用证（部分）以及其他相关资料缮制汇票（图 12-3）。

TO：BANK OF CHINA，JIAXING BRANCH

FM：UNION BANK OF CALIFORNIA N. A. ，LOS ANGELES

MT：700

27：SEQUENCE OF TOTAL：1/1

40A：FORM OF DOC. CREDIT：IRREVOCABLE

20：DOC. CREDIT NUMBER：T-117641

31C：DATE OF ISSUE：111201

31D：EXPIRY：DATE 120215

　　　PLACE：THE PEOPLES REP. OF CHINA

…

59：BENEFICIARY：ZHEJIANG JIAXING WENSANG GARMENT CO. ，LTD.

　　　　NO. 120 SOUTH FURUN ROAD

NANHU DISTRICT, JIAXING,
CHINA

32B: AMOUNT: CURRENCY USD AMOUNT 40032.00
39A: POS/NEG TOL(%): 05/05
41D: AVAILABLE WITH/BY: ANY BANK IN CHINA
　　　　　　　　　　　BY NEGOTIATION
42C: DRAFTS AT: AT 30 DAYS AFTER SIGHT
　　　　　　　FOR FULL INVOICE VALUE
42D: DRAWEE: UNION BANK OF CALIFORNIA N. A.
　　　　　　　ALL OFFICE IN U. S. A.
……
48: PRESENTATION PERIOD: NOT LATER THAN 15 DAYS AFTER THE DATE OF
　　　ISSUANCE OF THE SHIPPING DOCUMENTS BUT WITHIN THE VALIDITY
　　　OF THE CREDIT
……

其他相关资料：

发票号码：ABC120116　　　　　汇票签署：王平
发票金额：40032.00 美元　　　　提单日期：2012 年 1 月 31 日
议付银行：中国银行嘉兴分行　　议付日期：2012 年 2 月 6 日

凭　　　　　　　　　　　　　　　　　　　　信用证　第　　号
Drawn under _____ **L/C No.** _____

日期　　　　　　　　　支取 Payable with interest @　　% per annum 按年息　　付款
Dated _____

号码　　　　　　　　　汇票金额　　　　　　　　　　中国嘉兴　　年　月　日
No. _____　**Exchange for** _____　Jiaxing China

　　见票　　　　　　　日后（本汇票之副本未付）付交中国银行嘉兴分行
　　At _____ sight of this **FIRST** of Exchange (Second of exchange　金额
being unpaid) **Pay to the order of**　　　　　　　　　　　　　　　　　the sum of

款已收讫
Value received

此致
To:
_____
_____
_____

图 12 – 3

第十三章 非信用证结算方式与单据

在国际结算业务中,信用证、托收和汇付三种方式各有利弊。信用证结算方式属于银行信用,具有银行的保证作用,初次交易的买卖双方对此青睐。可是,信用证操作手续复杂,费用较高,技术性强,稍有不慎就会造成失误。托收和汇付结算方式属于商业信用,银行只提供服务不提供信用,从理论上来说,卖方承担的风险比信用证结算方式要大。

但是托收和汇付结算方式手续简单,费用较低,尤其是贸易金额不大的时候(比如小于 20000 美元),越来越多的买卖双方在贸易往来多次之后,会考虑采用汇付或者托收结算方法。有时为降低收汇风险,也会采取电汇(前 T/T)和托收(D/P)、前 T/T 和后 T/T 相结合的结算方式。

第一节 汇付结算方式与托收结算方式

一、汇付结算方式

1. 汇付的定义与当事人

汇付也称汇款,是指款项汇出国银行接受付款人的委托后,通过结算工具的传递和资金汇出国银行的协作,将款项交给国外收款人,以完成款项的接收及债务的清偿。在汇付结算方式中,结算工具(委托通知、票据)传递的方向与资金流动的方向相同,故属于顺汇(to remit)性质。

汇付结算方式的当事人(parties)一般有四个:

(1)汇付人(Remitter),是委托银行汇出款项的当事人,也称付款人,在实务中通常是贸易的债务人,如进口商、买方等,也可以是卖方(支付佣金时)。

(2)汇出银行(Remitting bank),是接收汇款人的委托,代其汇出款项的银行,在实务中通常是进口地银行。

(3) 汇入银行(Receiving bank),是指接受汇出行的委托,向收款人解付汇款的银行,故也称解付行。在实务中通常是出口地银行。

(4) 收款人或受益人(Payee or Beneficiary),是接受汇付人汇出款项的当事人。在实务中收款人通常是贸易中的债权人,如出口商、卖方、船公司、中间商。

有时汇付中还会有其他当事人出现,如转汇行、汇票托收行等。

2. 汇付的种类

汇付有电汇(T/T)、信汇(M/T)和票汇(D/D)三种。信汇采用的结算工具是信汇委托书(M/T advice),它由汇出行出具后通过航空邮寄给汇入行,汇入行据此向收款人解付汇款,因此汇兑速度慢。在注重规避风险、讲究经济效益及投资回报的今天,信汇基本上已不被采用。

票汇是以银行即期汇票作为结算工具的一种汇付方式。汇出行应汇付人的要求,开立以汇入行作为付款人的即期汇票并交给汇款人,由汇款人自行交至收款人,收款人向付款行提示汇票,获得汇付资金的解付。因为即期银行汇票的流通性质,收款人可将其背书转让。但从另一角度看,加大了银行对持票人身份的确认难度,增加了业务风险。因此票汇在实务中的使用也不多。

电汇(Telegraphic Transfer,T/T)是汇出行应汇付人的申请,通过电信手段将款项汇交汇入行,并委托其向收款人解付款项的汇付方式。随着电信手段、信息技术在银行业务领域中的广泛使用,电汇所使用的电信工具也日益多样化,如SWIFT已成为银行受理国际电汇业务的主要通信手段。另外,通过网上银行实现资金在国际间的转移和汇兑也成为现实。

电汇结算方式流程如图13-1。

3. 前"T/T"与后"T/T"各自的特色

电汇付款方式,可根据其性质分为前"T/T"和后"T/T"两种。

前"T/T"又称预付货款,英语是"Payment in advance"。这是一种出口商在发货前就已经收到了货款,然后在合同约定的时间内,将货物发给进口商的贸易方法。从现实的观点来看,预付货款显然是对出口商有利的贸易种类。因为一是出口商在发货前就已经收到了货款,实际上等于得到了进口商的无息贷款,其出口的风险程度已获得控制。二是出口商实际上接受了进口商的购货担保,掌握了出口的主动权。

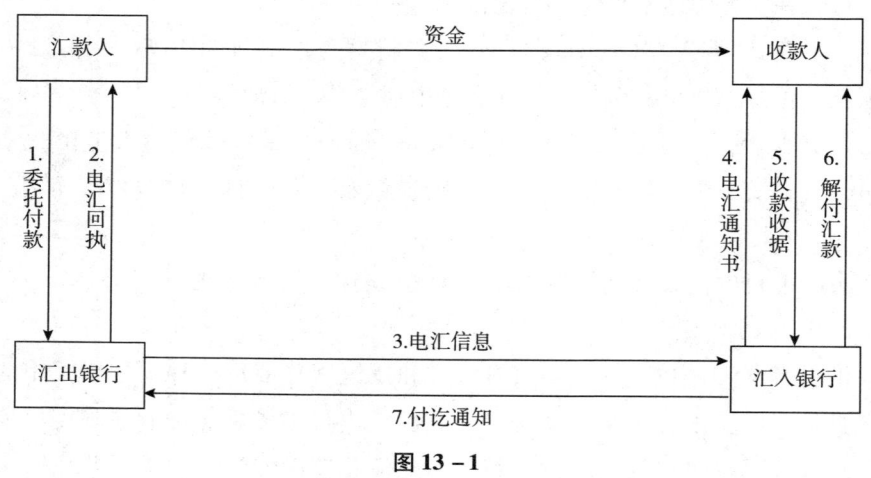

图 13-1

从理论上来说，预付货款是一种对于进口商不利的贸易方法，因为一是货物未到手就付款，等于向出口商提供了无偿信贷，造成了利息损失。二是进口商实际承担了贸易中的风险，出口商可能在收款后不按时、按质、按量地发货，进口商可能收不到合同所规定的货物，使自己处于被动的地位。因此在国际贸易中，选择前"T/T"交易方式的大多是子公司与母公司之间的贸易往来，或者出口商是信誉卓著的大公司。

后"T/T"又称货到付款或赊销。一般是指买卖双方签署合同后，出口商先发货，进口商收到货物后再付款的结算方式。英文称"Open account transaction"。

后"T/T"是一种有利于进口商而不利于出口商的结算方式。主要表现的形式在于资金的占用和风险的承担这两个方面。货款的收汇在进口商收到货物的一段时间之后，进口商无偿，或只承担较低的利息即可占用出口商的资金，而出口商从开始生产时就要垫付资金，并要承担进口商可能不付款、不按时付款或不付足货款的风险。假若进口商收到货物后，认为货物的质量不符合合同规定的要求，或者收到货物后，市场行情发生了变化，进口商可以拖延付款，或者少付，甚至不付货款，风险则完全由出口商承担。

在出口货物贸易中，有一种习惯做法，即进口商先付 30%～50% 的定金，工厂开工生产，等货物出运后，进口商再支付出余下的 50%～70% 的货款，买卖双方各承担一部分风险。

二、托收结算方式

1. 托收的定义与当事人

根据国际商会第 522 出版物《托收统一规则》(*Uniform Rules for Collection*《URC522》),托收(collection)意指由接到委托指示的银行,处理金融单据和/或商业单据,以求:获得付款或承兑,或凭付款或承兑交单,或按其他条件交单。

上述所提的"金融单据(Financial documents)"是指汇票、本票、支票或其他用于取得付款的类似凭证;"商业单据(Commercial documents)"是指发票、运输单据、物权单据或其他类似单据,或除金融单据以外的任何其他单据。

托收结算方式分光票托收和跟单托收两种。光票托收(Clean collection)是指金融单据不附带商业单据的托收,跟单托收(Documentary collection)是指金融单据附带商业单据或只用商业单据不用金融单据的托收。在国际货物贸易结算中,大多采用跟单托收方式。

采用托收结算方式时,结算工具的传递方向与资金流动方向相反,故称之为"逆汇法"(Honor of draft/ Reverse remittance)。

托收结算方式的当事人一般有四个:

(1)委托人(Principal),也称出票人(Drawer),是开立汇票(或不开汇票)委托银行向国外付款人收取货款的人。在跟单托收业务中通常是卖方。

(2)托收行(Remitting bank),又称寄单行,是接受委托人的委托,再转托付款人所在地的银行向付款人收取款项的银行。在跟单托收业务中通常是出口方银行(Exporter's bank)。

(3)代收行(Collecting bank),是接受托收行的委托,代其向付款人收取款项的银行。在跟单托收业务中通常是进口地银行(Importer's bank)。

(4)付款人(Drawee)是被提示付款或承兑的当事人。在跟单托收业务中通常为进口商。

此外,国际商会《URC522》还增加了一个当事人,提示行(Presenting bank),即向付款人提示汇票和单据的银行。当托收行委托的代收行与付款人没有账户关系时,代收行可以委托与付款人有往来账户关系的银行作为提示行。

托收结算方式流程如图 13-2。

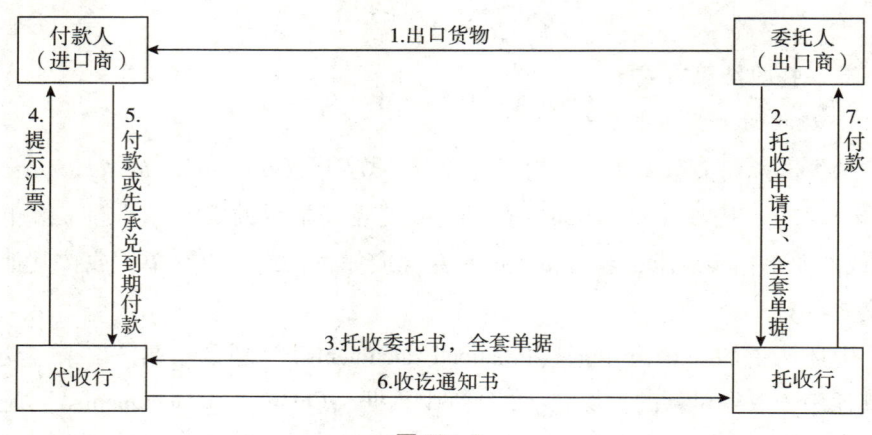

图 13－2

2. 跟单托收的种类

跟单托收按其货运单据与货款交付是否同时进行分为两种：

（1）付款交单（Documents against payment），简称 D/P，是指卖方的交单必须以进口商的付款为条件。

托收行收到单据，审核无误后，寄给进口国的代收行，代收行收到单据后即通知进口商前来付款赎单，代收行必须在进口商付清票款后，才能将货运单据交给进口商。如果进口商拒绝付款，就不能从银行取得货运单据提货。

北欧有些国家有远期付款交单（D/P after sight）的做法，就是进口商承兑汇票后，并不取走单据，而是等汇票到期日付清票款后才从银行取得单据。这样做是因为单据到达进口国时货物并未到达，等货物到时正好汇票付款期也到，此时付款取单提货，可减少资金积压。

但是世界上很多国家没有 D/P 远期的做法，有些国家（比如巴西）将 D/P 远期等同于 D/A，使出口商平添了几分风险。《URC522》特别指出："托收不应含有凭付款交付商业单据指示的远期汇票。"据此，国际商会不赞成并劝阻远期付款交单的做法。我国出口商在叙做 D/P 远期时务必慎之又慎。

（2）承兑交单（Documents against acceptance），简称 D/A，是指卖方的交单必须以进口商的承兑为条件。

托收行收到单据，审核无误后，寄给进口国的代收行，代收行收到单据后即通知进口商前来承兑，进口商签署"承兑通知书"，保证在到期日付款，代收行在进口商承兑后，将货运单据交给进口商。如果进口商拒绝承兑，就不能从银行取得货运单据提货。

承兑交单给予进口商未付款先提货的便利，但对出口商来说，已失去了对货物的控制权，仅依靠一张商业承兑汇票。若进口商提货后在汇票到期日不付款，出口商将遭受货、款两空的损失。所以出口商做 D/A 的风险要比做 D/P 大。

3. 托收结算方式的性质与特点

托收是建立在商业信用基础上的一种结算方式，其基本特征是"收妥付汇、实收实付"。如果进口商拒付，出口商自行承担损失，与银行无关。委托人（出口商）与银行的关系是委托与受托的关系，但是银行并不向委托人提供资信担保，对款项能否收妥不负任何责任。

《URC522》规定了若干银行免责事项，比如：货物不能直接发给银行，提单不能做成银行为收货人、银行对货物的下落和状况不负责任等，所以委托人不能要求或企望银行超越其责任范围来承担额外的业务。

由于缺乏第三方的资信担保，托收当事人之间的利益、风险不平衡，采用托收结算方式时，出口商是最大的风险承担者，进口商是最大的利益获得者。

三、出口商可采取的防范措施

汇付（后"T/T"）与托收都是有利于进口商而不利于出口商的结算方式，但因手续简单、费用较低，已成为非价格竞争的一种手段。对于我国出口商来说，如果希望建立新客户，开拓新市场，采用汇付（后"T/T"）与托收的结算方式，也不失为一种好方法。

为了顺利出口、安全收汇，出口商在采用汇付（后"T/T"）与托收结算货款前，可采取下列措施以降低风险：

（1）了解进口商的资信、经营作风及外贸习惯做法；

（2）了解产品在进口国的市场销售状况；

（3）了解产品在国际市场上的行市行情；

（4）了解进口国的海关与检验检疫部门的习惯做法；

（5）了解进口国外汇管理政策；

（6）安排出口信用保险；

（7）要求进口商预付部分货款；

（8）尽量采用 CIF 术语，提单做成"空白抬头，空白背书"，以控制提单的方法来达到控制货物的目的；

（9）在进口商不愿意支付定金的情况下，尽可能做 D/P 即期，少做 D/A

远期和后"T/T";

（10）最好在进口国有代理，万一发生意外，也能在进口国办理货物的转卖、转运甚至退回国内等手续。

第二节　汇付、托收项下的海运提单与汇票

在信用证结算方式下，缮制单据的依据主要是信用证，而在汇付或托收结算方式下，缮制单据的依据是合同或买方的订单。其中商业发票、装箱单、保险单、产地证的缮制方法与信用证结算方式下差别不大，主要是海运提单与汇票的填写略有区别。

一、托收项下海运提单的填写

一般来说，买卖合同上都有对海运提单的规定要求，因此，填写时严格按照合同的规定，主要区别是"抬头"（Consignee）一栏的填写。

在汇付或托收结算方式下，提单抬头做成"空白抬头、空白背书"或"凭托运人指示、空白背书"对出口商有利，也就是在提单的收货人栏内填写"To order"或者"To order of shipper"，并做成空白背书。

但这只是 CIF 或 CFR 合同时采取的方法，如果在 FOB 合同项下，由买方安排运输，进口商为了使自己提货方便，往往要求将提单做成记名抬头，即在收货人栏目内直接填写收货人的名称与地址。此种做法对进口商有利而对出口商不利。因为国际市场风云莫测，万一进口商不想收货，出口商想转卖也不行，想运回也不行，处于极其被动的地位。

另外，根据《URC522》的规定，除非事先征得银行同意，货物不能直接运交银行，也不应以银行或其指定人为收货人，否则，即使货物已发运至银行或者以银行或其指定人为收货人，银行也无提货的责任，货物的风险和责任由委托人负担。对于托收项下的货物，即使托收指示书做了规定，银行亦无义务采取任何行动。

二、托收项下的汇票填写

在汇付结算方式下，出口商不用填写汇票。但在托收结算方式下，汇票

是必备的单据之一。托收汇票的填制与信用证汇票填写有所不同，填写的内容要少一些。有的银行不区分托收汇票与信用证汇票，有的银行则采用不同汇票。

如果采用信用证项下的汇票作为托收汇票使用，信用证号码与开证日期两项内容留空，而在"出票依据"（drawn under）填写"托收"（Collection）字样，并加注"Documents against payment"，或"Documents against acceptance"，用以说明是付款交单还是承兑交单。

托收汇票见图13-3，共9项内容。其中栏目2、3、5、7、9可以参照第十二章第二节（汇票的缮制），这里重点讲解栏目1、4、6、8。

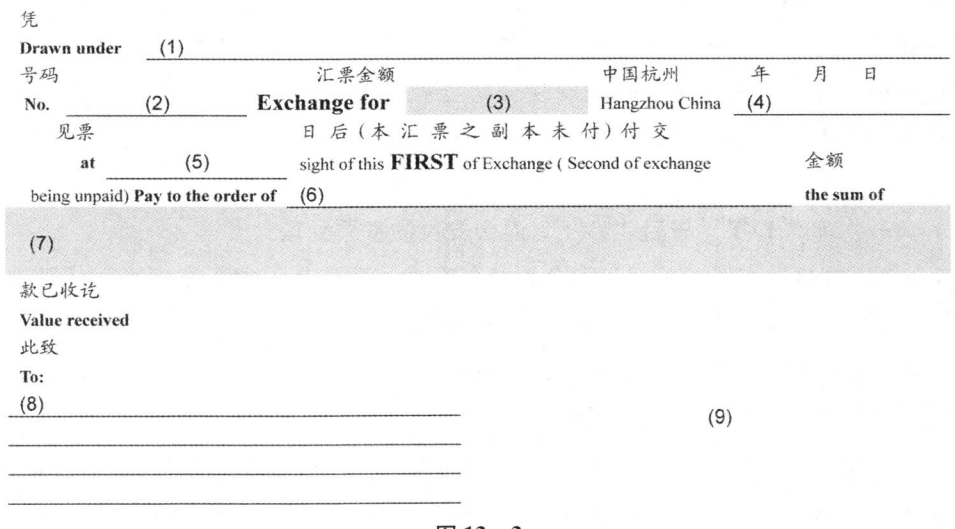

图 13-3

（1）出票依据（Drawn under），此栏填写"For Collection"，"Documents against Payment"，或者"For Collection"，"Documents against Acceptance"，说明是付款交单还是承兑交付。

（4）出票日期（Date of issue），此栏填写出口商委托银行代为收款的日期，即交单到托收银行的日期，一般在运输单据日期后的若干天内，最晚不能晚于运输单据日期后的第21天。

（6）收款人（Payee），此栏填写托收银行名称，一般在出口商所在地。

（8）付款人（Drawee），此栏填写买卖合同中的进口商的名称与地址。

第三节 混合结算方式项下的单据

随着我国对外贸易的进一步扩大,买卖双方采用的结算方式也日趋灵活,常见到的是采用多种结算方法的混合支付。相对于过去只用单一结算方式,如汇付、托收、信用证等,结算工作又向前迈进了一大步。

而今,在沿海许多地方,混合结算方式已经成为外贸结算的主流。当贸易合同采用是混合结算方式时,对于企业的单证人员来说,如何合理地制作相关单据就成了关键。因为制作的单据,包括发票、汇票、报检单、报关单等,不仅涉及出口货物的金额、数量、包装、商品描述等各种事项,还牵涉到商检、海关、银行、税务等多个单位。一系列的操作,如报检、报关、结汇、退税等,都要真实准确地反映交易全貌并能使人一目了然,所以我们在单据制作中一定要把握好分寸,不可粗枝大叶。

一、前"T/T"与后"T/T"混合支付的发票处理

前"T/T"与后"T/T"混合的结算方式是建立在买卖双方相互信任基础上。对于出口商来说,收到40%~50%的货款后再开工,风险已经得到了一定程度的控制;对于进口商来说,还有50%~60%的货款尚未支付,如果在贸易进程中遭遇争议,仍有回旋余地。

买卖合同中前"T/T"与后"T/T"相结合的结算方式的表述是这样的:50% of invoice value ×××to be paid by T/T as soon as this contract has been signed and the balance 50% of invoice value ×××to be paid by T/T at the time of original B/L faxed to the buyer。中文意思就是:50%的发票金额×××在签订合同后立即电汇汇入,余款×××在买方收到正本提单的传真件后电汇汇入。

例如:浙江省诸暨对外贸易有限公司出口阿联酋花牌扑克(Flower Brand Playing Card)500罗(500GROSS),货号777,每罗单价15.20 CFR迪拜,支付方式:40% of invoice value USD3040.00 to be paid by T/T as soon as this contract has been signed and the balance 60% of invoice value USD4560.00 to be paid by T/T at the time of original B/L faxed to the buyer(40%的发票金额3040美元在签订合同后立即电汇汇入,余款60%发票金额4560美元在买方收到正本提单的传真件后电汇汇入)。缮制后的商业发票如图13-4。

Issuer: ZHUJI FOREIGN TRADE CORP. OF ZHEJIANG, LTD. 288 WEST SECOND RING ROAD, ZHUJI, ZHEJIANG, CHINA	商业发票 **COMMERCIAL INVOICE**
To: ABDULLAH SALEM AND CO., P. O. BOX 3472, DUBAI U. A. E.	No. ZFA1114-P Date 14 NOV., 2011
Transport details FROM SHANGHAI TO DUBAI BY VESSEL	S/C No. ZF11E0930 S/C date 30 SEP., 2011
	Country of Origin CHINA

Marks and Numbers	Description of goods	Quantity	Unit Price	Amount
GARGERN AS/110930 DUBAI NO.1-125	FLOWER BRAND PLAYING CARD ART. NO. 777	500GROSS	CFR DUBAI USD15.20 PER GROSS	USD7600.00

SAY U. S. DOLLARS SEVEN THOUSAND SIX HUNDRED ONLY.
TOTAL PACKED IN 125 CARTONS.
TOTAL GROSS WEIGHT: 3500.00 KGS.

REMARK: IN THE AMOUNT OF USD7600.00, 40PCT OF THEM USD3040.00 HAVE BEEN PAID T/T, 60PCT OF THEM USD4560.00 WILL BE PAID BY T/T AT THE TIME OF ORIGINAL B/L FAXED TO THE BUYER.

浙江省诸暨对外贸易有限公司
ZHUJI FOREIGN TRADE CORP. OF ZHEJIANG, LTD.

(章)

图 13-4

二、前"T/T"与托收混合支付的发票处理

合同上关于前"T/T"与托收相结合的方式的表述是这样的：30% of invoice value ×××to be paid before shipment by T/T, the balance of 70% invoice value ××× will be paid on collection（by document against payment at sight）。此话翻译成中文就是：30%的发票金额×××在装船前用电汇支付，剩余的70%发票金额×××采用托收（付款交单）结算方式。在制作这份合同的发票、汇票等单据时，须在发票上显示出此交易的总金额，并说明其中的30%已经事先支付了，剩余的70%货款，采用托收结算方式。

例如：浙江省诸暨对外贸易有限公司出口澳大利亚男式上衣短裤套装（Men's shirts and pants）810套，货号601，每套单价18.00美元，CIF，悉尼，总金额14580.00美元，支付方式：about 30% of value USD4580.00 paid by T/T in advance, the balance of USD10000.00 will be paid on collection by documents against payment at sight（大约30%的货款4580.00美元采用前T/T结算，余款10000.00美元采用即期付款交单结算）。商业发票（图13-5）这样缮制。

三、信用证和托收混合支付的发票处理

买卖双方在洽谈时，一方要求采用托收结算办法，另一方却提出使用信用证结算办法。当双方相持不下的时候，为了促成合同成立，可以采用折中办法处理，即一部分金额用信用证结算办法，另一部分金额采用托收结算。此混合结算方法有利于贸易合同的最终达成，对于买卖双方来说是一种双赢举措。

例如：浙江省诸暨对外贸易有限公司出口尼日利亚铜挂锁（Brass Padlocks）3000打，货号：AK-704，每打单价15.00美元，CIF，拉各斯，支付方式：In the amount of USD45000.00, 40% of value USD18000.00 to be paid by D/P at sight and the balance of 60% USD27000.00 to be paid by L/C Remark：Before the buyer pay the D/P amount of USD18000.00, the bank should not give the B/L to the Buyer（40%的货款18000.00美元付款交单，60%的货款27000.00美元采用信用证结算。在进口商未支付托收的40%货款前，银行不能将提单交予进口商）。

在缮制商业发票时，应分别列出信用证项下的收汇金额和托收项下的收汇金额，然后，将信用证项下的金额与托收项下的金额制作两份汇票递交银行，采取分别收汇的办法。商业发票（图13-6）这样缮制。

Issuer:			
ZHUJI FOREIGN TRADE CORP. OF ZHEJIANG, LTD. 288 WEST SECOND RING ROAD, ZHUJI, ZHEJIANG, CHINA	商业发票 COMMERCIAL INVOICE		
To: HOMEMARK PTY LTD. 101 BURSWOOD HIGHWAY SYDNEY N. S. W. AUSTRALIA	No. ZFA0203-Q		Date 03 FEB., 2012
Transport details FROM SHANGHAI TO SYDNEY BY VESSEL	S/C No. ZF12E0105		S/C date 05 JAN., 2012
	Country of Origin CHINA		
Marks and Numbers	Description of goods	Quantity	Unit Price	Amount
---	---	---	---	---
HOMEMARK ZF12E0105 SYDNEY NO.1-45	MEN'S SHIRTS AND PANTS ART. NO. 621	810SETS	CIF SYDNEY USD18.00/SET	USD14580.00
	SAY U. S. DOLLARS FOURTEEN THOUSAND FIVE HUNDRED AND EIGHTY ONLY. TOTAL PACKED IN 45 CARTONS. TOTAL GROSS WEIGHT: 900.00 KGS. REMARK: IN THE AMOUNT OF USD14580.00, USD4580.00 HAVE BEEN PAID BY T/T, THUS THE IMPORTER HAVE TO PAY THE BALANCE OF USD10000.00 BY DOCUMENTS AGAINST PAYMENT AT SIGHT.			

浙江省诸暨对外贸易有限公司
ZHUJI FOREIGN TRADE CORP. OF ZHEJIANG, LTD.

王一峰(章)

图 13-5

注意：该发票对应的汇票金额是 10000 美元。虽然总金额为 USD14580.00，但因进口商事先已 T/T 汇入 USD4580.00，所以，托收时向进口商收取的金额只有 USD10000.00。不过，投保时还是要按 USD14580.00 投的，保险金额应该是 USD16038.00。

Issuer: ZHUJI FOREIGN TRADE CORP. OF ZHEJIANG, LTD. 288 WEST SECOND RING ROAD, ZHUJI, ZHEJIANG, CHINA			商业发票 **COMMERCIAL INVOICE**	
To: WALLACE KIMBERLY AND CO., 40 MAZURKA ROAD LAGOS FEDERAL REPUBLIC OF NIGERIA			No. ZFA1219-P	Date 19 DEC., 2011
Transport details FROM SHANGHAI TO LAGOS BY VESSEL			L/C No. 11-LC-510	S/C No ZF11E1019
			Country of Origin CHINA	
Marks and Numbers	Description of goods	Quantity	Unit Price	Amount
W. K. CO. ZF11E1019 LAGOS NO.1-150	BRASS PADLOCKS ART. NO. AK-704	3000DOZ	CIF LAGOS USD15.00/DOZ	USD45000.00
	SAY U. S. DOLLARS FORTY FIVE THOUSAND ONLY. TOTAL PACKED IN 150 CARTONS. TOTAL GROSS WEIGHT: 3750.00 KGS. REMARK: IN THE AMOUNT OF USD45000.00, 40PCT OF THE VALUE USD18000.00 IS PAID BY D/P AT SIGHT AND THE BALANCE OF USD27000.00 IS PAID UNDER THIS CREDIT NO. 11-LC-510.			

浙江省诸暨对外贸易有限公司
ZHUJI FOREIGN TRADE CORP. OF ZHEJIANG, LTD.

(章)

图 13 – 6

然后，我们缮制两份汇票：一份用于信用证结算的金额 USD27000.00，另一份用于托收结算的金额 USD18000.00。整套单据（包括提单）跟随托收的汇票，信用证采用光票结算。这样的制作方法，一般为各国银行和贸易商所接受，做法清晰易懂，简单明了。对于后手，诸如银行、海关、税务局等单位，也有助于他们了解贸易的全貌，免去了许多重复的解释工作。

要注意的是，CIF 贸易术语项下的出口自我国出口商办理保险，上述两份发票在保险时要按照全额 45000.00 美元和 14580.00 美元投保，不能只按照 27000.00 美元和 10000.00 美元投保，否则货物发生灭失后，索赔理赔会有很大麻烦。

第四节　同步实训

一、示范

浙江省诸暨对外贸易有限公司出口丹麦 INDKOBS FORENTNGEN AF 公司约 4000 件男式针织套头衫，支付方式：30% 的发票金额预付货款（前 T/T），70% 的发票金额即期付款交单（D/P at sight），合同见图 13-7。

浙江省诸暨对外贸易有限公司
ZHUJI FOREIGN TRADE CORP. OF ZHEJIANG, LTD.
浙江省诸暨市西二环路 288 号
288 West Second Ring Road, Zhuji, Zhejiang, China

售货确认书
SALES CONFIRMATION

To:
INDKOBS FORENTNGEN AF
1964 AMBA, ALBUEN 6-8
6000 KOLDING
DENMARK

No.: ZF12E0723
Date: 23 JUL., 2012

This sales contract is made between the sellers and buyers whereby the sellers agree to sell and the buyers agree to buy the under-mentioned goods according to the terms and conditions stipulated below:

Description of Goods	Quantity	Unit Price	Amount
MEN'S KNITTED PULLOVER ART. NO. 5706 55 PCT COTTON 20 PCT LAMBWOOL 20 PCT ANGORA 5 PCT NYLON 5 PCT MORE OR LESS BOTH IN QUANTITY AND AMOUNT ALLOWED	4000PCS	CIF AARHUS USD12.50	USD50000.00

Total amount in words   SAY U. S. DOLLARS FIFTY THOUSAND ONLY.
Packing   12 PCS IN ONE CARTON, TOTAL PACKED IN ONE 20' FCL.
Delivery   SEA FREIGHT, FROM NINGBO TO AARHUS, PARTIAL SHIPMENTS NOT ALLOWED BUT TRANSSHIPMENT ALLOWED.
Shipping Mark   AS PER SELLER'S OPTION.
Time of Shipment   ON OR BEFORE 15 SEP., 2012
Terms of Payment   30 PERCENT OF THE AMOUNT USD15000.00 PAID BY T/T BEFORE SHIPMENT AND THE BALANCE USD35000.00 PAID BY DOCUMENTS AGAINST PAYMENT AT SIGHT. IF THE AMOUNT OF USD15000.00 NOT ARRIVED IN CHINA BEFORE 31 AUG., 2012, THE SELLER WILL NOT TAKE THE RESPONSIBILITY FOR THE DELAY OF THE SHIPMENT.
Insurance   FOR 110 PCT OF THE INVOICE VALUE COVERING ALL RISKS AS PER CIC OF PICC DATED 01/01/2010 INCLUDING W/W CLAUSE
Documents required
1. SIGNED COMMERCIAL INVOICE IN TRIPLICATE
2. FULL SET CLEAN ON BOARD BILL OF LADING MADE OUT TO ORDER OF SHIPPER BLANK ENDORSED MARKED FREIGHT PREPAID NOTIFY THE BUYER
3. DETAILED PACKING ASSORTED LIST IN TRIPLICATE
4. CERTIFICATE OF ORIGIN IN DUPLICATE
5. INSURANCE POLICY IN DUPLICATE

The Seller
Zhuji Foreign Trade Corp. of Zhejiang, Ltd.

王一峰
签署

The Buyer
INDKOBS FORENTNGEN AF

Ludolf Hilhorst
Signature

图 13－7

INDKOBS FORENTNGEN AF 公司于 2012 年 8 月 30 日将 30% 的货款 15000.00 美元打入浙江省诸暨对外贸易有限公司在中国银行诸暨支行的账户后，单证员蒋蕾开始按照合同缮制或审核各种单证。2012 年 9 月 19 日，蒋蕾将整套单据交中国银行诸暨支行（Bank of China, Zhuji Sub – branch）托收。

其他相关资料：

实际出货 3984 件，332 箱

发票号码：ZFA0831 – Q　　　　发票日期：2012 年 8 月 31 日

提单号码：PCES11206930　　　提单日期：2012 年 9 月 14 日

船名航次：HARMONY V. 006W　1×20'FCL, CY/CY

集装箱箱号：KKFU7643630　　集装箱封号：B060620

产地证号码：CA33424/120079　税则号：6103.3200

毛重：10.00 千克/箱　　　　　净重：8.00 千克/箱

体积：48×36×40 厘米/箱　　　保险单号：PIE20123304930000146

单色混码包装，每箱男式套头衫的尺码搭配如下：

尺寸　　46　48　50　52　54　56

数量　　1　2　3　3　2　1　= 12 件

其中，箱号 1 – 84 为白色（WHITE），共计 1008 件；

箱号 85 – 164 为黑色（BLACK），共计 960 件；

箱号 165 – 248 为棕色（BROWN），共计 1008 件；

箱号 249 – 332 为海军蓝（N. BLUE），共计 1008 件。

唛头：

INDKOBS

ZF12E0723

AARHUS

NO. 1 – 332

缮制好的发票（图 13 – 8）、提单（图 13 – 9）、装箱单（图 13 – 10）、产地证（图 13 – 11）、保险单（图 13 – 12）、汇票（图 13 – 13）如下。

Issuer: ZHUJI FOREIGN TRADE CORP. OF ZHEJIANG, LTD. 288 WEST SECOND RING ROAD, ZHUJI, ZHEJIANG, CHINA	商业发票 **COMMERCIAL INVOICE**

To: INDKOBS FORENTNGEN AF 1964 AMBA ALBUEN 6-8 6000 KOLDING DENMARK	No. ZFA0831-Q	Date 31 AUG., 2012
Transport Details FROM NINGBO TO AARHUS BY VESSEL	S/C No. ZF12E0723	S/C date 23 JUL., 2012
	Country of Origin	CHINA

Marks and Numbers	Description of Goods	Quantity	Unit Price	Amount
INDKOBS ZF12E0723 AARHUS NO. 1-332	MEN'S KNITTED PULLOVER ART. NO. 5706 55 PCT COTTON 20 PCT LAMBWOOL 20 PCT ANGORA 5 PCT NYLON	3984PCS	CIF AARHUS USD12.50/PC	USD49800.00

SAY U. S. DOLLARS FORTY NINE THOUSAND EIGHT HUNDRED ONLY.
TOTAL PACKED IN 332 CARTONS.
TOTAL GROSS WEIGHT: 3320.00 KGS.

REMARK: IN THE AMOUNT OF USD49800.00, USD15000.00 HAVE BEEN PAID T/T ON 30 AUG., 2012, AND THE BALANCE USD34800.00 WILL BE PAID BY D/P AT SIGHT.

浙江省诸暨对外贸易有限公司
ZHUJI FOREIGN TRADE CORP. OF ZHEJIANG, LTD.

王一峰(章)

图 13-8

COMBINED TRANSPORT BILL OF LADING

Shipper ZHUJI FOREIGN TRADE CORP. OF ZHEJIANG, LTD.	**B/L NO.** PCES11206930 NEGOTIABLE COMBINED TRANSPORT BILL OF LADING
Consignee TO ORDER OF SHIPPER	
Notify address INDKOBS FORENTNGEN AF 1964 AMBA ALBUEN 6-8 6000 KOLDING, DENMARK	*Prime Cargo*

Prime Cargo (Shanghai) Limited

Pre-carriage by	Place of Receipt		
Ocean Vessel HARMONY V. 006W	**Port of Loading** NINGBO	**Port of Discharge** AARHUS	**Place of Delivery**

Marks and Numbers	Number and kind of Packages	Description of Goods	Gross Weight	Measurement
INDKOBS ZF12E0723 AARHUS NO. 1-332	332CTNS	MEN'S KNITTED PULLOVER SAY THREE HUNDRED AND THIRTY TWO CARTONS ONLY.	3320.00KGS	22.948CBM
1*20'FCL, CY/CY KKFU7643630 / B060620		FREIGHT PREPAID SHIPPED ON BOARD DATE: 14 SEP., 2012 BY PCL NB		

according to the declaration of the consignor

The goods and instruction are accepted and dealt with subject to the Standard Condition printed overleaf.
Taken in charge in apparent good order and condition, unless otherwise noted herein, at the place of receipt for transport and delivery as mentioned above.
One of these Combined Transport Bill of Lading must be surrendered duly endorsed in exchange for the goods. In Witness whereof the Original Combined Transport Bill of Lading all of this tenor and date have been signed in the number sated below. One of which being accomplished the others to be void.

Freight Amount	Freight Payable at	Place and date of issue; Stamp and Signature NINGBO 14 SEP., 2012
Cargo Insurance through the undersigned ☐ not covered ☐ covered according to attached policy	Number of Original B/L(s) THREE(3)	**PRIME CARGO LIMITED** **NINGBO BRANCH**
For delivery of goods please apply to: PRIME CARGO A/S KOLDING OFFICE PROFILVEJ 4 DK-6000 KOLDING DENMARK TEL: 76-321888 FAX: 76-321889		章天航 As agent for the Carrier: Prime Cargo (Shanghai) Limited

图 13-9

详细装箱搭配单
DETAILED PACKING ASSORTED LIST

Exporter:
ZHUJI FOREIGN TRADE CORP. OF
ZHEJIANG, LTD.
288 WEST SECOND RING ROAD,
ZHUJI, ZHEJIANG, CHINA

No: ZFA0831-Q
Date: 31 AUG., 2012
S/C No.: ZF12E0723

Importer:
INDKOBS FORENTNGEN AF
1964 AMBA ALBUEN 6-8
6000 KOLDING
DENMARK

Transport Details:
FROM NINGBO TO AARHUS
BY VESSEL

Description of Goods
MEN'S KNITTED PULLOVER

C/No.	Nos & Kind of pkgs	Colour., Packing, Quantity etc.		Gross Weight	Net Weight	Measurement
	CTNS	COLOUR	@12/	@10.00/	@8.00/	@(48*36*40)cms
1-84	84	WHITE	1008PCS	840.00kgs	672.00kgs	5.806cbm
85-164	80	BLACK	960PCS	800.00Kgs	640.00kgs	5.530cbm
165-248	84	BROWN	1008PCS	840.00kgs	672.00kgs	5.806cbm
249-332	84	N. BLUE	1008PCS	840.00kgs	672.00kgs	5.806cbm
	332CTNS		3984PCS	3320.00KGS	2656.00KGS	22.948CBM

SIZE AND QUANTITY ASSORTMENT PER CARTON:

SIZE	46	48	50	52	54	56	
QUANTITY	1	2	3	3	2	1	=12PCS

Marks and Nos.
INDKOBS
ZF12E0723
AARHUS
NO. 1-332

SAY THREE HUNDRED AND THIRTY TWO CARTONS ONLY.

浙江省诸暨对外贸易有限公司
ZHUJI FOREIGN TRADE CORP. OF ZHEJIANG, LTD.

王一峰(章)

图 13-10

1. Exporter: ZHUJI FOREIGN TRADE CORP. OF ZHEJIANG, LTD. 288 WEST SECOND RING ROAD, ZHUJI, ZHEJIANG, CHINA	Certificate No. CA33424/120079
2. Consignee: INDKOBS FORENTNGEN AF 1964 AMBA ALBUEN 6-8 6000 KOLDING DENMARK	**CERTIFICATE OF ORIGIN** **OF** **THE PEOPLE'S REPUBLIC OF CHINA**
3. Means of transport and route FROM NINGBO TO AARHUS BY VESSEL	5. For certifying authority use only
4. Country / region of destination DENMARK	

6. Marks & Nos.	7. Number and kind of packages; Description of goods	8. H. S. Code	9. Quantity	10. Numbers and Date of Invoice
INDKOBS ZF12E0723 AARHUS NO. 1-332	THREE HUNDRED AND THIRTY TWO (332) CARTONS OF MEN'S KNITTED PULLOVER *******************	6103.3200	3984PCS	ZFA0831-Q 31 AUG., 2012

11. Declaration by the exporter	12. Certification
The undersigned hereby declares that the above details and statements correct, that all the goods were produced in China and that they comply with the Rules of Origin of the People's Republic of China	It is hereby that the declaration by the exporter is correct.
浙江省诸暨对外贸易有限公司 ZHUJI FOREIGN TRADE CORP. OF ZHEJIANG, LTD. 蒋蕾(手签) ZHUJI, CHINA 03 SEP., 2012 Place and date, signature and stamp of authorized signatory	诸暨市 出入境检验 检疫局(章) 沈萍(手签) ZHUJI, CHINA 03 SEP., 2012 Place and date, signature and stamp of certifying authority

图 13-11

PICC 中国人保财险股份有限公司
PICC Property and Casualty Company Limited

总公司设于北京　　一九四九年创立
Head Office Beijing　Established in 1949

货 物 运 输 保 险 单
CARGO TRANSPORTATION INSURANCE POLICY

发票号码 Invoice No. ZFA0831-Q　　　　　　保单号次 Policy No. PIE20123304930000146

被保险人 Insured: ZHUJI FOREIGN TRADE CORP. OF ZHEJIANG, LTD.

中保财产保险有限公司（以下简称本公司）根据被保险人的要求，及其所缴付约定的保险费，按照本保险单承担险别和背面所载条款与下列特别条款承保下列货物运输保险，特签发本保险单。

This policy of Insurance witnesses that The People's Insurance (Property) Company of China, Ltd. (hereinafter called the Company) at the request of the Insured and in consideration of the agreed premium paid by the Insured, undertakes to insure the under mentioned goods in transportation subject to the conditions of this Policy as per the Clauses printed overleaf and other special clauses attached hereon.

标记 Marks & No.	包装及数量 Quantity	保险货物项目 Description of goods	保险金额 Amount Insured
AS PER INVOICE NO. ZFA0831-Q	332CTNS	MEN'S KNITTED PULLOVER	USD54780.00

总保险金额：
Total Amount Insured SAY U. S. DOLLARS FIFTY FOUR THOUSAND SEVEN HUNDRED AND EIGHTY ONLY.

保险费 **Premium** As arranged　　启运日期 **Date of commencement** AS PER B/L　　装载运输工具 **Per conveyance** S.S. HARMONY V. 006W

自 **From** NINGBO　　经 **Via** ＿＿＿＿＿＿　　至 **To** AARHUS

承保险别 **Conditions:**

COVERING ALL RISKS AS PER CIC OF PICC DATED 01/01/2010 INCLUDING W/W CLAUSE

所保货物，如发生本保险单项下可能引起索赔的损失或损坏，应立即通知本公司下述代理人查勘。如有索赔，应向本公司提交保险单正本（本保险单共有 2 份正本）及有关文件。如一份正本已用于索赔，其余正本则自动失效。

In the event of damage which may result in a claim under this Policy, immediate notice be given to the Company Agent as mentioned hereunder. Claims, if any, one of the Original Policy which has been issued in **TWO** Original(s) together with the relevant documents shall be surrendered to the Company, if one of the Original Policy has been accomplished, the others to be void.

Survey agent at the destination:
CHARTIS EUROPE S. A.
NORDRE RINGGADE 1, DK-8000
AARHUS, DENMARK

赔款偿付地点
Claim payable at AARHUS

出单日期
Issuing date 12 SEP., 2012

地址：中国浙江绍兴大禹路 256 号
Address: 256 Dayu Road, Shaoxing, Zhejiang, China

中国人保财险股份有限公司绍兴分公司
PICC Property & Casualty Company Ltd, Shaoxing Branch

江笑蓉
Authorized Signature

图 13 – 12

凭 Drawn under	FOR COLLECTION, DOCUMENTS AGAINST PAYMENT		信用证 第 号 L/C No.		
日期 Dated		支取 Payable with interest @	% per annum 按年息	付款	
号码 No. ZFA0831-Q		汇票金额 Exchange for USD34800.00	中国诸暨 年 月 日 Zhuji China 19 SEP., 2012		

见票 日 后（本 汇 票 之 副 本 未 付）付 交 中 国 银 行 诸 暨 支 行
At ****** sight of this FIRST of Exchange (Second of exchange 金额
being unpaid) Pay to the order of BANK OF CHINA, ZHUJI SUB-BRANCH the sum of

SAY U. S. DOLLARS THIRTY FOUR THOUSAND EIGHT HUNDRED ONLY.

款已收讫
Value received

此致
To:
INDKOBS FORENTNGEN AF
1964 AMBA ALBUEN 6-8
6000 KOLDING, DENMARK

浙江省诸暨对外贸易有限公司
ZHUJI FOREIGN TRADE CORP. OF ZHEJIANG, LTD.

王一峰

图 13 – 13

二、测试

请根据合同（图 13 – 14）及相关资料缮制商业发票（图 13 – 15）、装箱单（图 13 – 16）、产地证（图 13 – 17）和汇票（图 13 – 18）：

浙江省嘉兴市文桑制衣有限公司
ZHEJIANG JIAXING WENSANG GARMENT CO., LTD.

中国嘉兴南湖区富润南路 120 号
NO. 120 SOUTH FURUN ROAD., NANHU DISTRICT, JIAXING, CHINA

销售确认书
SALE CONFIRMATION

To:
ORCHID TRADING LTD.
UNIT 513, CHINACHEM BLDG.,
78 MODY ROAD, TST, KOWLOON,
HONG KONG

No.: 11JW1220
Date: DEC. 20, 2011
Place: JIAXING, CHINA

This sales contract is made between the sellers and buyers whereby the sellers agree to sell and the buyers agree to buy the under-mentioned goods according to the terms and conditions stipulated below:

Description of Goods	Quantity	Unit Price	Amount
LADIES' VESTS		CIF MARSEILLE	
ART. NO. JW904	480PCS	USD5.10	USD2448.00
JW905	480PCS	USD5.00	USD2400.00
JW894	960PCS	USD4.50	USD4320.00
JW896	960PCS	USD4.40	USD4224.00
	2880PCS		USD13392.00

Total amount in words SAY U. S. DOLLARS THIRTEEN THOUSAND THREE HUNDRED AND NINETY TWO ONLY.

Packing INTO CONTAINER LOAD
Delivery FROM SHANGHAI TO MARSEILLE BY VESSEL
Shipping Mark SIMACO / ORDER 11856 / MARSEILLE / MADE IN CHINA / NO. 1-UP
Time of Shipment ON OR BEFORE FEB. 14, 2012
Partial shipment: NOT ALLOWED
Transshipment: NOT ALLOWED
Terms of Payment FOR COLLECTION, BY D/P AT SIGHT
Insurance FOR 110 PCT OF THE INVOICE VALUE COVERING ALL RISKS AS PER ICC(A) DATED 01/01/2009 W/W CLAUSE INCLUDED

Documents required
1. SIGNED COMMERCIAL INVOICE IN TRIPLICATE
2. DETAILED PACKING LIST IN DUPLICATE
3. FULL SET CLEAN ON BOARD OCEAN BILL OF LADING MADE OUT TO ORDER BLANK ENDORSED MARKED FREIGHT PREPAID NOTIFY SIMACO FASHION CO., LTD., 76 AV. DES CHAMPS EIYSEES, 32008 MARSEILLE, FRANCE
4. GSP FORM A SHOWING B/L NOTIFY PARTY AS CONSIGNEE

The Seller
Zhejiang Jiaxing Wensang Garments Co., Ltd.

王平
签署

The Buyer
ORCHID TRADING LTD.

蔡文荣
Signature

图 13 – 14

其他相关资料：

发票号码：ABC120206　　　　　　　　发票日期：2012年2月6日

FORM A 号码：G123303019060025　　完全国产，无进口成分

商检局授权人：张才理　　　　　　　交单日期：2012年2月20日

制单员：张凌　　　　　　　　　　　托收银行：中国银行嘉兴分行

包装情况：

JW904 件号：1－20，24 件/箱，毛净重：每箱 10/7.2 千克，体积：50×45×30 厘米/箱

JW905 件号：21－40，24 件/箱，毛净重：每箱 10/7.2 千克，体积：50×45×30 厘米/箱

JW894 件号：41－60，48 件/箱，毛净重：每箱 12/9.6 千克，体积：60×48×30 厘米/箱

JW896 件号：61－80，48 件/箱，毛净重：每箱 12/9.6 千克，体积：60×48×30 厘米/箱

尺码搭配：

JW904 和 JW905：XS、S、M、L、XL、2XL 各 4 件，共 24 件/箱

JW894 和 JW896：XS、2XL 各 6 件，其余各 9 件，共 48 件/箱

颜色与件号：

1－10：白色（White），11－20：海蓝（N. Blue）

21－30：宝蓝（R. Blue），31－40：浅黄（L. Yellow）

41－50：白色（White），51－60：海蓝（N. Blue）

61－70：黑色（Black），71－80：粉红（Pink）

Issuer:		商业发票
		COMMERCIAL INVOICE
To:		
	No.	Date
Transport Details	S/C No.	S/C date
	Country of Origin	

Marks and Numbers	Description of Goods	Quantity	Unit Price	Amount

浙江省嘉兴市文桑制衣有限公司
ZHEJIANG JIAXING WENSANG GARMENTS CO., LTD.

王平(章)

图 13–15

详细装箱单
DETAILED PACKING LIST

Exporter:

                                        No.:

                                        Date:

                                        S/C No.:

Transport Details:

Importer:

Description of Goods

C/No.	Nos. & Kind of pkgs	Colour	Art. No.	Quantity	Net Weight	Gross Weight
	CTNS					

Size and quantity assortment per carton:

Measurement:

浙江省嘉兴市文桑制衣有限公司
ZHEJIANG JIAXING WENSANG GARMENTS CO., LTD.

王平（章）

图 13-16

1. Goods consigned from (Exporter's name address country)	Reference No.
	GENERALIZED SYSTEM OF PREFERENCES CERTIFICATE OF ORIGIN (Combined declaration and certificate)
2. Goods consigned to (Consignee's name, address, country)	**FORM A** issued in **THE PEOPLE'S REPUBLIC OF CHINA** (country)
3. Means of transport and route(as far as known)	4. For official use

5. Item number	6. Marks & Numbers of packages	7. Number and kind of packages; Description of goods	8. Origin criterion	9. Gross weight & other quantity	10. Number and date of Invoice

11. Certification
It is hereby certified, on the basis of control carried out, that the declaration by the exporter is correct.

嘉兴市
出入境检验
检疫局(章)

Place and date, signature and stamp of certifying authority

12. Declaration by the exporter
The undersigned hereby declares that the above details and statements are correct; that all goods were produced in
CHINA
(Country)
and that they comply with the origin requirements specified for those goods in the **Generalized System of Preferences** for goods exported to
(importing country)

Place and date, signature of authorized signatory

图 13 – 17

凭
Drawn under
号码　　　　　　　　　　汇票金额　　　　　　中国嘉兴　　年　月　日
No. _____ **Exchange for** _____ Jiaxing China
　　见票　　　　　　　　日 后（本 汇 票 之 副 本 未 付）付 交 中 国 银 行 嘉 兴 分 行
　　　at _____ sight of this **FIRST** of Exchange (Second of exchange　金额
being unpaid) **Pay to the order of** _____ the sum of

款已收记
Value received
此致
To:

_____
_____
_____

图 13 – 18

第二部分
进口业务单证制作

第十四章　进口许可证与进口开证

在买卖合同签订以后,买方需要根据合司的规定履行自己的义务。

本书第二部分以进口业务流程为实例,以 CIF 条件成交、信用证结算业务为背景,主要介绍开证申请书填制,进口报检、报关以及进口付汇所涉及的单证的操作。

第一节　进口许可证

一、进口许可证的概念

我国对进口商品的贸易管制可以分为两类:一类是禁止进口管理,凡列入国家公布的禁止进口货物目录,以及其他法律、法规明令禁止或停止进口的货物、技术,任何对外贸易经营者不得经营进口;另一类是限制进口管理,对有数量限制的限制进口货物,实行配额管理,其他限制进口货物实行许可证管理。

凡列入进口许可证(Import license)管理的商品,除国家另有规定外,各类进口企业都应该在货物进口前按规定向指定的发证机构申领进口许可证,海关凭进口许可证接受申报与验放。因此,在对外成交、签订合同前,进口单位或受委托代理进口的单位必须按规定向主管部门和审批部门履行报批手续,并凭批件向发证机关申领进口许可证。

2012 年,进口许可证管理的货物有 13 大类 132 个商品编码(税则号),包括化工设备、金属冶炼设备、工程机械类、起重运输设备、造纸设备、电力电气设备、食品加工及包装设备、农业机械类、印刷机械类、纺织机械类、船舶类、矽鼓和消耗臭氧层物质。

二、自动进口许可证

自动进口许可证（Automatic import license）是指免费批准申请的进口许可证。这种许可证一般不限制有关产品的进口，而主要是为国家统计进口贸易提供数据。

自动进口许可证管理是我国货物自动进口许可证管理制度中的主体管理部分，也是国家基于对这类货物的统计和监督需要而实行的一种在任何情况下对进口申请一律予以批准，具有自动登记性质的许可管理。

《国家货物进出口管理条例》规定，对进口属于自动进口许可证管理的货物，国家均应当给予许可；进口属于自动进口许可管理的货物，进口经营者应当在办理海关报关手续前，向国务院外经贸主管部门或者国务院有关经济管理部门提交自动进口许可申请，国务院外经贸主管部门或国务院有关经济管理部门应当在收到申请后，立即发放自动进口许可证证明，进口经营者凭国务院外经贸主管部门或者国务院有关经济管理部门发放的自动进口许可证，向海关办理报关验放手续。

2012年自动进口许可证管理的货物有51大类787个商品编码（税则号），包括食品、烟草、矿产、石油、天然气、化肥、食品机械、纺织机械、工程机械、医疗设备、广电设备、移动通信设备、车辆、飞机、船舶等。

中华人民共和国自动进口许可证申请表

1. 申请单位　　　代码 地址　　　　　邮政编码 经办人　　　　电话 　　　　　　　年　月　日 （单位签章）	4. 自动进口许可证申请表号 　　自动进口许可证号
2. 进口商　　　　代码	5. 自动进口许可证有效截止日期： 　　　　　　　　　　　年　月　日
3. 进口用户　　　代码	9. 贸易国(地区)
6. 贸易方式	10. 装运时间
7. 外汇来源	11. 原产地国(地区)
8. 是否国营贸易	12. 生产商
13. 进口合同号	14. 预计到港时间
15. 报关口岸	16. 商品用途
17. 商品名称　　　　　　　商品编码　　　　　　　　商品状态	

18. 规格、型号	19. 单位	20. 数量	21. 单价 (币别)	22. 总值 (币别)	23. 总值折美元
24. 总　计：					

25. 备注 今年已进口报关数量(吨) 上年进口数量(吨) 领　证　人 联系电话 申请日期	26. 发证机关审核意见 经办初审： 负责人终审：

中华人民共和国商务部监制(2008)

图 14 - 1

第十四章　进口许可证与进口开证

第二节　进口开证

买卖双方签订合同后，按时开立信用证是买方履行合同的关键步骤。作为进口商的买方在签订合同、办理好必要的进口批件后，接下来的工作就是向当地银行申请开立信用证，填写开证申请书。

一、开立信用证的具体手续

当进出口双方在贸易合同中确立以信用证方式结算后，进口商即可按买卖合同的规定，向当地银行申请开立信用证，填写开证申请书（Application for irrevocable documentary credit）。这样，进口商就成了开证申请人。银行按照开证申请书开立信用证后，在法律上就与进口商构成了权利与义务的关系，两者之间的契约就是开证申请书。

申请开立信用证的具体手续如下：

1. 递交有关合同的副本及附件

进口商在向银行申请开证时，要向银行递交进口合同的副本以及所需附件，如进口许可证。

2. 填写开证申请书

进口商根据银行规定的开证申请书格式，填写一式三份，一份留业务部门，一份留财务部门，一份交银行。填写开证申请书，必须按合同条款的具体规定，写明对信用证的各项要求，内容要明确、完整，无词义不清的记载。开证申请书是银行开立信用证的依据，也是进口商凭以审查收到的货运单据并据以向开证行付款赎单的依据。

3. 缴纳保证金

按照国际贸易习惯做法，除非开证行对开证申请人有授信额度，进口商向银行申请开立信用证，应向银行缴付一定比率的保证金，其金额一般为信用证金额的百分之十几到百分之几十，一般根据进口商的资信情况而定。在我国的进口业务中，开证行根据不同企业和交易的情况，要求开证申请人缴付一定比率的人民币保证金，然后开证。

4. 支付开证费用

进口商在申请开立信用证时必须支付开证费。按照国际惯例，开证费为信用证金额的1‰，最高为100美元，最低为25美元。

二、开证注意事项

（1）开证时间。如果合同规定了开证日期，就必须在规定的期限内开立信用证；如果合同有装运期的起止日期，那么，必须让出口商在准备开始装运前就收到信用证；如果合同只规定最后装运期，那么，进口商应在合理的时间内开证，一般掌握在合同规定的交货期前半个月或一个月开到出口商所在地。总之，要让卖方在收到信用证后能在合同规定的装运期内装运货物。

（2）申请开证前，要落实进口批准手续（如进口许可证）及外汇来源。

（3）开证时要注意证同一致，必须以对外签订的正本合同为依据，合同中规定要在信用证上明确的条款都必须列明，不能用"参阅第×号合同"或"第×号合同项下的货物"等条款，也不能将有关合同作为信用证附件附在信用证后，因为信用证是一个独立的文件，不依附于任何买卖合同。

（4）如果合同规定为远期付款时，要明确汇票期限，价格条款必须与相应的单据要求及费用负担的表述方法等相吻合。如CIF价格条件下，开证申请书应表明要求卖方提交"运费预付"的提单，要求卖方提交保险单据，表明保险内容、保险范围及投保金额。

（5）银行凭单付款，不管货物质量如何，也不受买卖合同的约束，所以为使货物质量符合合同规定，进口商可在合同中并相应在信用证中要求出口商提供商品检验机构出具的装船前检验证书，明确规定货物的规格品质，指定检验机构。这样，交单时如发现检验结果与证内规定不一致，可拒付货款。

（6）信用证内容必须明确无误，应明确规定各类单据的出单人（商业发票、保险单和运输单据除外），明确规定各单据应表述的内容。

（7）在信用证支付方式下，只要单据表面与信用证条款相符合，开证行就必须按规定付款。所以进口商对卖方的要求，应按合同有关规定转化成有关单据，具体规定在信用证中。如果信用证申请书中含有某些条件而未列明应提交与之相应的单据，银行将认为未列此条件，对此不予理睬。

（8）国外通知行由开证行指定，一般情况下进口商指定的通知行只能作参考。如果出口商在订立合同时坚持指定通知行，进口商可在开证申请书上注明，供开证行在选择通知行时参考。

（9）在信用证中明示不允许分批装运、转运，不接受第三者装运单据等条款，否则将被认为允许分批、允许转运、接受第三者装运单据。

（10）对我方开出的信用证，如出口商要求其他银行保兑或由通知行保兑，我方原则上不能同意。因此在订立买卖合同时应说明出口商免除保兑的要求，以免开证时被动。

（11）我国银行一般不开立可转让信用证，因为对第二受益人的资信难以了解，特别是对于跨行跨地区的国家的转让更难掌握。但是在特殊情况下，如大额合同项下开证要求多家出口商交货，照顾实际需要，可与银行协商开出可转让信用证。

（12）我国银行一般不开立有电报索偿条款（T/T reimbursement clause）的信用证。

三、开证申请书的内容

开证申请书包括正面和反面两部分内容。正面内容基本上是信用证的内容，包括：申请日期、到期日期与地点、买卖合同号码、申请人名称、受益人名称、信用证传递方式、申请开证的金额、银行兑付方式、汇票期限、货物描述、贸易术语、单据要求、运输要求、装运期、交单期、特殊要求、银行费用要求、保证付款的承诺等。

反面内容是开证申请人对开证行的声明，用以明确双方责任。主要有：

（1）申请人同意按照《UCP600》办理信用证项下一切事宜，并承担由此产生的一切责任；

（2）申请人委托银行开立信用证，并保证按时支付货款、手续费、利息及一切费用；

（3）申请人收到单据后，保证在3个工作日内复查审核，并在规定时间内通知银行接受与否；

（4）申请人声明该信用证及其项下业务往来函电及单据如因邮、电或其他方式传递过程中发生遗失、延误、错漏等，银行概不负责；

（5）申请人声明如果信用证需要修改，应由申请人及时通知银行，并及时核对信用证副本或修改书副本是否与原开证申请书相符；

（6）申请人声明，如果申请书字迹不清或词义含糊而引起的后果由开证申请人负责。

国际商会第 516 号出版物为开证申请人和开证银行制定了申请书的标准格式，并开始推广使用。但迄今为止，各银行尚未完全采用该标准格式。

开证申请书正面内容见图 14 – 2：

APPLICATION FOR ISSUING LETTER OF CREDIT

To：   Date：

Please issue on our behalf and/ or our account the following IRREVOCABLE LETTER OF CREDIT by□SWIFT/□Airmail   L/C No.：

Beneficiary：(full name and detailed address)   Advising Bank：

Applicant：(full name and detailed address)   Date of Expiry：

Place of Expiry：

Amount：(both in figure and words)

Dear Sirs,

We hereby issue our IRREVOCABLE LETTER OF CREDIT in your favour for account of the above applicant available with□any bank/□_____ by□negotiation/□payment/□acceptance/□deferred payment against your draft（s） □at sight/□_____ drawn on□us/□_____ for ____% of invoice value marked as drawn under this L/C accompanied by following documents marked with ×

A1□Signed commercial invoice in _____ copies indicating Contract No.

A2□Full set 3/3 clean on board ocean Bills of Lading□made out to order and endorsed in blank/ notifying □applicant/□_____ marked freight□collect/□prepaid

A3□Air Waybill consigned to□applicant/□us marked air freight□collect/□prepaid

A4□Memorandum, issued by China Travel Service（Cargo）Hong Kong Ltd.

A5□Forwarding Agent's cargo receipt

A6□Insurance policy or certificate in _____ copies endorsed in blank for ____% of the invoice value showing claims payable at _____ in the currency of the drafts, covering□Ocean marine transportation/□Air transportation/□Overland transportation all risks and war risk including W/W clause.

A7□Packing list/Weight memo in ____ copies indicating quantity/ gross and net weight of each package

A8□Quality certificate in _____ copies issued by□ Manufacturer/□Public recognized surveyor/□

A9□Copy of your telex advising applicant within ____ hours after shipment indicating contract No. , L/C No. , description of goods, quantity, invoice value, vessel's name/air light No. , packages, loading port and shipping date.

AA□Copy of applicant's/ZHONGZU'S or its agent's shipping instruction indicating vessels' name, contract No. , approximate shipments date.

AB□Your letter certifying that one extra copy of each documents called for herein has been□ disposed of according to relative contract stipulations/□_____.

AC□Other documents, if any:

B: Evidencing shipment of:

Packing:

Price term: □CIF/□CFR/□FOB/□Other

C. Special instruction: (if any marked with ×)

C1□Both quantity and amount more or less _____% are allowed.

C2□All banking charges except□L/C opening and/ or acceptance charges□outside the issuing bank are for beneficiaries' account.

C3□Short form/ blank back B/L is not acceptable.

C4□All documents must be forwarded in _____.

C5□Other instructions, if any:

D. Documents should be presented within ____ days from the date of shipment, but in any event within the validity of this L/C.

E. Shipment from _____ to _____ not later than _____.

Transshipment is□allowed/□not allowed, partial shipments are□allowed/□not allowed, on deck shipment is□allowed/□not allowed, third party transport documents are□allowed/□not allowed.

Stamped and signed by:
Account No. :   with   (name of bank)
Telephone No. :

图 14 − 2

第三节　开证申请书填制

填写开证申请书要比填写各类出口单证容易得多，进口企业只要在申请书对应的空格里填上自己的名称、地址和客户（出口商）的名称地址，在所要求的条件或方式前的□内打叉（×），或在所需要的单据前的□内打叉（×），并在申请书的末尾盖章、签署，写上账号、电话号码即可。

上述格式的开证申请书有六大部分，逐一讲解如下：

第一部分：信用证本身的说明、信用证关系人、金额及开证行兑付金额的方式，包括：开证银行、开证日期、开证方式、受益人、申请人、到期日期、到期地点、信用证金额、开证行的兑付方式、汇票期限以及信用证号码和通知行（这两点不需要申请人填写）。

（1）开证行（To）：此处填写开证银行的名称，如中国银行浙江省分行（To：Bank of China，Zhejiang Branch）。

（2）开证日期（Date）：此处填写开证日期。

（3）开立信用证的方式（by□SWIFT/□Airmail）：如果在 SWIFT 前的□内打×，就是使用 SWIFT M700 或 M701 开证，如果在 Airmail 前的□内打×，就是使用信开方式，然后将信用证航空邮寄给通知行。

（4）信用证号码（L/C No.）：此处由开证行填写。

（5）受益人（Beneficiary）：此处填写受益人，也就是买卖合同中的卖方的全称及详细地址。

（6）通知行（Advising Bank）：此处由开证行填写。

（7）开证申请人（Applicant）：此处填写开证申请人，也就是买卖合同中的买方的全称及详细地址。

（8）到期日期和到期地点（Date of Expiry，Place of Expiry）：此处填写信用证的有效期及到期地点。

（9）信用证金额（Amount）：此处填写合同规定的总值，分别用数字和文字两种形式表示，并且表明币制。如果允许有一定比例的上下浮动，要在此明确表示出来。

（10）对议付的要求（available with□any bank/□＿＿＿＿＿＿＿）：如

第十四章　进口许可证与进口开证

果是自由议付的信用证,在 any bank 前的□内打×,如果是限制议付的信用证,在 any bank/后的□内打×,并写上议付银行的名称。

(11) 开证行兑付方式（by□negotiation/□payment/□acceptance/□deferred payment）：如果是议付信用证,在 negotiation 前的□内打×,如果是即期付款信用证,在 payment 前的□内打×,如果是承兑信用证,在 acceptance 前的□内打×,如果是延期付款信用证,在 deferred payment 前的□内打×。

(12) 汇票期限（your draft（s）□at sight/□＿＿＿＿＿＿＿＿＿＿＿＿）：如果是即期付款或议付信用证,在 at sight 前的□内打×,如果是承兑或延期付款信用证,在 at sight/后的□内打×,由开证行填上远期的天数或种类（见票后若干天、出票后若干天等）。

(13) 汇票付款人（drawn on□us/□＿＿＿＿＿＿＿＿＿＿＿＿）：如果由开证行作为付款人,在 us 前的□内打×,如果由指定银行作为付款人,在 us/后的□内打×,由开证行填上指定银行的名称地址。

(14) 汇票金额与发票金额的比率（for ＿＿＿＿＿% of invoice value）：此处根据合同规定填写信用证项下应支付的汇票金额占发票金额的百分比。如果合同规定所有货款都用信用证支付,填写 100%；如果合同规定该笔货款由信用证和托收两种方式各付 50%,填写 50%；如果是含佣金的合同,汇票金额是发票金额的 97%,另 3% 发票金额为佣金由开证行支付给中间商,填写 97%。

第二部分：单据要求（accompanied by following documents marked with ×）。

这部分用字母 A 表示,单据名称从 A1 到 A9 共 9 种,还有 AA、AB 和 AC 三种。其中 AC 是"其他单据（Other documents, if any）",对上述 11 条中没有提及的单据,可将单据名称填写在该处。填制单据时应注意：

(1) 按照买卖合同的规定,在所需要的单据前的□内打×。

(2) 在打×的单据条款后填上具体要求,如一式几份、运费是到付还是预付、保什么险等。如果开证申请书印就的要求不够完整,可在该条款后面填写清楚。

(3) 开证申请人必须根据买卖合同的规定填写单据,不能随意提出超出合同规定的要求,也不能降低或减少合同规定的要求。

第三部分：货物描述、包装和贸易术语。

这部分用字母 B 表示。

（1）货物描述（Evidencing shipment of）：此处必须按照合同的规定填写，包括：商品名称、规格、单价、数量等。所有内容都必须与合同内容相一致。

（2）包装（Packing）：此处可以不填写，但是如果填写了，则必须填写具体明确。

（3）贸易术语（Price term）：此处比较简单，根据买卖合同在正确的术语前的□内打×，但要注意与上述 A 部分的单据要求逻辑上统一。比如：CIF 术语一定要有保险单要求，提单上的运费支付一定是预付（freight prepaid）。

第四部分：特别要求［Special instruction：(if any marked with ×)］。

这部分用字母 C 表示，该开证申请书已印就 5 种单据，如有需要，可在对应的条款前的□内打×，或在条款后添加补充内容。其中 C5 是"其他单据（Other instructions, if any）"，对上述 4 条中没有提及的单据，可将单据名称填写在该处。

第五部分：交单期，即 D。

这部分很简单，根据买卖合同的要求，在 within 与 days 中间的下划线内填入阿拉伯数字即可。一般情况下，交单期是 15 天，填"15"即可。如果留空不填，按照《UCP600》的规定，是运输单据日期后的第 21 天，但必须在信用证的有效期内。

第六部分：装运要求，即 E。

这部分的内容有 7 项：装运港、卸货港、最晚装运日、分批与转运的要求、货物能否装甲板的要求、能否接受第三者作为托运人的要求。进口商可根据买卖合同的要求，在 from 后面填写装运港，在 to 后面填写卸货港，在 not later than 后面填写最晚装运日。至于后面的四种装运要求，可根据买卖合同的规定，在 allowed 或 not allowed 前面的□内打×。比如 partial shipments are ☒allowed/□not allowed，意思是允许分批。third party transport documents are □allowed/☒not allowed，是指不接受第三者为托运人的运输单据。

最后，进口商须在开证申请书末尾签署（Stamped and signed by），填上账号、开证行名称和电话号码。

第四节 同步实训

一、示范

浙江省轻工业品进出口公司（ZHEJIANG LIGHT INDUSTRIAL PRODUCTS I/E CORP.）从意大利 SAVIO MACCHINE TESSILI S. P. A. 公司进口自动络筒机一台。2012 年 5 月 14 日，单证员邱建华根据以下合同（部分，图 14-3）和有关资料填写开证申请书。

浙江省轻工业品进出口公司
ZHEJIANG LIGHT INDUSTRIAL PRODUCTS I/E CORP.

中国杭州保俶路 190 号
No.190 Baochu road, Hangzhou China

购货确认书
PURCHASE CONFIRMATION

Seller:
SAVIO MACCHINE TESSILI S. P. A.
VIA UDINE 105, 33170 PORDENONE
ITALY
TEL: 39-0434-522473

S/C No.: SV-ZJ-120423
Date: APR. 23, 2012
Signed at: HANGZHOU

The undersigned Sellers and Buyers have agreed to close the following transaction according to the terms and conditions stipulated below:

Name of commodity and specifications	Quantity	Unit Price	Amount
AUTOMATIC WINDER MOD POLAR M WITH 60 SPINNERS	1SET	CIF SHANGHAI EUR120800.00	EUR120800.00

…………

Terms of Payment: BY IRREVOCABLE L/C DRAFTS AT SIGHT DRAWN ON THE ISSUING BANK AND REMAIN VALID FOR NEGOTIATION IN ITALY UNTIL 15 DAYS AFTER THE DATE OF SHIPMENT. THE CREDIT SHOULD REACH THE SELLER BEFORE 15 MAY 2012.

Documents required:
1. SIGNED COMMERCIAL INVOICE IN TRIPLICATE
2. PACKING LIST IN DUPLICATE INDICATING QUANTITY, GROSS AND NET WEIGHTS OF EACH PACKAGE.
3. FULL SET CLEAN ON BOARD OCEAN BILL OF LADING MADE OUT TO ORDER BLANK ENDORSED MARKED FREIGHT PREPAID NOTIFY THE BUYER
4. CERTIFICATE OF QUALITY AND QUANTITY ISSUED BY THE MANUFACTURER.
5. INSURANCE POLICY IN DUPLICATE ENDORSED IN BLANK COVERING ALL RISKS WAR RISK AS PER CIC OF PICC DATED 01/01/2009
6. NON-WOOD MATERIAL PACKING CERTIFICATE IS REQUIRED.

…………

图 14-3

其他有关资料：

装运港：第里雅斯特（TRIESTE） 卸货港：上海（SHANGHAI）

不允许分批，不允许转运 最晚装运日：2012年7月10日

所有单据显示合同号码 不接受第三者为托运人的运输单据

不接受简式提单 SWIFT开证

开证行：中国银行浙江省分行 账号：3301523908671181

法人代表：陈乐谦 电话：88791718

邱建华填写完毕的开证申请书见图14-4。

第十四章　进口许可证与进口开证

IRREVOCABLE DOCUMENTARY CREDIT APPLICATION

To: BANK OF CHINA, ZHEJIANG BRANCH Date: 14 MAY 2012

( ) Issue by airmail
(×) Issue by SWIFT

Credit No.
Date and place of expiry 25 JUL., 2012 IN ITALY

Applicant
ZHEJIANG LIGHT INDUSTRIAL PRODUCTS I/E CORP.
NO. 190 BAOCHU ROAD, HANGZHOU CHINA

Beneficiary
SAVIO MACCHINE TESSILI S. P. A.
VIA UDINE 105, 33170 PORDENONE
ITALY

Advising bank

Amount (figure and words) EUR120800.00
SAY EURO ONE HUNDRED AND TWENTY THOUSAND AND EIGHT HUNDRED ONLY.

Partial shipment
( ) allowed
(×) not allowed

Transshipment
( ) allowed
(×) not allowed

Credit available with (×) any bank
( )
by ( ) sight payment
( ) acceptance
(×) negotiation
( ) deferred payment at __ days after against the documents detailed herein and
(×) beneficiary's drafts for 100 % of invoice value at SIGHT
drawn on US

Loading on board/dispatch/taking in charge at/from:
TRIESTE
not later than 10 JUL., 2012
for transportation to: SHANGHAI

( ) FOB   ( ) CFR   (×) CIF
( ) Other terms

Documents required: (marked with ×)

1. (×) Signed commercial invoice in 3 copies indicating L/C No. and Contract No. SV-ZJ-120423
2. (×) Full set of clean on board Bill of Lading made out to order and blank endorsed marked freight (×) prepaid / ( ) collect notify APPLICANT .
3. ( ) Air Waybill / cargo receipt / copy of railway bill issued by _____ showing freight ( ) prepaid / ( ) collect indicating freight amount and consigned to _____.
4. (×) Insurance Policy / Certificate in 2 copies for 110 % of invoice value showing claims payable in CHINA in currency of the drafts, blank endorsed, covering (×) Ocean marine transportation /( ) Air transportation /( ) Overland transportation All Risks and War Risk including W/W clause.
5. (×) Packing List / Weight memo in 2 copies indicating quantity, gross and net weights of each package.
6. ( ) Certificate of Quantity / weight in ____ copies issued by _____.
7. ( ) Certificate of Quality in ____ copies issued by ( ) manufacturer / ( ) public recognized surveyor / ( )
8. ( ) Certificate of Origin in ____ copies issued by _____.
9. (×) Beneficiary's certified copy of fax / telex dispatched to the applicant within 48 hours after the shipment advising L/C No., name of vessel, date of shipment, name, quantity, weight and value of goods.

Other documents, if any
1. Certificate of Quality and Quantity issued by the manufacturer.
2. Non-wood material packing certificate is required.

Description of goods:
AUTOMATIC WINDER WITH 60 SPINNERS
MOD POLAR M
1 SET UNIT PRICE EUR120800.00

Additional instructions:
1. (×) All banking charges outside the opening bank are for the beneficiary's account.
2. (×) Documents must be presented within 15 days after the date of issuance of the transport documents but within the validity of this credit.
3. (×) Third party as shipper is not acceptable, short form / blank back B/L is not acceptable.
4. ( ) Both quantity and amount _____ % more or less are allowed.
5. ( ) All documents must be forwarded in _____.

Other terms, if any
ALL DOCUMENTS SHOWING THE CONTRACT NO. SV-ZJ-120423

Stamp of Applicant: 浙江省轻工业品进出口公司（章）陈乐谦（章）
Account No.: 3301523908671181 with Bank of China Zhejiang Branch
Telephone No.: 88791718

图 14－4

二、测试

中国斯蒂科国际贸易南京有限公司从澳大利亚进口羊毛（Australian Greasy Wool）。羊毛进口不需要自动进口许可证，而需要关税配额证明。2012年2月28日，单证员何晓萍根据下列有关资料填写开证申请书见图14-5。

进口商：CHINA SDIC INTERNATIONAL TRADE NANJING CO., LTD.

    FLOOR 17, NO. 2 CHANGJIANG ROAD

    NANJING, JIANGSU, 21008, P. R. CHINA

出口商：WESTCOAST WOOLS PTY LTD.

    143 BARRINGTON STREET

    BIBRA LAKE WA 6163 AUSTRALIA

贸易术语：CIF SHANGHAI   数量：15公吨

SWIFT 开证   开证行：中国银行江苏省分行

法人代表：何寿林   账号：3218993507074423

电话：68025488   合同号：WW2012S9576

最晚装运日：2012年5月16日   装运港：SYDNEY

单价：10700.00/公吨   即期议付信用证

有效期：2012年5月31日   到期地点：澳大利亚

交单期：运输单据后15天但必须在信用证有效期内

规格要求：Good colour, prems 50% lambs 50%, 18.5 Mic max Ave., 19.9 Mic max Aol, VM 2% max Ave, VM 5.5% max Aol, 46 HM, 62% min Ave Yld.

单证要求：发票5份显示合同号码与信用证号码；

重量单3份；

产地证2份；

清洁已装船提单1套做成凭指示抬头，空白背书，通知开证申请人；

保险单2份加一成，空白背书，投保一切险与战争险；

官方检验证1份。

允许分批，不允许转运，不接受第三者为托运人的运输单据，不接受简式提单，数量与金额允许5%的增减，装运后48小时内发送装运通知。

APPLICATION FOR ISSUING LETTER OF CREDIT

To: Date:

Please issue on our behalf and/ or our account the following IRREVOCABLE LETTER OF CREDIT

by☐SWIFT/☐Airmail L/C No.:

Beneficiary: (full name and detailed address) Advising Bank:

Applicant: (full name and detailed address) Date of Expiry:

Place of Expiry:

Amount: (both in figure and words)

Dear Sirs,

We hereby issue our IRREVOCABLE LETTER OF CREDIT in your favour for account of the above applicant available with☐any bank/☐_____ by☐negotiation/☐payment/☐acceptance/☐deferred payment against your draft (s) ☐at sight/☐_____ drawn on☐us/☐_____ for ____% of invoice value marked as drawn under this L/C accompanied by following documents marked with ×

 A1☐Signed commercial invoice in _____copies indicating Contract No.

 A2☐Full set 3/3 clean on board ocean Bills of Lading☐made out to order and endorsed in blank/ notifying ☐applicant/☐_____marked freight☐collect/☐prepaid

 A3☐Air Waybill consigned to☐applicant/☐us marked air freight☐collect/☐prepaid

 A4☐Memorandum, issued by China Travel Service (Cargo) Hong Kong Ltd

 A5☐Forwarding Agent's cargo receipt

 A6☐Insurance policy or certificate in _____copies endorsed in blank for ____% of the invoice value showing claims payable at _____in the currency of the drafts, covering☐Ocean marine transportation/ ☐Air transportation/☐Overland transportation all risks and war risk including W/W clause.

 A7☐Weight memo in _____copies indicating quantity/ gross and net weight

 A8☐Quality certificate in _____copies issued by☐ Manufacturer/☐Public recognized surveyor/☐

 A9☐Copy of your telex advising applicant within ____ hours after shipment indicating contract No., L/C No., description of goods, quantity, invoice value, vessel'S name/air light No., packages, loading port and shipping date.

AA□Copy of applicant's/ZHONGZU'S or its agent's shipping instruction indicating vessels' name, contract No., approximate shipments date.

AB□Your letter certifying that one extra copy of each documents called for herein has been□ disposed of according to relative contract stipulations/□_____.

AC□Other documents, if any:

B: Evidencing shipment of:

Packing:

Price term: □CIF/□CFR/□FOB/□Other

C. Special instruction: (if any marked with ×)

C1□Both quantity and amount more or less ___% are allowed.

C2□All banking charges except□L/C opening and/ or acceptance charges□outside the issuing bank are for beneficiaries' account.

C3□Short form/ blank back B/L is not acceptable.

C4□All documents must be forwarded in _____.

C5□Other instructions, if any:

D. Documents should be presented within ____ days from the date of shipment, but in any event within the validity of this L/C.

E. Shipment from _____ to _____ not later than _____.

Transshipment is□allowed/□not allowed, partial shipments are□allowed/□not allowed, on deck shipment is□allowed/□not allowed, third party transport documents are□allowed/□not allowed.

Stamped and signed by:

Account No.:   with   (name of bank)

Telephone No.:

图 14-5

第十五章 入境货物报检

第一节 入境货物报检概述

进口商收到开证行转来的全套议付单据（商业发票、装箱单、汇票等）后，对其进行审核。如果审核无误，办理付款赎单手续。一俟货物到港，进口商将着手报关。如果是法定检验商品，则应在报关前办理报检手续，取得入境货物通关单，在报关时提供通关单。

进口商可以自行报检，也可以委托货代公司代理报检。

一、入境货物检验检疫的报检范围

（1）国家法律、行政法规规定必须由出入境检验检疫机构实施检验检疫的商品；

（2）对外贸易合同约定须凭检验检疫机构签发的证书进行结算的；

（3）有关国际条约规定必须检验检疫的；

（4）国际贸易关系人申请的其他检验检疫、鉴定工作。

二、入境货物检验检疫的报检方式

1. 进境一般报检

进境报检是指法定检验检疫入境货物的收货人或其代理人，持有关单证向卸货口岸检验检疫机构申请，取得入境货物通关单，并对货物进行报检。

对进境一般报检业务而言，签发入境货物通关单和对货物的检验都由口岸检验检疫机构完成，收货人或其代理人在办理完通关手续后，应主动与检验检疫机构联系，落实施检工作。

2. 进境流向报检

进境流向报检也称口岸清关转异地进行检验检疫的报检，指法定入境检验检疫货物的收货人或其代理人，持有关单证在卸货口岸向口岸检验检疫机构报检，获取入境货物调离通知单；通关后，由进境口岸检验检疫机构进行必要的检疫处理，货物调往目的地后再由目的地检验检疫机构进行监管，申请进境流向报检货物的通关地与目的地属于不同海关辖区。

3. 异地施检报检

异地施检报检，指已在口岸完成进境流向报检，货物到达目的地后，该批进境货物的收货人或其代理人，在规定的时间内向目的地检验检疫机构申报进行检验检疫的报检。

因进境流向报检只在口岸对装运货物的运输工具和外包装进行了必要的检疫处理，并未对整批货物进行检验，只有当检验检疫机构对货物实施具体的检验、检疫，确认其符合有关检验检疫要求及合同或信用证的相关规定，收货人才能获得相应的准许进口货物销售使用的合法凭证，完成进境货物的检验检疫工作。异地施检报检时，应提供口岸检验检疫机构签发的入境货物调离通知单。

三、报检的地点与时间

（1）审批单、许可证等有关政府批文中规定检验检疫地点的，在规定的地点报检；

（2）大宗散装商品、易腐烂变质的商品、废旧物品（废纸除外）以及在卸货时发现包装破损、重/数量短缺的商品，必须在卸货口岸检验机构报检；

（3）需结合安装调试进行检验的成套设备、机电仪器产品以及在口岸打开后难以恢复包装的商品，应在收货人所在地检验机构报检并检验；

（4）其他入境货物，应在入境前或入境时向报关地检验检疫机构办理报检手续；

（5）入境运输工具及人员应在入境前或入境时向入境口岸检验机构办理申报；

（6）入境货物需对外索赔出证的，应在索赔有效期前不少于20天内向到货口岸或货物到达目的地的检验检疫机构报检；

（7）输入微生物、人体组织、生物制品、血液及其制品或种畜、禽及其精液、胚胎、受精卵的，应当在入境前30天报检；

（8）输入其他动物的，应在入境前15天报检；

(9) 输入植物、种子、种苗及其他繁殖材料的，应在入境前 7 天报检。

四、木质包装报检

木质包装报检，指用于承载、包装、铺垫、支撑、加固货物的木质材料，如木箱、木板条箱、木托盘等。经人工合成的材料或经浓度加工的包装用木质材料，如胶合板、纤维板等不在此列。

我国对来自日本、美国、韩国和欧盟的货物（不论是否列入《法检商品目录》）的木质包装，在入境口岸结关的，收货人或其代理人凭入境口岸检验检疫机构签发的入境货物通关单向口岸海关办理通关手续。

申请转关运输或直通式转关运输的货物，收货人或其代理人应按规定向指运地检验检疫机构报检，凭指运地检验检疫机构签发的入境货物通关单向指运地海关办理通关手续。

第二节 入境货物报检单填制

一、入境货物报检委托书

和进出口报关一样，在实务中，进出口商也往往委托货代公司进行报检，换言之，代理报检比自理报检多。进口商填写代理报检委托书（图 15-1），双方盖章后，由被委托的报检单位全权代理进口商的报检业务。代理报检委托书的填写比较简单，把相关信息用中文填写就行了，这里不再详细介绍。

二、入境货物报检单填制

入境货物报检单（图 15-2）有 34 项内容，不包括由出入境检验检疫机构填写的内容（带 * 的栏目）。填写内容应与买卖合同、商业发票、装箱单、提单等其他报关、报检单证上的内容一致。报检单应填写完整、清楚，无漏项，字迹清楚，不得涂改，中英文一致，并加盖申请单位公章。没有的内容填写的栏目应以"/"表示，不得留空。

出入境货物代理报检委托书

委托单位		十位编码	
地　　址		联系电话/经办人	

我单位将于_____年_____月进口□ 出口□ 以下货物

货物名称 (中英文)		H.S. 编码		件数/重量	
货　　值		贸易性质		包装性质	
货物启运国		货物产地		合同号或发票号	
企业性质		运 单 号		信用证号码	
经营范围					

随附单据名称、份数及编号：
1. 合同_____份； 　　　　　　　 6. 不办、免办证明_____份，编号：_____
2. 发票_____份； 　　　　　　　 7. 机电证明_____份，编号：_____
3. 装箱清单_____份； 　　　　　　8. 海关免表_____份，编号：_____
4. 登记手册_____份，编号：_____ 　9. 换证凭证或电子转单_____份，编号：_____
5. 许可证_____份，编号：_____ 　　10. _____

　　我单位郑重声明，保证遵守中华人民共和国出入境检验检疫有关法律、法规的规定和检验检疫机构的各项规章制度。如有违反行为，自愿接受检验检疫机构的处罚并负法律责任。
　　我单位所委托受托人向出入境检验检疫局提交的"报检单"和随附各种单据所列内容是真实无讹的。

(以上内容由委托单位填写)			
被委托单位		报检单位注册号	
地　　址		联系电话	
经 办 人		报检证号	
(以上由被委托单位填写)			
代理报检企业章		委托单位章 及法人代表章	

图 15－1

第十五章　入境货物报检

中华人民共和国出入境检验检疫
入境货物报检单

报检单位(加盖公章)(1)					*编号	
报检单位登记号：(2)		联系人(3)	电话(4)		报检日期(5)	

收货人 (6)	(中文)		企业性质(划"√") □国营 □私营 □三资
	(外文)		
发货人 (7)	(中文)		
	(外文)		

货物名称(中/外文) (8)	H.S. 编号 (9)	原产国(地区) (10)	数/重量 (11)	货物总值 (12)	包装种类及数量 (13)

(14)运输工具名称号码				(15)合同号	
(16)贸易方式		(17)贸易国别(地区)		(18)提单/运单号	
(19)到岸日期		(20)启运国家(地区)		(21)许可证/审批号	
(22)卸毕日期		(23)启运口岸		(24)入境口岸	
(25)索赔有效期至		(26)经停口岸		(27)目的地	
(28)集装箱规格、数量及号码					

(29)合同订立的特殊条款 以及其他要求			(30)货物存放地点	
			(31)用途	

(32)随附单据(划"√"或补填)		(33)标记及号码	*外商投资财产 划("√")	□是 □否
□合同 □到货通知			*检验检疫费	
□发票 □装箱单			总金额 (人民币元)	
□提/运单 □质保书				
□兽医卫生证书 □理货清单			计费人	
□植物检疫证书 □磅码单				
□动物检验证书 □验收报告			收费人	
□卫生证书 □				
□原产地证 □				
□许可/审批文件 □				

报检人郑重声明：(34) 1. 本人被授权报检 2. 上列填写内容正确属实 签名：	领取证单
	日 期
	签 名

注：有"*"号栏由出入境检验检疫机构填写   ◆国家出入境检验检疫局制

图 15-2

(1) 报检单位：此栏填写向检验检疫机构申报检验、检疫、鉴定业务的单位，必须是经国家质量监督检验检疫总局审核，获得许可、登记，并取得国家质检总局颁发的"自理报检单位备案登记证明书"或"代理报检单位备案登记证明书"的企业。在实务中，报检单位加盖单位公章即可。

(2) 报检单位登记号：此栏填写报检单位在检验检疫机构登记的号码。

(3) 联系人：此栏填写报检单位持有报检员证的报检员的姓名。

(4) 电话：此栏填写报检员的联系电话。

(5) 报检日期：此栏填写检验检疫机构实际受理报检的日期。

(6) 收货人：此栏填写买卖合同中的买方、信用证中的开证申请人的名称，中英文对照填写，并在"企业性质"处的对应的□内打√。

(7) 发货人：此栏填写买卖合同中的卖方信用证中受益人的名称，可以只填写英文，并在中文栏填写"/"。

(8) 货物名称（中/外文）：此栏填写进口货物的品名，应与买卖合同、商业发票上显示的名称一致，如为可再生利用的废旧物，应当注明。

(9) H.S.编码：此栏填写进口货物的商品编码，以当年海关公布的商品税则编码分类为准，填写8位或10位数。

(10) 原产国（地区）：此栏填写进口货物的原产国家或地区。

(11) 数/重量：此栏填写报检货物的数量，以商品编码分类中标准重量为准，并注明数/重量单位。例如：进口长裤100打，净重420千克，商品编码分类中按"条/千克"计，则应填写"1200条/420千克"。

(12) 货物总值：此栏填写报检货物的总值及币制，应与合同、发票或报关单上所列的货物总值一致。

(13) 包装种类及数量：此栏填写报检货物的实际运输包装的种类及数量。如果是木质包装，还应注明材质。例如：松木托盘半塑封，12个。

(14) 运输工具名称号码：此栏填写运输工具的名称和号码。例如：EVER ULTRA V.329。

(15) 合同号码：此栏填写买卖合同的号码，如果是以订单或形式发票成交的，也可填写订单或形式发票的号码。

(16) 贸易方式：此栏填写报检货物的贸易方式，例如一般贸易、来料加工等。

(17) 贸易国别（地区）：此栏填写进口货物的贸易国别，也就是买卖合同中出口商的所在国家。

（18）提单/运单号：此栏填写进口货物的海运提单号码或航空运单号码。

（19）到岸日期：此栏填写进口货物到达口岸的日期。

（20）启运国家（地区）：此栏填写进口货物的装运港所在的国家或地区。

（21）许可证/审批号：需办理进口许可证或审批的货物，应在此栏填写有关许可证或审批号，如果不需要办理进口许可证或审批的货物，则填写"/"。

（22）卸毕日期：此栏填写货物在入境口岸的卸毕日期。

（23）启运口岸：此栏填写进口货物的装运港。

（24）入境口岸：此栏填写进口货物的卸货港。

（25）索赔有效期至：此栏填写买卖合同中约定的索赔期限。

（26）经停口岸：此栏填写进口货物在运输中曾经停靠的国外口岸，如果没有，填写"/"。

（27）目的地：此栏填写进口货物在国内的最终目的地。

（28）集装箱规格、数量及号码：此栏填写装载进口货物的集装箱规格、数量及号码。如果是拼装的，也要注明集装箱的规格与号码；非集装箱运输的，则填写"/"。

（29）合同订立的特殊条款以及其他要求：此栏填写在合同中订立的有关检验检疫的特殊条款及其他要求。

（30）货物存放地点：此栏填写货物存放的实际地点。

（31）用途：按照有关规定，"用途"共九种，分别是繁殖或种用、奶用、药用、饲用、食用、实验、动物伴侣、观赏或演艺、其他。申报时在九种用途中选择一种，也只能选一种。

（32）随附单据：在随附单据的种类前的□上划"√"或补填。

（33）标记及号码：此栏填写进口货物的唛头，散装货物、裸装货物或包装上没有标记号码的，则填写"N/M"，但必须与买卖合同、商业发票等有关单据上显示的唛头一致。

（34）报检人郑重声明及签名：此栏的报检人声明内容已印就，报检员必须亲笔签署。

第三节 同步实训

一、示范

浙江省轻工业品进出口公司（ZHEJIANG LIGHT INDUSTRIAL PRODUCTS I/E CORP.）从意大利 SAVIO MACCHINE TESSILI S. P. A. 公司进口自动络筒机一台。报检员钟安根据浙江省轻工业品进出口公司单证员邱建华填写的代理报检委托书（图 15 – 3）以及以下资料，填写入境货物报检单。

其他相关资料：

报检日期：2012 年 8 月 24 日　　　　贸易方式：一般贸易

到岸日期：2012 年 8 月 20 日　　　　卸毕日期：2012 年 8 月 20 日

入境口岸：上海　　　　　　　　　　启运港：第里雅斯特

索赔有效期：卸货后 90 天内　　　　合同中无特殊检验条款

船名航次：EVER ULTRA V. 205　　　1×40FCL，KKFU7643630

货物存放地点：外高桥 16 区堆场　　　无经停口岸

报检所需提供单据：合同、发票、装箱单、提单

唛头：Z. L. I. P. I. C.

　　　 SV – ZJ – 120423

　　　 SHANGHAI

　　　 NO. 1 – 12

填写好的入境货物报检单见图 15 – 4。

出入境货物代理报检委托书

委托单位	浙江省轻工业品进出口公司	十位编码	3301910043
地　址	浙江杭州保俶路190号	联系电话/经办人	0571-88791718/邱建华

我单位将于 __2012__ 年 __8-9__ 月☑进口☐出口以下货物

货物名称	自动络筒机 AUTOMATIC WINDER	H.S.编码	8445401000	件数/重量	12
货　值	120800.00 欧元	贸易性质	一般贸易	包装性质	件
货物启运国	意大利	货物产地	意大利	合同号或发票号	SV-ZJ-120423
企业性质	国营	运单号	00/12/3019/CNSHA/12	信用证号码	270-85-2012
经营范围	各类轻工业产品的自营进出口,代理进出口。				

随附单据名称、份数及编号：

1. 合同 __1__ 份；
2. 发票 __1__ 份；
3. 装箱清单 __1__ 份；
4. 登记手册 ____ 份，编号：____
5. 许可证 __1__ 份，编号：__120721967__
6. 不办、免办证明 ____ 份，编号：____
7. 机电证明 ____ 份，编号：____
8. 海关免表 ____ 份，编号：____
9. 换证凭证或电子转单 ____ 份，编号：____
10.

　　我单位郑重声明,保证遵守中华人民共和国出入境检验检疫有关法律、法规的规定和检验检疫机构的各项规章制度。如有违反行为,自愿接受检验检疫机构的处罚并负法律责任。

　　我单位所委托受托人向出入境检验检疫局提交的"报检单"和随附各种单据所列内容是真实无讹的。

（以上内容由委托单位填写）

被委托单位	上海德威国际货物代理有限公司	报检单位注册号	2200237356
地　址	黄浦区南浔路198号	联系电话	021-68041341
经办人	钟安	报检证号	220020095921584

（以上由被委托单位填写）

代理报检企业章	上海德威国际货运代理有限公司（章）	委托单位章及法人代表章	浙江省轻工业品进出口公司（章）陈乐谦（章）

图 15-3

中华人民共和国出入境检验检疫
入境货物报检单

报检单位（加盖公章） *编号 _____

报检单位登记号：2200237356　　联系人　钟安　　电话 C21-68041341　　报检日期　2012 年 8 月 24 日

收货人	（中文）	浙江省轻工业品进出口公司	企业性质（划"√"）	☑国营 □私营 □三资
	（外文）	ZHEJIANG LIGHT INDUSTRIAL PRODUCTS I/E CORP.		
发货人	（中文）	/		
	（外文）	SAVIO MACCHINE TESSILI S. P. A.		

货物名称(中/外文)	H. S. 编号	原产国	数/重量	货物总值	包装种类及数量
自动络筒机 AUTOMATIC WINDER	8445401000	意大利	1 台	120800.00 欧元	12 件

运输工具名称号码	EVER ULTRA V. 205			合同号	SV-ZJ-120423
贸易方式	一般贸易	贸易国别(地区)	意大利	提单/运单号	528350453
到岸日期	2012 年 8 月 20 日	启运国家(地区)	意大利	许可证/审批号	120721967
卸毕日期	2012 年 8 月 20 日	启运口岸	第里雅斯特	入境口岸	上海
索赔有效期至	卸货后 90 天内	经停口岸	/	目的地	杭州
集装箱规格、数量及号码	1 个 40 尺整箱，KKFU7643630				

合同订立的特殊条款以及其他要求	/	货物存放地点	外高桥 16 区堆场
		用途	其他

随附单据（划"√"或补填）		标记及号码	*外商投资财产 划（"√"）	□是　□否
☑合同	□到货通知	Z. L. I. P. I. C. SV-ZJ-120423 SHANGHAI NO. 1-12	*检验检疫费	
☑发票	☑装箱单		总金额（人民币元）	
☑提/运单	□质保书			
□兽医卫生证书	□理货清单		计费人	
□植物检疫证书	□磅码单			
□动物检疫证书	□验收报告		收费人	
□卫生证书	□			
□原产地证			领取证单	
□许可/审批文件	□			

报检人郑重声明：
1. 本人被授权报检
2. 上列填写内容正确属实
签名：钟安

	领取证单
日　期	
签　名	

注：有"*"号栏由出入境检验检疫机构填写　　　　◆国家出入境检验检疫局制

图 15－4

二、测试

中国斯蒂科国际贸易南京有限公司从澳大利亚进口的羊毛 14.9256 公吨，于 2012 年 5 月 15 日从澳大利亚悉尼出发，5 月 29 日到达上海。5 月 31 日，单证员何晓萍填写了报检委托书（图 15-5），委托上海中远国际货运有限公司代理报检。请根据报检委托书和下列其他相关资料填写入境货物报检单（图 15-6）。

其他相关资料：

报检日期：2012 年 6 月 1 日　　　　贸易方式：一般贸易
到岸日期：2012 年 5 月 29 日　　　　卸毕日期：2012 年 5 月 29 日
入境口岸：上海　　　　　　　　　　启运港：悉尼
索赔有效期：卸货后 90 天内　　　　合同中无特殊检验条款
船名航次：ANL WINDARRA V.063N　 1×20FCL/APZU3708672/9860780
货物存放地点：外港二区堆场　　　　无经停口岸
报检所需提供单据：合同、发票、装箱单、提单
唛头：S D I C
　　　WW2012S9576
　　　SHANGHAI
　　　NO. 1-120

出入境货物代理报检委托书

委托单位	中国斯蒂科国际贸易南京有限公司	一位编码	3219910198		
地　址	南京长江路2号17楼	联系电话/经办人	025-68025488/何晓萍		
我单位将于__2012__年_5-6_月☑进口 □出口以下货物					
货物名称	澳大利亚羊毛 AUSTRALIAN GREASY WOOL	H.S.编码	510110001	件数/重量	120
货　值	159703.92美元	贸易性质	一般贸易	包装性质	包
货物启运国	澳大利亚	货物产地	澳大利亚	合同号	WW2012S9576
企业性质	国营	运单号	APLU071215385	信用证号码	LCF0600201201253
经营范围	各类日用品、畜产品、食品的自营进出口，代理进出口。				

随附单据名称、份数及编号：
1. 合同____1____份；　　　　　　6. 不办、免办证明_____份，编号：_____
2. 发票____1____份；　　　　　　7. 机电证明_____份，编号：_____
3. 装箱清单_____份；　　　　　　8. 海关免表_____份，编号：_____
4. 登记手册_____份，编号：_____　9. 换证凭证或电子转单____份，编号：_____
5. 许可证_____份，编号：_____　　10. 关税配额证明 1 份，编号 12250234348_____

　　我单位郑重声明，保证遵守中华人民共和国出入境检验检疫有关法律、法规的规定和检验检疫机构的各项规章制度。如有违反行为，自愿接受检验检疫机构的处罚并负法律责任。
　　我单位所委托受托人向出入境检验检疫局提交的"报检单"和随附各种单据所列内容是真实无讹的。

（以上内容由委托单位填写）

被委托单位	上海中远国际货运有限公司	报检单位注册号	2200653498
地　址	上海市海宁路269号C座15楼	联系电话	021-55218265
经办人	莫亮虎	报检证号	220020117512396

（以上由被委托单位填写）

代理报检企业章	上海中远国际货运有限公司（章）	委托单位章及法人代表章	中国斯蒂科国际贸易南京有限公司(章) 何寿林(章)

图 15-5

 **中华人民共和国出入境检验检疫 入境货物报检单**

报检单位(加盖公章)   *编号

报检单位登记号：   联系人   电话   报检日期

收货人	(中文)			企业性质(划"√") □国营 □私营 □三资	
	(外文)				
发货人	(中文)				
	(外文)				

货物名称(中/外文)	H.S.编号	原产国	数/重量	货物总值	包装种类及数量

运输工具名称号码		合同号	
贸易方式		贸易国别(地区)		提单/运单号	
到岸日期		启运国家(地区)		许可证/审批号	
卸毕日期		启运口岸		入境口岸	
索赔有效期至		经停口岸		目的地	
集装箱规格、数量及号码					

合同订立的特殊条款 以及其他要求	/	货物存放地点	
		用途	
随附单据(划"√"或补填)	标记及号码	*外商投资财产 划("√")	□是 □否
☑合同　　　□到货通知 ☑发票　　　☑装箱单 ☑提/运单　　□质保书 □兽医卫生证书　□理货清单 □植物检疫证书　□磅码单 □动物检验证书　□验收报告 □卫生证书　　□ □原产地证　　□ □许可/审批文件　□		*检验检疫费	
		总金额 (人民币元)	
		计费人	
		收费人	

报检人郑重声明： 1. 本人被授权报检 2. 上列填写内容正确属实 签名：	领取证单	
	日　期	
	签　名	

注：有"*"号栏由出入境检验检疫机构填写   ◆国家出入境检验检疫局制

图 15-6

第十六章 入境货物报关

第一节 进口货物报关

一、进口货物的报关程序

进口商办理完入境货物报检手续，接着就是按照我国有关法律、法规的规定，填写进口货物报关单，并随附进口货物的商业发票、装箱单、提单等进口相关单据，向入境口岸海关办理进口报关手续。

在实务中，许多进口企业是委托货代公司或者报关行进行报关的，因此，作为进口企业的单证员，要填写一份进口报关委托书。进口报关委托书的格式与出口报关委托书的格式相同，这里不再赘述。

根据时间的先后顺序和海关监管的要求不同，入境货物的报关一般可为前期报关程序、进出境报关程序和后续报关程序三类。一般进出口货物只需适用进出境报关程序，保税加工货物、特定减免税进口货物、暂（准）进口货物需要适用前期报关程序、进出境报关程序和后续报关程序。

进口货物报关程序

	前期报关	进出境报关	后续报关
一般进出口货物	无	申报 ↓ 查验 ↓ 征税 ↓ 放行	无
保税加工货物	登记备案		核销、结关
特定减免税进口货物	资格认定		解除监管
暂（准）进口货物	备案、担保		销案、退保

1. 进口申报

进口申报，指进口货物的收货人或者其委托的代理人在进口货物时，在海关规定的期限内，以书面或者电子数据交换（EDI）方式向海关报告其进口货物的情况，并随附有关货运和商业单证，申请海关审查放行，并对所报告内容的真实准确性承担法律责任的行为。

运载进口货物的运输工具申报进境之日起 14 天内（期限的最后一天是星期六、星期天或法定节假日可顺延至下周末或法定节假日之后的第一个工作日），进口货物的收货人或其代理人必须向运输工具进境地海关申报，并提供进口货物报关单及随附单证。逾期不申报的，海关将征收滞报金，超过 3 个月未申报的，货物由海关提取依法变卖处理。

常见的进口随附单据有：

基本单据	随附单据			
	商业单据	货运单据	官方单据	备用单据
进口货物报关单	商业发票	提货单	入境货物通关单	买卖合同
	装箱单	航空货运单	进口许可证	保险单
	代理报关委托书	入境汽车载货清单	原产地证	
		快递或邮局收据		

2. 配合查验

查验是指海关在接受报关单位的申报后，依法为确定进境货物的性质、原产地、货物状况、数量和价值是否与货物申报单上已填报的详细内容相符，对货物进行实际检查的行政执法行为。

海关查验进口货物时，进口货物的收货人或其代理人必须在场，并按照海关的要求负责搬移货物、开拆和重封货物的包装等。如果进口货物收货人或其代理人没有在规定时间内到场，海关也有径行查验的权力。

3. 缴纳税费

进口货物的收货人或其代理人将进口货物报关单及随附单证提交给货物进境地海关后，海关对报关单进行审核，对需要查验的货物进行查验，然后核对计算机系统，计算税费，开具缴款书和收费票据。

进口货物的收货人或其代理人应当在税款书和收费票据开具之日起 15 日

内,持缴款书和收费票据向指定银行办理税费交付手续,也可以通过网络进行电子支付税费。一俟收到银行缴款成功的信息,收货人即可报请海关办理货物放行手续。自缴款书开具之日起15天内,进口货物的收货人不缴纳税款的,从第16天开始,海关征收滞纳金。缴款期限满日遇星期六、星期天或法定节假日的,可顺延至周末或法定节假日之后的第一个工作日。

4. 提取货物

进口货物的收货人或其代理人,在办理了进口申报、配合查验、缴纳税费等手续,海关决定放行后,凭海关加盖放行章的出口装货凭证,或凭海关通过计算机发送的放行通知书提取进口货物。

二、进口货物报关单的填制

与出口货物报关单一样,进口货物报关单也有47项内容,其中有37个栏目的内容与出口货物报关单相同,内容不同的栏目有10栏,分别是(3)进口口岸、(5)进口日期、(6)申报日期、(8)收货单位、(14)征税比例、(16)起运国、(17)装货港、(18)境内目的地、(31)用途和(37)原产国(地区)栏,另外(19)批准文号、(21)运费和(22)保费3个栏目的名称与出口货物报关单中对应的名称一样,但填写时有相异之处。

这里详细介绍这13个栏目的填写,其余栏目的填写可参见本书第七章第三节。

(1)第3栏,进口口岸:此栏应填写货物实际入境的口岸海关,填报口岸海关的中文名称及4位数字代码。例如:外港海关2225。

(2)第5栏,进口日期:此栏填写运载所申报的进口货物的运输工具的进境日期,无实际进境的,则填写申请办理货物进口手续的日期。此栏为8位数字,顺序为年(4位)、月(2位)、日(2位)。例如:20120304。

(3)第6栏,申报日期:此栏填写海关接受进口货物收货人或其代理人申报办理货物进口手续的日期。除特殊规定外,进口货物的申报日期不得早于进口日期。根据我国《海关法》规定,进口货物的收货人或其代理人应当自运输工具申报进境之日起14天内,向货物的进出境地海关申报。申报期限的最后一天是法定节假日或休息日的,顺延至法定节假日或休息日后的第一个工作日。超过14天仍未申报的,海关将征收滞报金。

(4)第8栏,收货单位:此栏填写已知进口货物在境内的最终消费、使用单位，如自行从境外进口货物的单位，委托有外贸进出口经营权的企业进口货物的单位等。加工贸易报关单的收货单位应与加工贸易手册中的货主单位一致，减免税报关单的收货单位应与减免税证明的申请单位一致。

（5）第14栏，征税比率：此栏仅用于"进料非对口"（代码0715）贸易方式下进口料件的进口报关单，现已不需要填报。

（6）第16栏，起运国（地区）：起运国（地区）是指在未与任何中间国发生任何商业性交易或其他改变货物法律地位的活动情况下，把货物发出并运往进口国（地区）的国家或地区。如果货物在运抵进口国（地区）之前，在第三国发生中转，并且发生某种商业性交易或活动，则应把第三国作为起运国（地区）。

（7）第17栏，装货港：装货港也称装运港，是指进口货物在运抵我国关境前的最后一个境外装运港。如果未经转运，装运港就是提单上的装货港；如果经过转运，装货港则填写中转港。当中间商不在中转地时，装货港与起运国（地区）脱节。例如：

①中国广州进口商从美国新奥尔良进口小麦，没有中间商，起运国是美国，装货港是新奥尔良。

②中国广州进口商从美国新奥尔良进口小麦，通过中国香港中间商，但货物直达，起运国是美国，装货港是新奥尔良。

③中国广州进口商从美国新奥尔良进口小麦，通过韩国中间商，货物在中国香港中转，起运国是美国，装货港是香港。

④中国广州进口商从美国新奥尔良进口小麦，通过中国香港中间商，货物在中国香港中转，启运地是香港，装货港是香港。

进口报关单上装货港与起运国（地区）两者之间的逻辑关系：

装运状况	交易状况	装货港	起运国
货物启运后直接运抵进口港	与起运国交易商交易	货物启运的港口为装货港	货物起运港口所在国（地区）为起运国
	与非起运国交易商交易		
货物启运后在途经港换装运输工具后再运抵进口港	与途经港以外其他国家的贸易商交易	货物换装运输工具的途经港口为装货港	货物起运港口所在国（地区）为起运国
	与货物换装运输工具的途经港所在国的贸易商交易		货物交易及中途换装运输工具港口的所在国（地区）为起运国

（8）第18栏，境内目的地：此栏填写已知的进口货物在国内的消费、使用地或最终运抵地点。

（9）第31栏，用途：此栏填写进口货物实际用途。常见的进口货物的用途有：

用途代码	用途名称	用途代码	用途名称	用途代码	用途名称
01	外贸自营内销	05	加工返销	09	作价提供
02	内销	06	借用	10	货样广告品
03	其他内销	07	收保证金	11	其他
04	企业自用	08	免费提供	13	以产顶进

进口报关单上备案号首位字母、贸易方式、征免性质、用途、征免之间的逻辑关系：

备案号首位字母	贸易方式	征免性质	用途	征免
Z	一般贸易（0110）	一般征税	外贸自营内销	照章征税
		科教用品	其他内销	全免
		鼓励项目（内）	企业自用	全免
		自有资金		
B	来料加工（0214）	来料加工	加工返销	全免
C	进料加工（0615）	进料加工		
Z	合资合作设备（2025）	中外合资	企业自用	全免
		中外合作		
		鼓励项目		
		一般征税		照章征税
Z	外资设备物品（2225）	外资企业	企业自用	全免
		鼓励项目		
		一般征税		照章征税
Z	不作价设备（0320）	加工设备	企业自用	全免
	加工贸易设备（0420）			照章征税

(10) 第37栏，原产国（地区）：此栏是指进口货物的生产、开采或加工制造的国家或地区。对经过几个国家或地区加工制造的进口货物，以最后一个对货物进行经济上可以视为实质加工的国家或地区作为该货物的原产国（地区）。例如：南京某进出口公司与马来西亚某公司签约进口1000台索尼彩电，其显像管为日本生产，音响与塑料部件为泰国生产，在马来西亚组装成彩电，则原产国应填报马来西亚。

(11) 第19栏，批准文号：此栏原填写进口核销单号码，现已免予填报。

(12) 第21栏，运费：此栏填写进口货物从始发地至目的地的国际运输所需要的各种费用，当进口成交方式为FOB和CFR的，应在本栏填写运费。

(13) 第22栏，保费：此栏填写进口货物的全部国际运输的保险费用，当进口成交方式为FOB和CFR的，应在本栏填写保险费。

进口报关单上成交方式、运费、保险费之间的逻辑关系：

成交方式	运 费	保 费
CIF	不填	不填
CFR	填	填
FOB	填	填

进口货物报关单见图16-1。

中华人民共和国海关进口货物报关单

预录入编号： (1)		海关编号： (2)	
进口口岸 (3)	备案号 (4)	进口日期 (5)	申报日期 (6)
经营单位 (7)	运输方式 (9)	运输工具名称 (10)	提运单号 (11)
收货单位 (8)	贸易方式 (12)	征免性质 (13)	征税比例 (14)
许可证号 (15)	起运国(地区) (16)	装货港 (17)	境内目的地 (18)
批准文号 (19)	成交方式 (20)	运费 (21)	保费 (22)	杂费 (23)
合同协议号 (24)	件数 (25)	包装种类 (26)	毛重(公斤) (27)	净重(公斤) (28)
集装箱号 (29)	随附单据 (30)		用途 (31)
标记唛码及备注 (32)			

项号	商品编号	商品名称	规格类型	数量及单位	原产国(地区)	单价	总价	币制	征免
(33)	(34)	(35)		(36)	(37)	(38)	(39)	(40)	(41)

税费征收情况(42)

录入员 (43)	录入单位 (44)	兹声明以上申报无讹并承担法律责任	海关审单批注及放行日期(盖章) (47)	
报关员			审单	审价
单位地址			征税	统计
邮编		申报单位(签章) (45)	查验	放行
		电话 填制日期 (46)		

图 16−1

第十六章 入境货物报关

第二节 同步实训

一、示范

2012年4月,浙江省轻工业品进出口公司从意大利进口自动络筒机一台。2012年8月20日货物到达上海(外高桥关2218),单证员邱建华填写了代理报关委托书(图16-2)和进口货物报关单(图16-3),委托上海德威国际货运代理有限公司代理报关。

其他相关资料:

申报日期:2012年8月27日　　　　船名航次:EVER ULTRA V. 205

自动进口许可证号:120821967　　　成交方式:CIF

起运国:意大利　　　　　　　　　装货港:第里雅斯特

境内目的地:浙江杭州　　　　　　合同号码:SV-ZJ-120423

毛重:7090千克　　　　　　　　　净重:6514千克

件数:12　　　　　　　　　　　　包装种类:件

原产国:意大利

入境货物通关单号码:220203112124398076

集装箱号/规格/自重:KKFU7643630/40/3800

唛头:Z. L. I. P. I. C.
　　　　SV-ZJ-120423
　　　　SHANGHAI
　　　　NO. 1-12

代理报关委托书

编号：1 2 0 8 0 4 9 6 3 0 7

我单位现 A（A 逐票、B 长期）委托贵公司代理 A、B、D、H 等通关事宜（A 填单申报、B 辅助查验、C 垫缴税款、D 办理海关证明联、E 审批手册、F 核销手册、G 申办减免税手续、H 其他）。详见《委托报关协议》。

我单位保证遵守《海关法》和国家有关法规，保证所提供的情况真实、完整、单货相符。否则，愿承担相关法律责任。

本委托书有效期自签字之日起至 2012 年 9 月 25 日止。

委托方(盖章)：浙江省轻工业品进出口公司（章）

法定代理人或其授权签署《代理报关（章）》：陈乐谦

2012 年 8 月 22 日

委托报关协议

为明确委托报关具体事项和各自责任，双方经平等协商签订协议如下：

委托方	浙江省轻工业品进出口公司 3301910043	被委托方	上海德威国际货运代理有限公司
主要货物名称	自动络筒机 AUTOMATIC WINDER	*报关单编码	
H.S. 编码	8445401000	收到单证日期	2012 年 8 月 23 日
货物总价	120800.00 欧元	收到单证情况	合同 ☑ 发票 ☑ 装箱单 ☑ 提(运)单 ☑ 加工贸易手册 ☐ 许可证件 ☑ 其他
进出口日期	2012 年 8 月 20 日		
提单号	00/12/3019/CNSHA/12		
贸易方式	一般贸易	报关收费	人民币：100 元整
原产地/货源地	意大利		
其他要求：		承诺说明：	
背面所列通用条款是本协议不可分割的一部分，对本协议的签署构成了对背面通用条款的同意。		背面所列通用条款是本协议不可分割的一部分，对协议的签署构成了对背面通用条款的同意。	
委托方业务签章： 浙江省轻工业品进出口公司（章）		被委托方业务签章： 上海德威国际货运代理有限公司(章)	
经办人签章：邱建华 联系电话：88791718 2012 年 8 月 22 日		经办报关员签章：程佩芳 联系电话：68041341 2012 年 8 月 23 日	

（白联：海关留存，黄联：被委托方留存、红联，委托方留存）　　中国报关协会监制

图 16－2

中华人民共和国海关进口货物报关单

预录入编号：		海关编号：		
进口口岸 外高桥关 2218	备案号 ***	进口日期 2012.08.20		申报日期 2012.08.27
经营单位 3301910043 浙江省轻工业品进出口公司	运输方式 水路运输	运输工具名称 EVER ULTRA / 205		提运单号 00/12/3019/CNSHA/12
收货单位 3301910043	贸易方式 一般贸易	征免性质 一般征税		征税比例 ***
许可证号 120821967	起运国（地区） 意大利	装货港 第里雅斯特		境内目的地 浙江杭州
批准文号 ***	成交方式 CIF	运费 1,500.00 美元	保费 50.00 美元	杂费 ***
合同协议号 SV-ZJ-120423	件数 12	包装种类 件	毛重（千克） 7090.00	净重（千克） 6514.00
集装箱号 KKFU7643630/40/3800	随附单据 A: 220203112124398076		用途 外贸自营内销	
标记唛码及备注 Z.L.I.P.I.C. SV-ZJ-120423 SHANGHAI NO. 1-12				

项号	商品编号	商品名称	规格类型	数量及单位	原产国（地区）	单价	总价	币制	征免
1	8445401000	自动络筒机 AUTOMATIC WINDER	***	1 台 1 台	意大利	120800.00	120800.00	欧元	照章征税

税费征收情况

录入员	录入单位	兹声明以上申报无讹并承担法律责任	海关审单批注及放行日期（盖章）	
报关员 程佩芳		浙江轻工业品进出口公司报关专用章	审单	审价
单位地址 浙江杭州保俶路 190 号			征税	统计
邮编 310006　电话 88791718	申报单位（签章） 填制日期 2012.08.27		查验	放行

图 16-3

二、测试

中国斯蒂科国际贸易南京有限公司从澳大利亚进口的羊毛 14.9256 公吨，于 2012 年 5 月 15 日从澳大利亚悉尼出发，5 月 29 日到达上海。请根据代理报关委托书图 16-4 和下列其他相关资料填写进口货物报关单图 16-5。

其他相关资料：

报关日期：2012 年 6 月 5 日　　贸易方式：一般贸易

进口口岸：外港海关 2225　　装货港：悉尼

毛重：22352 千克　　净重：22112 千克

成交数量：14.9256 公吨　　成交单价：10700.00/公吨

成交方式：CIF　　海关计量单位：千克

通关单号码：220005112198012012　　报关员：莫亮虎/220011005923901

船名航次：ANL WINDARRA V.063N

集装箱号/规格/自重：APZU3708672/20/2300

邮编：210009　　合同号：WW2012S9576

境内目的地：江苏南京

唛头：S D I C
　　　WW2012S9576
　　　SHANGHAI
　　　NO. 1-120

代理报关委托书

编号：1 2 0 5 0 2 0 9 3 1 4

我单位现 A（A逐票、B长期）委托贵公司代理A、B、D、H等通关事宜（A填单申报、B辅助查验、C垫缴税款、D办理海关证明联、E审批手册、F核销手册、G申办减免税手续、H其他）。详见《委托报关协议》。

我单位保证遵守《海关法》和国家有关法规，保证所提供的情况真实、完整、单货相符。否则，愿承担相关法律责任。

本委托书有效期自签字之日起至 2012 年 7 月 4 日止。

（中国斯蒂科国际贸易南京有限公司 章）

法定代理人或其授权签署《代理报关委托书》的人（签字）：何寿林

2012 年 6 月 4 日

委托报关协议

为明确委托报关具体事项和各自责任，双方经平等协商签订协议如下：

委托方	中国斯蒂科国际贸易南京有限公司 3219910198	被委托方	上海中远国际货运有限公司
主要货物名称	澳大利亚羊毛 AUSTRALIAN GREASY WOOL	*报关单编码	
H.S.编码	5101110001	收到单证日期	2012年6月4日
货物总价	159703.92美元	收到单证情况	合同 ☑ 发票 ☑ 装箱单 ☑ 提（运）单 ☑ 加工贸易手册 ☐ 许可证件 ☐ 其他：关税配额证明 12250234348
进出口日期	2012年5月29日		
提单号	APLU071215385		
贸易方式	一般贸易	报关收费	人民币：100元整
原产地/货源地	澳大利亚		
其他要求：		承诺说明：	

背面所列通用条款是本协议不可分割的一部分，对本协议的签署构成了对背面通用条款的同意。

委托方业务签章：（中国斯蒂科国际贸易南京有限公司 章）

经办人签章：何晓萍

联系电话：68025488

2012 年 6 月 4 日

被委托方业务签章：（上海中远国际货运有限公司 章）

经办报关员签章：莫亮虎

联系电话：55218265

2012 年 6 月 4 日

（白联：海关留存，黄联：被委托方留存，红联：委托方留存）

中国报关协会监制

图 16-4

中华人民共和国海关进口货物报关单

预录入编号：		海关编号：	
进口口岸	备案号	进口日期	申报日期
经营单位	运输方式	运输工具名称	提运单号
收货单位	贸易方式	征免性质	征税比例
许可证号	起运国(地区)	装货港	境内目的地
批准文号	成交方式	运费	保费	杂费
合同协议号	件数	包装种类	毛重(公斤)	净重(公斤)
集装箱号	随附单据		用途	
标记唛码及备注				

项号	商品编号	商品名称 规格类型	数量及单位	原产国(地区)	单价	总价	币制	征免

税费征收情况

录入员	录入单位	兹声明以上申报无讹并承担法律责任	海关审单批注及放行日期(盖章)
报关员			审单　　　审价
单位地址			征税　　　统计
邮编　　　电话	申报单位(签章)　　填制日期		查验　　　放行

图 16－5

第十六章　入境货物报关

第十七章　进口付汇

第一节　进口付汇政策

在信用证结算方式项下，进口单据到达开证行后，根据《UCP600》的规定，如果单证一致，单单一致，在5个工作日内，开证行必须付款。因此，开证行要求开证申请人（进口商）在3个工作日内正式书面通知其是否接受单据。如果到期未答复，视为开证申请人接受单据，开证行将对外付款或承兑。如果开证申请人认为的不符点不被开证行所接受，开证行照样会对外支付，因为信用证是开证行有条件支付货款的承诺。

根据2012年6月27日国家外汇管理局、海关总署、国家税务总局《关于货物贸易外汇管理制度改革的公告》，为大力推进贸易便利化，进一步改进货物贸易外汇服务和管理，国家外汇管理局、海关总署、国家税务总局决定，自2012年8月1日起在全国实施货物贸易外汇管理制度改革。

出口方面，从2012年8月1日起取消出口收汇核销单，企业不再办理出口收汇核销手续。国家外汇管理局分支局（以下简称外汇局）对企业的贸易外汇管理方式由现场逐笔核销改变为非现场总量核查。外汇局通过货物贸易外汇监测系统，全面采集企业货物进出口和贸易外汇收支逐笔数据，定期比对、评估企业货物流与资金流总体匹配情况，便利合规企业贸易外汇收支；对存在异常的企业进行重点监测，必要时实施现场核查。

进口方面，外汇局根据企业贸易外汇收支的合规性及其与货物进出口的一致性，将企业分为A、B、C三类。A类企业进口付汇单证简化，可凭进口报关单、合同或发票等任何一种能够证明交易真实性的单证在银行直接办理付汇，出口收汇无须联网核查；银行办理收付汇审核手续相应简化。对B、C类企业在贸易外汇收支单证审核、业务类型、结算方式等方面实施严格监管，

B 类企业贸易外汇收支由银行实施电子数据核查，C 类企业贸易外汇收支须经外汇局逐笔登记后办理。

外汇局根据企业在分类监管期内遵守外汇管理规定情况，进行动态调整。A 类企业违反外汇管理规定将被降级为 B 类或 C 类；B 类企业在分类监管期内合规性状况未见好转的，将延长分类监管期或被降级为 C 类；B、C 类企业在分类监管期内守法合规经营的，分类监管期满后可升级为 A 类。

第二节　对外付款/承兑通知书的填制

浙江省轻工业品进出口公司是 A 类企业，按照付汇政策，将进口货物报关单（付汇证明联）、发票或合同提交给开证行，并填写对外付款/承兑通知书，开证行即对外支付。

对外付款/承兑通知书由开证行提供，每家银行格式不同，内容无异。现以中国银行的对外付款/承兑通知书（图 17-1）为例作介绍。

中国银行国际结算的对外付款/承兑通知书一式四联，共有 38 项内容，专门用作进口信用证或托收项下的外汇支付。如果是付汇（前 T/T 或后 T/T）项下的外汇支付，则不采用此格式。其中第（1）至（23）栏由开证行填写，开证申请人（买卖合同中的买方）审核无误后填写第（24）至（37）栏。对外付款或承兑（到期付款）后，开证行在第（38）栏盖章，将第四联"申报主体留存联"退还给开证申请人，信用证项下的一笔交易结束。

对外付款/承兑通知书的具体填制规范如下：

（1）银行业务编号：此栏由银行计算机自动给出。

（2）日期：此栏填写的日期即开证行收到进口单据，转给开证申请人，并请申请人审核单据的日期。

（3）结算方式：根据实际情况，在信用证或托收前的□内打√。

（4）信用证/保函编号：此栏填写信用证号码。

（5）来单币种及金额：此栏填写进口发票（汇票）上的金额，包括币制。

（6）索汇币种及金额：此栏填写同上。

（7）来单行名称：此栏填写寄单行或议付行的名称。

对外付款/承兑通知书

银行业务编号 (1)   日 期 (2)

结算方式	(3) □信用证 □保函 □托收 □其他	信用证/保函编号	(4)
来单币种及金额	(5)	开证日期	(10)
索汇币种及金额	(6)	期 限	(11)
来单行名称	(7)	来单行编号	(12)
收款人名称	(8)		
收款行名称及地址	(9)		
付款人名称	(13)		
□对公组织机构代码 □□□□□□□—□		□对私 个人身份证件号码 □中国居民个人 □中国非居民个人	
扣费币种及金额	(14)		
合同号	(15)	发票号	(16)
提(运)单号	(17)	合同金额	(18)

银行附言 (19)

        上述信用证项下单据已到,
按照信用证条款和国际商会《跟单信用证统一惯例》(2007年修订)第600号出版物规定,我行正在审核。
如单证相符,我行将按规定对外承兑/付款;如单证不符,我行将另行通知。
请贵司准备资金,或保证指定账户余额足以支付。

单据清单如下:
Draft   Invoice   B/L(AWB)   P/L   I/P   Insp.   C/Qut   C/Qul   Origin   C/Benef   Fax

Others

申报号码	(20)		实际付款币种及金额	(21)
付款编号	(22)		若为购汇支出,则购汇汇率	(23)
收款人常驻国家(地区)名称及代码	(24)	□□□	是否为进口核查项下付款	(25) □是 □否
是否为预付款 (26) □是 □否	最迟装运日期	(27)	外汇局批件/登记表号	(28)
付款币种及金额	(29)	金额大写	(30)	
其中 (31)	购汇金额		账 号	(32)
	现汇金额		账 号	
	其他金额		账 号	
交易编号 (33)	□□□□ □□□□	相应币种及金额	(34)	交易附言 (35)
□同意即期付款 □同意承兑并到期付款 □申请拒付 联系人及电话 (36)	付款人印鉴(银行预留印鉴) (37)		银行业务章 (38)	
申报日期			经办 复核 负责人	

图 17-1

（8）收款人名称：此栏填写受益人（买卖合同中卖方）的名称。

（9）收款行名称及地址：此栏填写寄单行或议付行的名称及地址。

（10）开证日期：此栏填写信用证的开证日期。

（11）期限：此栏填写汇票期限，如果是即期汇票或即期付款信用证，则填写"0"。

（12）来单行编号：此栏填写寄单行或议付行的编号。

（13）付款人名称：此栏分"对公"和"对私"两种情况。如果是"对公"，在"对公组织机构代码"前的□内打√，并在后面的□内对应地填写上机构代码；如果是"对私"，在"对私"前的□内打√，填写个人身份证号码，并根据个人具体情况，在"中国居民个人"或"中国非居民个人"前的□内打√。

（14）扣费币种及金额：如果信用证规定议付费、电报费、偿付费、寄单费由开证行申请人支付的，在此栏内填写金额及币种；如果信用证规定这些费用由受益人支付的，此栏留空。

（15）合同号：此栏填写对应的买卖合同的号码。

（16）发票号：此栏填写对应的商业发票的号码。

（17）提（运）单号：此栏填写对应的提单或运单的号码。

（18）合同金额：此栏填写对应的买卖合同的金额。

（19）银行附言：此栏内容已经印就，即开证行提请进口商（开证申请人）准备资金对外付款。单据的清单即开证行收到的单据，也就是进口商在开证时要求出口商提供的单据。

（20）申报号码：此栏是银行交易的流水号，由银行电脑自动生成。

（21）实际付款币种及金额：此栏填写外汇折换成人民币后的金额及人民币符号。

（22）付款编号：此栏留空。

（23）购汇汇率：此栏留空。

（24）收款人常驻国家（地区）名称及代码：此栏填写出口商（受益人）所在国家（地区）的名称及代码。

（25）进口核查项下付款：此栏根据实际情况，在"是"与"否"前面的□内打√。

（26）预付款：此栏根据实际情况，在"是"与"否"前面的□内打√。

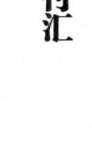

第十七章　进口付汇

（27）最迟装运日期：此栏填写信用证中的最晚装运日期。

（28）外汇局批件/登记表号：此栏留空。

（29）付款币种及金额：如果开证申请人不承担上述第14栏的扣费，此栏与第6栏填写一样；如果开证申请人承担上述第14栏的议付费、电报费等费用，此栏的金额应是第6栏与第14栏相加的金额。

（30）金额大写：此栏用中文大写填写应支付的外汇金额。

（31）其中：此栏分三种外汇：购汇金额，即用人民币按当天牌价向开证行购买的外汇金额；现汇金额，即进口商外汇账户里的外汇金额；其他金额，即进口商用外汇账户里的其他外汇换成的信用证项下的外汇金额。

（32）账号：此栏账号有三个，因为上述外汇金额可以有三种。

（33）交易编码：一般贸易项下填写101010。

（34）相应币种及金额：此栏留空。

（35）交易附言：此栏填写"一般贸易进口付汇"。

（36）付款人同意支付：如果是即期付款或即期议付信用证，在"同意即期付款"前的□内打√；如果是承兑或延期付款信用证，在"同意承兑并到期付款"前的□内打√；如果要拒付，在"申请拒付"前的□内打√，并且写上联系人名称、电话号码和申报日期。

（37）付款人印鉴：进口商（开证申请人）加盖公司财务章和法人代表章。

（38）银行业务章：开证行加盖"国际结算业务专用章"。

第三节　同步实训

一、示范

浙江省轻工业品进出口公司从意大利进口的自动络筒机的单据于2012年7月20日到达开证行中国银行浙江省分行。经审核，单证一致，单单一致，开证行与浙江省轻工业品进出口公司一致同意对外付款。请根据进口商业发票（图17-2）及其他相关资料填写对外付款/承兑通知书（图17-3）。

SAVIO MACCHINE TESSILI S. P. A.

VIA UDINE 105, 33170 PORDENONE, ITALY

COMMERCIAL INVOICE

To:		
ZHEJIANG LIGHT INDUSTRIAL PRODUCTS I/E CORP.	Invoice No.:	S12218-SV-0582
	Date:	26 JUN., 2012
	Contract No.:	SV-ZJ-120423
NO. 190 BAOCHU ROAD,	L/C No.:	270-85-2012
HANGZHOU CHINA	Remark:	AT SIGHT
	Ref.:	12/18858

Shipping Marks	Description of Goods	Quantity	Unit Price	Amount
Z. L. I. P. I. C.	AUTOMATIC WINDER		CIF SHANGHAI	
SV-ZJ-120423	MOD POLAR M	1SET	EUR120800.00	EUR120800.00
SHANGHAI	WITH 60 SPINNERS		================	
NO. 1-12				EUR120800.00

SAY EURO ONE HUNDRED TWENTY THOUSAND AND EIGHT HUNDRED ONLY.
PACKING: STANDARD EXPORT PACKING.

SAVIO MACCHINE TESSILI S. P. A.

Signature

图 17 - 2

其他相关资料：

银行业务编号：AB2700712001547　　日期：2012年7月26日
开证日期：2012年5月14日　　到期日：2012年7月25日
最迟装运日期：2012年7月10日　　一般贸易，即期议付信用证支付
收款人常驻国家名称代码：意大利/380　　进口核查项下付款
议付行名称及地址：CASSA DI RISPARNTO DT LUCCA S.P.A.，LUCCA，ITALY，INT'L DEPT.，DOC. OFF.
来单行编号：00220110328079B1　　对公组织机构代码：142938918
提单号：00/12/3019/CNSHA/12　　合同金额：120,800欧元
实际付款币种及金额：人民币940,488.40元　　法人代表：陈乐谦
联系人：邱建华　　电话：88791718
现汇金额：120,800欧元　　账号：3301523908671181
单据清单：汇票2，发票3，提单3，保险单2，装箱单2，质量与数量证明1，受益人证明信1，无木质包装证明1。

单证员邱建华填写妥当的对外付款/承兑通知书如图17-3。

二、测试

中国斯蒂科国际贸易南京有限公司从澳大利亚进口羊毛的单据于2012年5月25日到达开证行中国银行江苏省分行。因为单证一致，单单一致，中行江苏分行同意对外付款。请根据进口商业发票（图17-4）及其他相关资料填写对外付款/承兑通知书（图17-5）。

对外付款/承兑通知书

银行业务编号 AB2700712001547　　　　　　日期 2012-07-26

结算方式	☑信用证 □保函 □托收 □其他	信用证/保函编号	270-85-2012
来单币种及金额	EUR120800.00	开证日期	2012-05-14
索汇币种及金额	EUR120800.00	期限	0
来单行名称	CASSA DI RISPARNTO DT LUCCA S.P.A.	来单行编号	00220110328079B1
收款人名称	SAVIO MACCHINE TESSILI S. P. A., VIA UDINE 105, 33170 PORDENONE, ITALY		
收款行名称及地址	CASSA DI RISPARNTO DT LUCCA S.P.A., LUCCA, ITALY, INT'L DEPT., DOC. OFF.		
付款人名称	浙江省轻工业品进出口公司		
☑对公组织机构代码	1 4 2 9 3 8 9 1 — 8	□对私	个人身份证件号码
扣费币种及金额			□中国居民个人 □中国非居民个人
合同号	SV-ZJ-120423	发票号	S12218-SV-0582
提(运)单号	00/12/3019/CNSHA/12	合同金额	EUR120800.00

银行附言
　　　上述信用证项下单据已到。
　　按照信用证条款和国际商会《跟单信用证统一惯例》(2007年修订)第600号出版物规定，我行正在审核。
　　如单证相符，我行将按规定对外承兑/付款；如单证不一，我行将另行通知。
　　请贵司准备资金，或保证指定账户余额足以支付。

单据清单如下：
Draft　Invoice　B/L(AWB)　P/L　I/P　Insp.　C/Qut　C/Qul　Origin　C/Benef　Fax
　2　　　3　　　　3　　　　2　　2　　　　　　1　　　　　　　　　　　1
Others: NON-WOOD MATERIAL PACKING CERTIFICATE 1

申报号码		实际付款币种及金额	RMB940488.40
付款编号		若为购汇支出，则购汇汇率	
收款人常驻国家(地区)名称及代码	意大利 3 8 0	是否为进口核查项下付款	☑是 □否
是否为预付款	□是 ☑否　最迟装运日期 2012-07-10	外汇局批件/登记表号	
付款币种及金额	EUR120800.00	金额大写	欧元拾贰万零捌佰整
其中(30)	购汇金额		账号	
	现汇金额 EUR120800.00		账号	3301523908671181
	其他金额		账号	
交易编码	1 0 1 0 1 0 □□□□□	相应币种及金额	交易附言
☑同意即期付款　□同意承兑并到期付款　□申请拒付	付款人印鉴(银行预留印鉴)	银行业务章
联系人及电话 邱建华 88791718	浙江省轻工业品进出口公司财务章	陈谦乐印	中国银行股份有限公司浙江省分行国际结算业务专用章
申报日期: 2012.07.20		经办　复核　负责人

图 17-3

WESTCOAST WOOLS PTY LTD.

143 BARRINGTON STREET
BIBRA LAKE 6163
AUSTRALIA

COMMERCIAL INVOICE

Invoice To:		Invoice No.:	2012NW-06690AU
CHINA SDIC INTERNATIONAL TRADE NANJING CO., LTD.		Date:	30 APR., 2012
		Contract No.:	WW2012S9576
FLOOR 17, NO. 2 CHANGJIANG ROAD		Contract Date:	24 FEB., 2012
NANJING, JIANGSU, 21008		L/C No.:	LCF0600201201253
P. R. CHINA		L/C Date:	29 FEB., 2012

Shipping Marks	Description of Goods	Quantity	Unit Price	Amount
S D I C WW2013S9576 SHANGHAI NO. 1-120	AUSTRALIAN GREASY WOOL	14.9256MT	CIF SHANGHAI USD10,700.00 PER MT	USD159,703.92

SAY U. S. DOLLARS ONE HUNDRED FIFTY NINE THOUSAND SEVEN HUNDRED AND THREE AND CENTS NINETY TWO ONLY.
22112 NET KG @67.5% SCOURED 16% REGAIN YIELD
14925.60 KGS CLEAN WEIGHT ON IWTO SCOURED YIELD AT 16PCT REGAIN
AUSTRALIAN GREASY WOOL, GOOD COLOUR, PREMS 50PCT LAMBS 50PCT
18.5 MIC MAX AVE., 19.9 MIC MAX AOL, VM 2.0PCT MAX AVE, VM 5.5PCT MAX AOL, 46 HM, 62PCT MIN AVE YLD.
COUNTRY OF ORIGIN: AUSTRALIA
ALL TERMS AND CONDITIONS AS PER THE AUSTRALIAN-NEW ZEALAND-CHINA MODEL CONTRACT GOVERNING THE PURCHASE OF WOOL AND WOOLTOPS.
TOTAL PACKED IN: 120BALES
TOTAL TARE: 240KGS
TOTAL GROSS WEIGHT: 22352.00KGS

Certified Correct:
WESTCOAST WOOLS PTY LTD.

Per *Amy Quilter*

图 17－4

其他相关资料：

银行业务编号：AB2500112000989　　日期：2012年5月31日

来单行编号：0600201201253　　　　合同金额：160,500.00美元

对公组织机构代码：193282941　　　提单号：APLU071215385

购汇汇率：6.3820　　　　　　　　　购汇账号：800120043208091001

法人代表：何寿林　　　　　　　　　购汇金额：159,703.92美元

收款人常驻国家及代码：澳大利亚036　一般贸易

最迟装运日：2012年5月16日　　　　即期议付信用证

联系人：何晓萍　　　　　　　　　　电话：68025488

议付行名称及地址：ANZ BANK SYDNEY BRANCH，GPO BOX 4028 SYDNEY NSW 2001，AUSTRALIA

单据清单：汇票2，发票5，提单3，保险单2，质检证1，产地证2，重量单3，传真1

对外付款/承兑通知书

银行业务编号				日 期	
结算方式	□信用证 □保函 □托收 □其他			信用证/保函编号	
来单币种及金额				开证日期	
索汇币种及金额				期 限	
来单行名称				来单行编号	
收款人名称					
收款行名称及地址					
付款人名称	中国斯蒂科国际贸易南京有限公司				
□对公组织机构代码 □□□□□□—□			□对私	个人身份证件号码 □中国居民个人 □中国非居民个人	
扣费币种及金额					
合同号				发票号	
提(运)单号				合同金额	

银行附言

　　上述信用证项下单据已到，
按照信用证条款和国际商会《跟单信用证统一惯例》(2007年修订)第600号出版物规定，我行正在审核。
如单证相符，我行将按规定对外承兑/付款；如单证不一，我行将另行通知。
请贵司准备资金，或保证指定账户余额足以支付。

单据清单如下：
Draft　Invoice　B/L(AWB)　P/L　I/P　Insp.　C/Qut　C/Qul　Origin　C/Benef　Fax

Others:

申报号码				实际付款币种及金额		
付款编号				若为购汇支出，则购汇汇率		
收款人常驻国家(地区)名称及代码		澳大利亚 □□□		是否为进口核查项下付款	□是	□否
是否为预付款	□是 □否	最迟装运日期		外汇局批件/登记表号		
付款币种及金额			金额大写			
其中	购汇金额		账 号			
	现汇金额		账 号			
	其他金额		账 号			
交易编号	□□□□ □□□□	相应币种及金额		交易附言		
☑同意即期付款 □同意承兑并到期付款 □申请拒付		付款人印鉴(银行预留印鉴)		银行业务章		
联系人及电话：						
申报日期：				经办　　　复核　　　负责人		

图 17-5

附录 同步实训答案

1. 31D 错，根据合同，应该是：DATE 120215；
2. 59 错，根据合同，应该是：ZHEJIANG JIAXING WENSANG GARMENTS CO., LTD. ……；
3. 42C 错，根据合同，应该是：AT 30 DAYS AFTER SIGHT FOR FULL INVOICE VALUE；
4. 43P 错，根据合同，应该是：NOT ALLOWED；
5. 44F 错，根据合同，应该是：LOS ANGELES；
6. 45 中有两点错，(1)规格错，根据合同，应该是：COTTON 80 PCT POLYESTER 20 PCT；(2)合同号码错，根据合同，应该是：11JW1106；
7. 46 中有一点错，保险单险别错。合同中没有明示险别，按照惯例，应该投保最低责任的险别，所以，保险单应该是：INSURANCE POLICY OR CERTIFICATE IN DUPLICATE ISSUED BY PEOPLE'S INSURANCE COMPANY OF CHINA INCORPORATING THEIR OCEAN MARINE CARGO CLAUSES FREE PARTICULAR AVERAGE DATED 01/01/2010 FOR 110 PERCENT OF CIF INVOICE VALUE INDICATING THE PREMIUM PAID；
8. 47 少一款，根据合同，应该加一条款：5 PCT MORE OR LESS BOTH IN AMOUNT AND QUANTITY ARE ALLOWED；
9. 48 错，根据合同，应该是：NOT LATER THAN 15 DAYS AFTER THE DATE OF ISSUANCE OF THE SHIPPING DOCUMENTS BUT WITHIN THE VALIDITY OF THE CREDIT。

浙江省嘉兴市文桑制衣有限公司
ZHEJIANG JIAXING WENSANG GARMENTS CO., LTD.
中国嘉兴南湖区富润南路 120 号
NO. 120 SOUTH FURUN ROAD, NANHU DISTRICT, JIAXING, CHINA

商业发票
COMMERCIAL INVOICE

To:
POWER PLAY INC.
2ND FLOOR, NO. 137E 33RD STREET
LOS ANGELES CA
90011 U. S. A.

Invoice No.: ABC120116
Invoice Date: 16 JAN., 2012
S/C No.: 11JW1106
S/C Date: 06 NOV., 2011

Credit No.: T-117641
Issued by: UNION BANK OF CALIFORNIA N. A., LOS ANGELES

Marks and Numbers	Description of goods	Quantity	Unit Price	Amount
	DYED MEN'S SHIRTS			CIF LOS ANGELES
POWER PLAY	COTTON 80 PCT POLYESTER 20 PCT			
11JW1106	COLOUR	PCS	USD/PC	USD
LOS ANGELES	WHITE	240	15.60	3744.00
NO. 1-220	SILVER	480	13.20	6336.00
	BROWN	480	15.60	7488.00
	DK. NAVY	360	16.20	5832.00
	WINE	240	16.20	3888.00
	GREY	480	14.40	6912.00
	BLACK	360	16.20	5832.00
	TOTAL:	2640PCS		USD40032.00

SAY U. S. DOLLARS FORTY THOUSAND AND THIRTY TWO ONLY.
TOTAL PACKED IN 220 CARTONS.
GROSS WEIGHT: 3080.00 KGS.
OTHER DETAILS AS PER S/C NO. 11JW1106.
PACKING: ONE PC IN A POLYBAG AND 12PCS INTO AN EXPORT CARTON. TOTAL INTO ONE 20' FULL CONTAINER.
FREIGHT CHARGE: USD1500.00.
PREMIUM: USD66.00.

浙江省嘉兴市文桑制衣有限公司
ZHEJIANG JIAXING WENSANG GARMENTS CO., LTD.

王平 (章)

浙江省嘉兴市文桑制衣有限公司
ZHEJIANG JIAXING WENSANG GARMENTS CO., LTD.
中国嘉兴南湖区富润南路 120 号
NO. 120 SOUTH FURUN ROAD, NANHU DISTRIC JIAXING, CHINA

详细装箱单
DETAILED PACKING LIST

To:
POWER PLAY INC.
2ND FLOOR, NO. 137E 33RD STREET
LOS ANGELES CA
90011 U.S.A.

No.: ABC120116
Date: 16 JAN., 2012
S/C No.: 11JW1106

Shipment from: SHANGHAI　　　　To: LOS ANGELES　　　　By Vessel

C/No.	No. & kind of pkgs	Description of goods, Packing, Quantity, etc.		G. Weight	N. Weight	Measurement
		DYED MEN'S SHIRTS				
	CTNS	COLOUR	@12/	@14/	@12/	@(78*46*30)cm
1-20	20	WHITE	240PCS	280.00KGS	240.00KGS	2.1528CBM
21-60	40	SILVER	480PCS	560.00KGS	480.00KGS	4.3056CBM
61-100	40	BROWN	480PCS	560.00KGS	480.00KGS	4.3056CBM
101-130	30	DK. NAVY	360PCS	420.00KGS	360.00KGS	3.2292CBM
131-150	20	WINE	240PCS	280.00KGS	240.00KGS	2.1528CBM
151-190	40	GREY	480PCS	560.00KGS	480.00KGS	4.3056CBM
191-220	30	BLACK	360PCS	420.00KGS	360.00KGS	3.2292CBM
	220CTNS		2640PCS	3080.00KGS	2640.00KGS	23.6808BM

SIZE AND QUANTITY ASSORTMENT

SIZE	XS	S	M	L	XL	2XL	TOTAL
QUANTITY	1	2	3	4	2	1	13PCS

Marks and Nos.
POWER PLAY
11JW1106
LOS ANGELES
NO. 1-220

浙江省嘉兴市文桑制衣有限公司
ZHEJIANG JIAXING WENSANG GARMENTS CO., LTD.

王平 (章)

（出口商）国际货物运输托运单

托运人(Shipper) ZHEJIANG JIAXING WENSANG GARMENTS CO., LTD. NO. 120 SOUTH FURUN ROAD, NANHU DISTRICT, JIAXING, CHINA		托运单编号 ABC120116	贸易方式 一般贸易	收汇方式 信用证
^		运输方式 海运	运费支付方式(到付/预付) 预付	
收货人(Consignee) TO ORDER OF UNION BANK OF CALIFORNIA N. A., LOS ANGELES		货物备妥时间 2012年1月28日	杂费支付方式(到付/预付) 到付	
^		可否转运 否	可否分批 否	
被通知人(Notify Party) POWER PLAY INC. 2ND FLOOR, NO. 137E 33RD STREET, LOS ANGELES CA. 90011 U. S. A.		装运期限 2012年1月31日	信用证有效期 2012年2月15日	
^		装箱方式(自送/门到门) 门到门		
装运港 SHANGHAI	卸货港 LOS ANGELES	门到门装货地址 嘉兴市秀洲区南湖路399号		
最终目的地 ***	提单份数 THREE			
标记唛头	件数及包装种类	货物描述	毛重（千克）	体积（立方米）
POWER PLAY 11JW1106 LOS ANGELES NO. 1-220	220CTNS	DYED MEN'S SHIRTS	3080.00KGS	23.681CBM
备注和特殊条款 ***				
配载要求 要求配APL公司的船				
托运人签署： 浙江省嘉兴市文桑制衣有限公司托运专用章				
联系人及联系方式： 张凌 手机：158XXXX3288				托运日期：2012年1月17日

1. 收货人(抬头)错，根据信用证，应该是：TO ORDER OF UNION BANK OF CALIFORNIA N. A., LOS ANGELES；
2. 唛头错，根据有关资料，最后一行应该是：NO. 1-220；
3. 毛重错，根据有关资料，应该是：3080.00KGS；
4. 漏运费支付状况，应该在提单上显示"FREIGHT PREPAID"；
5. 漏提单正本份数的显示，应该在"No. of Original B(s)/L"栏内加"THREE"。

附录 同步实训答案

中华人民共和国出入境检验检疫出境货物报检单

（浙江省嘉兴市文桑制衣有限公司 章）

报检单位（加盖公章）： *编号 _____

报检单位登记号：33092 联系人 张凌 电话 68029378 报检日期 2012 年 1 月 19 日

发货人	（中文）浙江省嘉兴市文桑制衣有限公司
	（外文）***
收货人	（中文）***
	（外文）***

货物名称（中/外文）	H.S.编码	产地	数/重量	货物总值	包装种类及数量
棉涤染色男衬衣 DYED MEN'S SHIRTS	6205200010	浙江嘉兴	2640 件 2640 千克	40032.00 美元	220 纸箱

运输工具名称号码	船舶	贸易方式	一般贸易	货物存放地点	南湖路 399 号
合同号	11JW1106	信用证号	T-117641	用途	其他
发货日期	2012 年 1 月 31 日	输往国家(地区)	美国	许可证/审批号	***
启运地	上海	到达口岸	洛杉矶	生产单位注册号	4158422334
集装箱规格、数量及号码	1 个 20 尺集装箱				

合同、信用证订立的检验检疫条款或特殊要求	标记及号码	随附单据（划"√"或补填）	
******	POWER PLAY 11JW1106 LOS ANGELES NO. 1-220	☑合同 □信用证 ☑发票 □换证凭单 ☑装箱单 □厂检单	☑包装性能结果单 □许可/审批文件 □ □ □

需要证书名称（划"√"或补填）		*检验检疫费	
□品质证书 __正__副	□植物检疫证书 __正__副	总金额（人民币）	
□重量证书 __正__副	□熏蒸/消毒证书 __正__副		
□数量证书 __正__副	□出境货物换证凭条	计费人	
□兽医卫生证书 __正__副	☑出境货物通关单		
□健康证书 __正__副	□	收费人	
□卫生证书 __正__副	□		
□动物卫生证书 __正__副	□		

报检人郑重声明：
1. 本人被授权报检。
2. 上列填写内容正确属实，货物无伪造或冒用他人的厂名、标志、认证标志，并承担货物质量责任。

签名： 张凌 （手签）

领取证书
日期
签名

注：有"*"号栏由出入境检验检疫机构填写   ◆国家出入境检验检疫局制

PICC 中国人保财险股份有限公司
PICC Property and Casualty Company Limited

总公司设于北京　一九四九年创立
Head Office Beijing　Established in 1949

货 物 运 输 保 险 单
CARGO TRANSPORTATION INSURANCE POLICY

发票号码 Invoice No.　ABC120116　　　　　保单号次 Policy No.　PI12JX04993
被保险人 Insured:　ZHEJIANG JIAXING WENSANG GARMENTS CO., LTD.

中保财产保险有限公司（以下简称本公司）根据被保险人的要求，及其所缴付约定的保险费，按照本保险单承担险别和背面所载条款与下列特别条款承保下列货物运输保险，特签发本保险单。

This policy of Insurance witnesses that The People's Insurance (Property) Company of China, Ltd. (hereinafter called the Company) at the request of the Insured and in consideration of the agreed premium paid by the Insured, undertakes to insure the under mentioned goods in transportation subject to the conditions of this Policy as per the clauses printed overleaf and other special clauses attached hereon.

标记 Marks & No.	包装及数量 Quantity	保险货物项目 Description of goods	保险金额 Amount Insured
AS PER INV. NO. ABC120116	220CTNS	DYED MEN'S SHIRTS	USD44036.00

总保险金额：
Total Amount Insured　SAY U. S. DOLLARS FORTY FOUR THOUSAND AND THIRTY SIX ONLY.

保险费　PAID　　启运日期 Date of commencement　31 JAN., 2012　　装载运输工具 Per conveyance　S.S. APL VICTORY V. 864

自 From　SHANGHAI　　经 Via　　　　至 To　LOS ANGELES

承保险别 Conditions:

COVERING FREE FROM PARTICULAR AVERAGE AS PER CIC OF PICC DATED 01/01/2010

所保货物，如发生本保险单项下可能引起索赔的损失或损坏，应立即通知本公司下述代理人查勘。如有索赔，应向本公司提交保险单正本（本保险单共有 2 份正本）及有关文件。如一份正本已用于索赔，其余正本则自动失效。

In the event of damage which may result in a claim under this Policy, immediate notice be given to the Company Agent as mentioned hereunder. Claims, if any, one of the Original Policy which has been issued in TWO Original(s) together with the relevant documents shall be surrendered to the Company, if one of the Original Policy has been accomplished, the others to be void.

Survey agent at the destination:
CHINA INSURANCE COMPANY LIMITED
LOS ANGELES BRANCH
105 CECIL STREET, LOS ANGELES
U. S. A.

赔款偿付地点
Claim payable at　LOS ANGELES
出单日期
Issuing date　20 JAN., 2012
地址：中国浙江嘉兴人民路 96 号
Address: 96 Renmin Road, Jiaxing, Zhejiang, China

中国人保财险股份有限公司 嘉兴分公司
PICC Property & Casualty Company Ltd, Jiaxing Branch

刘建中
Authorized Signature

附录　同步实训答案

代理报关委托书

编号：120103171101

我单位现 B（B 长期）委托贵公司代理 A、B、D、H 等通关事宜（A 填单申报、B 辅助查验、C 垫缴税款、D 办理海关证明联、E 审批手册、F 核销手册、G 申办减免税手续、H 其他）。详见《委托报关协议》。

我单位保证遵守《海关法》和国家有关法规，保证所提供的情况真实、完整、单货相符。否则，愿承担相关法律责任。

本委托书有效期自签字之日起至 2012 年 02 月 20 日止。

（盖章）：

法定代理人或其授权签署《代理报关委托书》的人（签字）：王平

2012 年 01 月 21 日

委托报关协议

为明确委托报关具体事项和各自责任，双方经平等协商签订协议如下：

委托方	3303910701 浙江省嘉兴市文桑制衣有限公司	被委托方	中外运上海物流有限公司
主要货物名称	棉涤染色男衬衣	*报关单编码	
HS 编码	6205200010	收到单证日期	2012 年 01 月 21 日
货物总价	40032.00 美元	收到单证情况	合同 □ 发票 ☑ 装箱单 ☑ 提（运）单 □ 加工贸易手册 □ 许可证件 □ 其他：核销单、出境货物通关单
出口日期	2012 年 01 月 31 日		
提单号			
贸易方式	一般贸易		
原产地/货源地	浙江嘉兴	报关收费	人民币：100 元
其他要求：		承诺说明：	

背面所列通用条款是本协议不可分割的一部分，对本协议的签署构成了对背面通用条款的同意。

委托方业务签章：（浙江省嘉兴市文桑制衣有限公司 章）
经办人签章：张凌
联系电话：68029378
2012 年 01 月 21 日

被委托方业务签章：（中外运上海物流有限公司 章）
经办报关员签章：顾锡娣
联系电话：54642838
2012 年 01 月 21 日

（白联：海关留存、黄联：被委托方留存、红联：委托方留存）   中国报关协会监制

中华人民共和国海关出口货物报关单

预录入编号：		海关编号：		
出口口岸 外港海关 2225	备案号 ***	出口日期 2012.01.31.	申报日期 ***	
经营单位 3303910701 浙江省嘉兴文桑制衣有限公司	运输方式 水路运输	运输工具名称 APL VICTORY / 864	提(运)单号 SH25T02351	
发货单位 3303910701	贸易方式 一般贸易	征免性质 一般征税	结汇方式 信用证	
许可证号 ***	运抵国(地区) 美国	指运港 洛杉矶	境内货源地 浙江嘉兴	
批准文号 120071681	成交方式 CIF	运费 1500.00 美元	保费 66.00 美元	杂费 ***
合同协议号 11JW1106	件数 220	包装种类 纸箱	毛重(千克) 3080.00 千克	净重(千克) 2640.00 千克
集装箱号 APLU8663218/20/2200	随附单据 B：330308412025701965		生产厂家 嘉兴文桑制衣厂	
标记唛码及备注 POWER PLAY 11JW1106 LOS ANGELES NO. 1-220				

项号	商品编号	商品名称	规格类型	数量及单位	最终目的国(地区)	单价	总价	币制	征免
1	6205200010	棉涤染色男衬衣 DYED MEN'S SHIRTS		2640 件 2640 千克 2640 件	美国	15.1636	40032.00	美元	照章征税

税费征收情况

录入员	录入单位		兹声明以上申报无讹并承担法律责任 中外运上海物流有限公司报关专用章	海关审单批注及放行日期(盖章)	
报关员 顾锡娣/2200090082918186				审单	审价
单位地址 嘉兴南湖区富润南路120号			浙江省嘉兴文桑制衣有限公司报关专用章	征税	统计
邮编 314000	电话 68029378	填制日期 2012.01.29	申报单位(签章)	查验	放行

附录 同步实训答案

1. Exporter: ZHEJIANG JIAXING WENSANG GARMENTS CO., LTD. NO. 120 SOUTH FURUN ROAD, NANHU DISTRICT, JIAXING, CHINA	Certificate No. CA33349/120005 ## CERTIFICATE OF ORIGIN ## OF ## THE PEOPLE'S REPUBLIC OF CHINA
2. Consignee: POWER PLAY INC. 2ND FLOOR, NO. 137E 33RD STREET LOS ANGELES CA, 90011 U. S. A.	
3. Means of transport and route SEA FREIGHT FROM SHANGHAI TO LOS ANGELES	5. For certifying authority use only
4. Country / region of destination U. S. A.	

6. Marks & Nos.	7. Number and kind of packages; Description of goods	8. H. S. Code	9. Quantity	10. Numbers and Date of Invoice
POWER PLAY 11JW1106 LOS ANGELES NO. 1-220	TWO HUNDRED AND TWENTY (220) CARTONS OF DYED MEN'S SHIRTS ****************	6205200010	2640PCS	ABC120116 16 JAN., 2012

11. Declaration by the exporter	12. Certification
The undersigned hereby declares that the above details and statements correct, that all the goods were produced in China and that they comply with the Rules of Origin of the People's Republic of China	It is hereby that the declaration by the exporter is correct.
浙江省嘉兴市文桑制衣有限公司 ZHEJIANG JIAXING WENSANG GARMENTS CO., LTD. 张凌（手签） JIAXING CHINA 20 JAN., 2012 Place and date, signature and stamp of authorized signatory	嘉兴市 出入境检验 检疫局(章) 张才理 手签 JIAXING CHINA 20 JAN., 2012 Place and date, signature and stamp of certifying authority

1. Exporter's name, address, country: ZHEJIANG JIAXING WENSANG GARMENTS CO., LTD. NO. 120 SOUTH FURUN ROAD, NANHU DISTRICT JIAXING, CHINA	Certificate No. N1233010390039
2. Producer's name and address, if known: ZHEJIANG JIAXING WENSANG GARMENTS FACTORY, 399 NANHU ROAD, XIUZHOU DISTRICT JIAXING, CHINA	**CERTIFICATE OF ORIGIN** Form for the Free Trade Agreement between the Government of the People's Republic of China and the Government of New Zealand
3. Consignee's name, address, country: ANTHONY TRADING CO., LTD. 20 CHARLOTTE STREET, EDEN TCE BOX 3425 AUCKLAND NEW ZEALAND	Issued in <u>the People's Republic of China</u> (see Instruction overleaf)

4. Means of transport and route (as far as known)	5. For official use only
Departure Date 10 FEB., 2012	☐ Preferential Tariff Treatment Given Under <u>China-New Zealand FTA</u>
Vessel/Flight/Train/Vehicle No. FLIGHT: NZ288	☐ Preferential treatment Not Given (Please state reasons)
Port of loading SHANGHAI	Signature of Authorized Signatory of the Importing Country
Port of discharge AUCKLAND	6. Remarks

7. Item number (Max 20)	8. Marks and numbers on packages	9. Number and kind of packages, description of goods	10. HS code (Six digit code)	11. Origin criterion	12. Gross weight quantity (Quantity Unit) or other measures (items, etc)	13. Number, date of invoice and invoiced value
1	A. T. C. L. ZJ12E0115 AUCKLAND NO 1-65	SIXTY FIVE (65) CARTONS OF LADIES SWEATER ****************	610431	WP	780PCS	ABC120201 01 FEB., 2012

14. Declaration by the export The undersigned hereby declares that the above details and statement are correct, that all the goods were produced in **CHINA** (Country) and that they comply with the origin requirements specified in the FTA for goods exported to **NEW ZEALAND** (Importing Country) 浙江省嘉兴市文桑制衣有限公司 ZHEJIANG JIAXING WENSANG GARMENTS CO., LTD. 张凌 (手签) JIAXING CHINA 03 FEB., 2012 Place and date, signature of authorized signatory	15. Certification On the basis of control carried out, it is hereby certified that the information herein is correct and that the goods described comply with the origin requirements specified in the Free Trade Agreement between the Government of the People's Republic of China and the Government of 嘉兴市出入境检验检疫局(章) 张才理 手签 JIAXING CHINA 03 FEB., 2012 Place and date, signature and stamp of authorized body

浙江省嘉兴市文桑制衣有限公司
ZHEJIANG JIAXING WENSANG GARMENTS CO., LTD.
中国嘉兴南湖区富润南路 120 号
NO. 120 SOUTH FURUN ROAD, NANHU DISTRIC JIAXING, CHINA

装运通知
SHIPPING ADVICE

No.: ABC120116
Date: 31 JAN., 2012

TO WHOM IT MAY CONCERN:

WE ARE PLEASED TO INFORM YOU THAT THE GOODS UNDER L/C NO. T-117641 HAVE BEEN SHIPPED. THE DETAILS ARE AS FOLLOWS:

Description of goods:	DYED MEN' S SHIRTS
No. and kind of pkgs.:	2640PCS / 220CTNS
Port of loading:	SHANGHAI
Port of discharge:	LOS ANGELES
Name of vessel & Voy.:	APL VICTORY V. 864
Bill of Lading number:	SH25T02351
Bill of Lading date:	31 JAN., 2012
Invoice value:	USD40032.00
Marks and Nos.:	POWER PLAY 11JW1106 LOS ANGELES NO. 1-220

浙江省嘉兴市文桑制衣有限公司
ZHEJIANG JIAXING WENSANG GARMENTS CO., LTD.

王平（章）

999 - 3687 7175				999- 3687 7175				

Shipper's Name and Address ZHEJIANG JIAXING WENSANG GARMENTS CO., LTD. NO. 120 SOUTH FURUN ROAD, NANHU DISTRICT, JIAXING, CHINA	Shipper's Account Number	Not negotiable **Air Waybill*** As Carrier BEIJING CHINA Copies 1, 2 and 3 of this air waybill are originals and have the same Validity. AIR CHINA 中国国际航空公司
Consignee's Name and Address SIMACO FASHION CO., LTD., 6 PLACE DU PARVIS NOTRE - DAME, ILE DE LA CITÉ, 75004 PARIS	Consignee's Account Number	It is agreed that the goods described here are accepted in apparent good order and condition (except as noted) and SUBJECT TO THE CONDITION OF CONTRACT ON THE REVERSE HEREOF. ALL GOODS MAY BE CARRIED BY ANY OTHER MEANS INCLUDING ROAD OR ANY OTHER CARRIER UNLESS SPECIFIC CONTRARY INSTRUCTIONS ARE GIVEN HEREON BY THE SHIPPER. THE SHIPPER'S ATTENTION IS DRAWN TO THE NOTICE CONCERNING CARRIER'S
Issuing Carrier's Agent Name and City ZHEJIANG HANDA INTERNATIONAL LOGISTICS CO., LTD.		LIMITATION OF LIABILITY. Shipper may increase such limitation of liability by declaring a higher value for carriage and paying a supplement charge if required.
Agent's IATA Code	Account No.	Accounting information

Airport of Departure and Requested Routing
PUDONG AIRPORT, PVG

To	By first Carrier	Routing & Destination	To	By	To	By	Currency	CHGS Code	WT/VAL		Other		Declared Value for Carriage	Declared Value for Customs
									PPD	COLL	PPD	COLL		
CDG	CA						CNY		P		P		NVD	AS PER INV.

Airport of Destination PARIS AIR- PORT, CDG	Flight/Date CA933 / 25 MAY 2012	For Carrier use only	Flight/Date	Amount of Insurance NIL	INSURANCE If shipper requests insurance in accordance with conditions on reverse hereof indicate amount to be insured in figures in box marked "amount of insurance".

Handling Information

No of Piece RCP	Gross Weight	Kg Lb	Rate class / Commodity Item No.	Chargeable Weight	Rate / Charge	Total	Nature and Quantity of Goods (incl. Dimensions or Volume)
15	160.0	K	Q	184.5	FREIGHT PREPAID AS ARRANGED		LADIES' VESTS
MARKS & NOS.: SIMACO ORDER 12090 PARIS MADE IN CHINA NO. 1-15							480PCS DIM.1:(50*45*30)CM*10 DIM.2:(60*48*30)CM*5 VOL.: 1.107CBM

Prepaid	Weight charge	Collect	Other charges
AS ARRANGED			AWC: 50.00
Prepaid	Valuation charge	Collect	
AS ARRANGED			
Prepaid	Tax	Collect	Shipper certifies that the particulars on the face hereof are correct and that insofar as any part of the consignment contains restricted articles, such part is properly described by name and is in proper condition for carriage by air according to the Applicable Dangerous Goods Regulations.
Prepaid	Total other Charges Due Agent	Collect	
Prepaid	Total other Charges Due Carrier	Collect	Signature of Shipper or its Agent
Total prepaid AS ARRANGED	Total Collect		Zhejiang Hanca International Logistics Co., Ltd. 周源(章) As agent for the Carrier: AIR CHINA
Currency Conversion Rate	CC Charges in Dest. Currency		Executed on 26 MAY, 2012 at HANGZHOU Signature of Issuing Carrier or its Agent
For Carrier use only at Dest.	Charges at Destination		Total Collect Charges 999- 3687 7175

ORIGINAL 3 (FOR SHIPPER)

凭			信用证 第 号	
Drawn under	UNION BANK OF CALIFORNIA N. A., LOS ANGELES		**L/C No.**	T-117641

日期
Dated 01 DEC., 2011 支取 Payable with interest @ % per annum 按年息 付款

号码   汇票金额   中国嘉兴   年 月 日
No. ABC120116 **Exchange for** USD40032.00 Jiaxing China 06 FEB., 2012

见票   日后（本汇票之副本未付）付交中国银行嘉兴分行
At 30 DAYS AFTER sight of this **FIRST** of Exchange (Second of exchange 金额
being unpaid) **Pay to the order of** BANK OF CHINA, JIAXING BRANCH the sum of

SAY U. S. DOLLARS FORTY THOUSAND AND THIRTY TWO ONLY.

款已收讫
Value received
此致
To:
UNION BANK OF CALIFORNIA N. A.
ALL OFFICE IN U. S. A.

浙江省嘉兴市文桑制衣有限公司
ZHEJIANG JIAXING WENSANG GARMENTS CO., LTD.

王平 (章)

Issuer: ZHEJIANG JIAXING WENSANG GARMENTS CO., LTD. NO. 120 SOUTH FURUN ROAD, NANHU DISTRICT JIAXING, CHINA	商业发票 COMMERCIAL INVOICE	
To: ORCHID TRADING LTD. UNIT 513, CHINACHEM BLDG., 78 MODY ROAD, TST, KOWLOON, HONG KONG	No. ABC120206	Date 06 FEB., 2012
Transport details FROM SHANGHAI TO MARSEILLE BY VESSEL	S/C No. 11JW1220	S/C date 20 DEC., 2011
	Country of Origin CHINA	

Marks and Numbers	Description of goods	Quantity	Unit Price	Amount
SIMACO	LADIES' VESTS		CIF MARSEILLE	
ORDER 11856	ART. NO. JW904	480PCS	USD5.10	USD2448.00
MARSEILLE	JW905	480PCS	USD5.00	USD2400.00
MADE IN CHINA	JW894	960PCS	USD4.50	USD4320.00
NO. 1-80	JW896	960PCS	USD4.40	USD4224.00
		2880PCS		USD13392.00

SAY U. S. DOLLARS THIRTEEN THOUSAND THREE HUNDRED AND NINETY TWO ONLY.
TOTAL PACKED IN 80 CARTONS
GROSS WEIGHT: 880.00 KGS.

浙江省嘉兴市文桑制衣有限公司
ZHEJIANG JIAXING WENSANG GARMENTS CO., LTD.

(章)

详细装箱单
DETAILED PACKING LIST

Exporter:
ZHEJIANG JIAXING WENSANG GARMENTS
CO., LTD.
NO. 120 SOUTH FURUN ROAD,
NANHU DISTRICT JIAXING, CHINA

No.:	ABC120206
Date:	06 FEB., 2012
S/C No.:	11JW1220

Importer:
ORCHID TRADING LTD.
UNIT 513, CHINACHEM BLDG.,
78 MODY ROAD, TST, KOWLOON,
HONG KONG

Transport Details:
FROM SHANGHAI TO MARSEILLE
BY VESSEL

Description of goods
LADIES' VESTS

C/No.	Nos. & Kind of pkgs	Colour, Art. No.		Quantity	Net Weight	Gross Weight
	CTNS	COLOUR	ART. NO.	@24/	@7.20/	@10.00/
1-10	10	WHITE	JW904	240PCS	72.00KGS	100.00KGS
11-20	10	N. BLUE	JW904	240PCS	72.00KGS	100.00KGS
21-30	10	R. BLUE	JW905	240PCS	72.00KGS	100.00KGS
31-40	10	L. YELLOW	JW905	240PCS	72.00KGS	100.00KGS
				@48/	@9.60/	@12.00/
41-50	10	WHITE	JW894	480PCS	96.00KGS	120.00KGS
51-60	10	N. BLUE	JW894	480PCS	96.00KGS	120.00KGS
61-70	10	BLACK	JW896	480PCS	96.00KGS	120.00KGS
71-80	10	PINK	JW896	480PCS	96.00KGS	120.00KGS
	80CTNS			2880PCS	672.00KGS	880.00KGS

Size and quantity assortment per carton:

JW904 AND JW905	SIZE	XS	S	M	L	XL	2XL	
	QUANTITY	4	4	4	4	4	4	=24PCS

JW894 AND JW896	SIZE	XS	S	M	L	XL	2XL	
	QUANTITY	6	9	9	9	9	6	=48PCS

Measurement: JW904 AND JW905: @(50*45*30)cms/2.700CBM
JW894 AND JW896: @(60*48*30)cms/3.456CBM

SAY EIGHTY CARTONS ONLY.

浙江省嘉兴市文桑制衣有限公司
ZHEJIANG JIAXING WENSANG GARMENTS CO., LTD.

王平(章)

1. Goods consigned from (Exporter's name address country) ZHEJIANG JIAXING WENSANG GARMENTS CO., LTD. NO. 120 SOUTH FURUN ROAD, NANHU DISTRICT JIAXING, CHINA	Reference No. G123303019060025 **GENERALIZED SYSTEM OF PREFERENCES** **CERTIFICATE OF ORIGIN** (Combined declaration and certificate) **FORM A** issued in **THE PEOPLE'S REPUBLIC OF CHINA** (country)
2. Goods consigned to (Consignee's name, address, country) SIMACO FASHION CO., LTD. 76 AV.DES CHAMPS EIYSEES 32008 MARSEILLE FRANCE	
	4. For official use
3. Means of transport and route(as far as known) FROM SHANGHAI TO MARSEILLE BY VESSEL	

5. Item number	6. Marks & Numbers of packages	7. Number and kind of packages; Description of goods	8. Origin criterion	9. Gross weight & other Quantity	10. Number and date of Invoice
1	SIMACO ORDER 11856 MARSEILLE MADE IN CHINA NO. 1-80	EIGHTY (80) CARTONS OF LADIES' VESTS ******	P	2880PCS	ABC120206 06 FEB., 2012

11. Certification	12. Declaration by the exporter
It is hereby certified, on the basis of control carried out, that the declaration by the exporter is correct. 嘉兴市 出入境检验 检疫局(章) 张才理(手签) JIAXING CHINA 10 FEB., 2012 Place and date, signature and stamp of certifying authority	The undersigned hereby declares that the above details and statements are correct; that all goods were produced in **CHINA** (Country) and that they comply with the origin requirements specified for those goods in the **Generalized System of Preferences** for goods exported to FRANCE (importing country) 浙江省嘉兴市文桑制衣有限公司 ZHEJIANG JIAXING WENSANG GARMENTS CO., LTD. 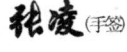张凌(手签) JIAXING CHINA 10 FEB., 2012 Place and date, signature of authorized signatory

凭				
Drawn under	FOR COLLECTION, DOCUMENTS AGAINST PAYMENT			
号码	汇票金额	中国嘉兴	年 月 日	
No. ABC120206	**Exchange for** USD13392.00	Jiaxing China	20 FEB., 2012	

见票 日后（本汇票之副本未付）付交中国银行嘉兴分行 金额
at _*********_ sight of this **FIRST** of Exchange (Second of exchange
being unpaid) **Pay to the order of** BANK OF CHINA, JIAXING BRANCH the sum of

SAY U. S. DOLLARS THIRTEEN THOUSAND THREE HUNDRED AND NINETY TWO ONLY.

款已收讫
Value received
此致
To:
ORCHID TRADING LTD.
UNIT 513, CHINACHEM BLDG.,
78 MODY ROAD, TST, KOWLOON,
HONG KONG

浙江省嘉兴市文桑制衣有限公司
ZHEJIANG JIAXING WENSANG GARMENTS CO., LTD.

王平（章）

APPLICATION FOR ISSUING LETTER OF CREDIT

To: BANK OF CHINA, JIANGSU BRANCH   Date: 28 FEB., 2012
Please issue on our behalf and / or our account the following IRREVOCABLE LETTER OF CREDIT
by ☒SWIFT/ ☐Airmail   L/C No.:
Beneficiary: (full name and detailed address)   Advising Bank:
WESTCOAST WOOLS PTY LTD.
143 BARRINGTON STREET
BIBRA LAKE WA 6163
AUSTRALIA
Applicant: (full name and detailed address)   Date of Expiry: 31 MAY, 2012
CHINA SDIC INTERNATIONAL TRADE   Place of Expiry: AUSTRALIA
NANJING CO., LTD.
FLOOR 17, NO.2 CHANGJIANG ROAD
NANJING, JIANGSU, 21008, P. R. CHINA
Amount: (both in figure and words) USD160500.00
SAY U. S. DOLLARS ONE HUNDRED SIXTY THOUSAND AND FIVE HUNDRED ONLY.
Dear Sirs,
We hereby issue our IRREVOCABLE LETTER OF CREDIT in your favour for account of the above applicant available with ☒any bank /☐_____ by ☒negotiation /☐payment /☐acceptance /☐deferred payment against your draft(s) ☒at sight /☐_____ drawn on☒us /☐_____ for 100 % of invoice value marked as drawn under this L/C accompanied by following documents marked with ×.

A1 ☒Signed commercial invoice in 5 copies indicating Contract No. WW2012S9576 and L/C No.
A2 ☒Full set 3/3 clean on board ocean Bills of Lading ☒made out to order and endorsed in blank / notifying ☒applicant /☐_____ marked freight ☐collect /☒prepaid
A3 ☐Air Waybill consigned to ☐applicant /☐us marked air freight ☐collect /☐prepaid
A4 ☐Memorandum, issued by China Travel Service (Cargo) Hong Kong Ltd.
A5 ☐Forwarding Agent's cargo receipt
A6 ☒Insurance policy or certificate in 2 copies endorsed in blank for 110 % of the invoice value showing claims payable at _____ in the currency of the drafts, covering ☒Ocean marine transportation /☐Air transportation /☐Overland transportation all risks and war risk including W/W clause.
A7 ☒Weight memo in 3 copies indicating quantity / gross and net weight.
A8 ☒Quality certificate in 1 copies issued by ☐ Manufacturer /☒Public recognized surveyor / ☐_____
A9 ☒Copy of your telex advising applicant within 48 hours after shipment indicating contract No., L/C No., description of goods, quantity, invoice value, vessel's name /air light No., packages, loading port and shipping date.
AA ☐Copy of applicant's /ZHONGZU's or its agent's shipping instruction indicating vessels' name, contract No., approximate shipments date.
AB ☐Your letter certifying that one extra copy of each documents called for herein has been ☐ disposed of according to relative contract stipulations /☐_____.
AC ☒Other documents, if any: Certificate of Origin in 2 copies.

B: Evidencing shipment of:
AUSTRALIAN GREASY WOOL, 15M/T, GOOD COLOUR, PREMS 50PCT LAMBS 50PCT, 18.5 MIC MAX AVE., 19.9 MIC MAX AOL, VM 2 PCT MAX AVE, VM 5.5 PCT MAX AOL, 46 HM, 62 PCT MIN AVE YLD.
PRICE: USD10700.00 PER MT CIF SHANGHAI
Packing:

Price term: ☒CIF / ☐CFR/ ☐FOB/ ☐Other

C. Special instruction: (if any marked with ×)
C1 ☒Both quantity and amount more or less 5 % are allowed.
C2 ☒All banking charges except ☐L/C opening and / or acceptance charges ☒outside the issuing bank are for beneficiaries' account.
C3 ☒Short form / blank back B/L is not acceptable.
C4 ☐All documents must be forwarded in _____ .
C5 ☐Other instructions, if any:

D. Documents should be presented within 15 days from the date of shipment, but in any event within the validity of this L/C.

E. Shipment from SYDNEY to SHANGHAI not later than 16 MAY, 2012 .
Transshipment is ☐allowed /☒not allowed, partial shipments are ☒allowed /☐not allowed, on deck shipment is ☐allowed /☐not allowed, third party transport documents are☐allowed /☒not allowed.

Stamped and signed by: 中国斯蒂科国际贸易南京有限公司(章)，何寿林(章)
Account No.: 3218993507074423 with BANK OF CHINA, JIANGSU BR.
Telephone No.: 68025488

中华人民共和国出入境检验检疫入境货物报检单

上海中远国际货运有限公司（章）

报检单位（加盖公章）					*编号	
报检单位登记号：2200653498		联系人 莫亮虎	电话 021-55218265		报检日期 2012年6月1日	
收货人	（中文）	中国斯蒂科国际贸易南京有限公司		企业性质（划"√"）	☑国营 ☐私营 ☐三资	
	（外文）	CHINA SDIC INTERNATIONAL TRADE NANJING CO., LTD.				
发货人	（中文）	/				
	（外文）	WESTCOAST WOOLS PTY LTD.				
货物名称（中/外文）	H.S.编号	原产国	数/重量	货物总值	包装种类及数量	
澳大利亚羊毛 AUSTRALIAN GREASY WOOL	5101110001	澳大利亚	14925.60千克	159703.92美元	120包	
运输工具名称号码	ANL WINDARRA V.063N			合同号	WW2012S9576	
贸易方式	一般贸易	贸易国别（地区）	澳大利亚	提单/运单号	APLU071215385	
到岸日期	2012年5月29日	启运国家（地区）	澳大利亚	许可证/审批号	12250234348	
卸毕日期	2012年5月29日	启运口岸	悉尼	入境口岸	上海	
索赔有效期至	卸货后90天内	经停口岸	/	目的地	江苏南京	
集装箱规格、数量及号码	1×20整箱，箱/封号：APZU3708672/9860780					
合同订立的特殊条款以及其他要求	/		货物存放地点	外港二区堆场		
			用途	其他		
随附单据（划"√"或补填）		标记及号码	*外商投资财产划（"√"）	☐是 ☐否		
☑合同 ☐到货通知 ☑发票 ☑装箱单 ☑提/运单 ☐质保书 ☐兽医卫生证书 ☐理货清单 ☐植物检疫证书 ☐磅码单 ☐动物检验证书 ☐验收报告 ☐卫生证书 ☐ ☐原产地证 ☐ ☐许可/审批文件 ☐		SDIC WW2012S9576 SHANGHAI NO. 1-120	*检验检疫费			
			总金额（人民币元）			
			计费人			
			收费人			
报检人郑重声明： 1. 本人被授权报检 2. 上列填写内容正确属实 签名：莫亮虎			领取证单			
			日期			
			签名			

注：有"*"号栏由出入境检验检疫机构填写   ◆国家出入境检验检疫局制

中华人民共和国海关进口货物报关单

预录入编号:		海关编号:		
进口口岸 外港海关 2225	备案号 ***	进口日期 2012.05.29	申报日期 2012.06.05	
经营单位　　3219910198 中国斯蒂科国际贸易南京有限公司	运输方式 水路运输	运输工具名称 ANL WINDARRA / 063N	提(运)单号 APLU071215385	
收货单位 　　　　3219910198	贸易方式 一般贸易	征免性质 一般征税	征税比例 ***	
许可证号 ***	起运国(地区) 澳大利亚	装货港 悉尼	境内目的地 江苏南京	
批准文号 ***	成交方式 CIF	运费 ***	保费 ***	杂费 ***
合同协议号 WW2012S9576	件数 120	包装种类 包	毛重(千克) 22352.00	净重(千克) 22112.00
集装箱号 APZU3708672/20/2300	随附单据 A: 2200051121980 12012		用途 外贸自营内销	
标记唛码及备注 S D I C　　　t: 12250234348 WW2012S9576 SHANGHAI NO. 1-120				

项号	商品编号	商品名称 规格类型	数量及单位	原产国 (地区)	单价	总价	币制	征免
1	5101110001	澳大利亚羊毛 AUTOMATIC WINDER	14925.60 千克 *** 14.9256 吨	澳大利亚	10700.00	159703.92	美元	照章征税

税费征收情况

录入员　　录入单位		海关审单批注及放行日期(盖章)	
报关员 莫亮虎/220011005923901		审单	审价
单位地址 江苏南京长江路 2 号		征税	统计
	申报单位(盖章)	查验	放行
邮编　210009　电话　68025488	填制日期　2012.06.04		

(上海中远国际货运有限公司报关专用章)

(中国斯蒂科国际贸易南京有限公司报关专用章)

对外付款/承兑通知书

银行业务编号	AB2500112000989		日 期	2012-05-31
结算方式	☑信用证 □保函 □托收 □其他		信用证/保函编号	LCF0600201201253
来单币种及金额	USD159703.92		开证日期	2012-02-29
索汇币种及金额	USD159703.92		期 限	0
来单行名称	ANZ BANK SYDNEY BRANCH		来单行编号	0600201201253
收款人名称	WESTCOAST WOOLS PTY LTD.,143 Barrington Street, Bibra Lake WA 6163 AU.			
收款行名称及地址	ANZ BANK SYDNEY BRANCH, GPO BOX 4028 SYDNEY NSW 2001, AUSTRALIA			
付款人名称	中国斯蒂科国际贸易南京有限公司			
☑对公组织机构代码 1 9 3 2 8 2 9 4 — 1		□对私	个人身份证件号码	
			□中国居民个人 □中国非居民个人	
扣费币种及金额				
合同号	WW2012S9576		发票号	2012NW-06690AU
提(运)单号	APLU071215385		合同金额	USD160500.00

银行附言

　　　　上述信用证项下单据已到，
　　按照信用证条款和国际商会《跟单信用证统一惯例》(2007年修订)第600号出版物规定，我行正在审核。
　　如单证相符，我行将按规定对外承兑/付款；如单证不一，我行将另行通知。
　　请贵司准备资金，或保证指定账户余额足以支付。

单据清单如下：
Draft　Invoice　B/L(AWB)　P/L　I/P　Insp.　C/Qut　C/Qul　Origin　C/Benef　Fax
　2　　　5　　　　3　　　　　　　2　　　　　　　　　　1　　　　2　　　　　　　1
Others: WEIGHT MEMO 3

申报号码		实际付款币种及金额	RMB1019230.42
付款编号		若为购汇支出，则购汇汇率	6.3820
收款人常驻国家(地区)名称及代码	澳大利亚 0 3 6	是否为进口核查项下付款	☑是 □否
是否为预付款	□是 ☑否　最迟装运日期 2012-05-16	外汇局批件/登记表号	
付款币种及金额	USD159703.92	金额大写	美元拾伍万玖仟柒佰零叁圆玖角贰分整
其中(30)	购汇金额	USD159703.92	账 号	800120043208091001
	现汇金额		账 号	
	其他金额		账 号	
交易编号	1 0 1 0 1 0 □□□□□□	相应币种及金额		交易附言	一般贸易进口付汇

☑同意即期付款
□同意承兑并到期付款
□申请拒付

联系人及电话：何晓萍
　　　　　　　　68025488
申报日期：2012.07.20

付款人印鉴(银行预留印鉴)　　　　　　　　银行业务章

[印章：财务专用章 京国有限公司 中国斯蒂科国际贸易南京]　[印章：林何印寿]　[印章：中国银行股份有限公司江苏省分行国际结算业务专用章]

经办　　　　复核　　　　负责人

书目介绍

乐贸系列

书名	作者	定价	书号	出版时间

📖 跟着老外学外贸系列

1. 优势成交：老外这样做销售 — Abdelhak Benkerroum（阿道） — 45.00元 — 978-7-5175-0216-6 — 2017年10月第1版

📖 外贸SOHO系列

1. 外贸SOHO，你会做吗？ — 黄见华 — 30.00元 — 978-7-5175-0141-1 — 2016年7月第1版

📖 跨境电商系列

1. 跨境电商3.0时代——把握外贸转型时代风口 — 朱秋城（Mr. Harris） — 55.00元 — 978-7-5175-0140-4 — 2016年9月第1版
2. 118问玩转速卖通——跨境电商海外淘金全攻略 — 红鱼 — 38.00元 — 978-7-5175-0095-7 — 2016年1月第1版

📖 外贸职场高手系列

1. JAC写给外贸公司老板的企管书 — JAC — 45.00元 — 978-7-5175-0225-8 — 2017年10月第1版
2. 外贸大牛的术与道 — 丹牛 — 38.00元 — 978-7-5175-0163-3 — 2016年10月第1版
3. JAC外贸谈判手记——JAC和他的外贸故事 — JAC — 45.00元 — 978-7-5175-0136-7 — 2016年8月第1版
4. Mr. Hua创业手记——从0到1的"华式"创业思维 — 华超 — 45.00元 — 978-7-5175-0089-6 — 2015年10月第1版
5. 外贸会计上班记 — 谭天 — 38.00元 — 978-7-5175-0088-9 — 2015年10月第1版
6. JAC外贸工具书——JAC和他的外贸故事 — JAC — 45.00元 — 978-7-5175-0053-7 — 2015年7月第1版
7. 外贸菜鸟成长记（0~3岁） — 何嘉美 — 35.00元 — 978-7-5175-0070-4 — 2015年6月第1版

📖 外贸操作实务子系列

1. 外贸全流程攻略——进出口经理跟单手记（第二版） — 温伟雄（马克老温） — 38.00元 — 978-7-5175-0197-8 — 2017年4月第2版
2. 金牌外贸业务员找客户（第三版）——跨境电商时代开发客户的9种方法 — 张劲松 — 40.00元 — 978-7-5175-0098-8 — 2016年1月第3版
3. 实用外贸技巧助你轻松拿订单（第二版） — 王陶（波锅涅） — 30.00元 — 978-7-5175-0072-8 — 2015年7月第2版
4. 出口营销实战（第三版） — 黄泰山 — 45.00元 — 978-7-80165-932-3 — 2013年1月第3版
5. 外贸实务疑难解惑220例 — 张浩清 — 38.00元 — 978-7-80165-853-1 — 2012年1月第1版
6. 外贸高手客户成交技巧 — 毅冰 — 35.00元 — 978-7-80165-841-8 — 2012年1月第1版

书名	作者	定价	书号	出版时间
7. 报检七日通	徐荣才 朱瑾瑜	22.00元	978-7-80165-715-2	2010年8月第1版
8. 外贸业务经理人手册（第2版）	陈文培	39.00元	978-7-80165-671-1	2010年1月第1版
9. 外贸实用工具手册	本书编委会	32.00元	978-7-80165-558-5	2009年1月第1版
10. 快乐外贸七讲	朱芷萱	22.00元	978-7-80165-373-4	2009年1月第1版
11. 危机生存——十位经理人谈金融危机下的经营之道	本书编委会	22.00元	978-7-80165-586-8	2009年1月第1版
12. 外贸七日通（最新修订版）	黄海涛（深海鱿鱼）	22.00元	978-7-80165-397-0	2008年8月第3版

出口风险管理子系列

书名	作者	定价	书号	出版时间
1. 轻松应对出口法律风险	韩宝庆	39.80元	978-7-80165-822-7	2011年9月第1版
2. 出口风险管理实务（第二版）	冯斌	48.00元	978-7-80165-725-1	2010年4月第2版
3. 50种出口风险防范	王新华 陈丹凤	35.00元	978-7-80165-647-6	2009年8月第1版

外贸单证操作子系列

书名	作者	定价	书号	出版时间
1. 外贸单证经理的成长日记（第二版）	曹顺祥	40.00元	978-7-5175-0130-5	2016年6月第2版
2. 跟单信用证一本通	何源	35.00元	978-7-80165-849-4	2012年1月第1版
3. 信用证审单有问有答280例	李一平 徐珺	37.00元	978-7-80165-761-9	2010年8月第1版
4. 外贸单证解惑280例	龚玉和 齐朝阳	38.00元	978-7-80165-638-4	2009年7月第1版
5. 信用证6小时教程	黄海涛（深海鱿鱼）	25.00元	978-7-80165-624-7	2009年4月第2版
6. 跟单高手教你做跟单	汪德	32.00元	978-7-80165-623-0	2009年4月第1版
7. 外贸单证处理技巧（第3版）	屈韬	42.00元	978-7-80165-516-5	2008年5月第1版

福步外贸高手子系列

书名	作者	定价	书号	出版时间
1. 外贸电邮营销实战——小小开发信 订单滚滚来（第二版）	薄如骢	45.00元	978-7-5175-0126-8	2016年5月第2版
2. 巧用外贸邮件拿订单	刘裕	45.00元	978-7-80165-966-8	2013年8月第1版
3. 外贸技巧与邮件实战	刘云	28.00元	978-7-80165-536-3	2008年7月第1版

国际物流操作子系列

书名	作者	定价	书号	出版时间
1. 货代高手教你做货代——优秀货代笔记（第二版）	何银星	33.00元	978-7-5175-0003-2	2014年2月第2版
2. 国际物流操作风险防范——技巧·案例分析	孙家庆	32.00元	978-7-80165-577-6	2009年4月第1版

书名	作者	定价	书号	出版时间
3. 集装箱运输与海关监管	赵宏	23.00 元	978-7-80165-559-2	2009 年 1 月第 1 版

📖 通关实务子系列

书名	作者	定价	书号	出版时间
1. 外贸企业轻松应对海关估价	熊斌 赖芸 王卫宁	35.00 元	978-7-80165-895-1	2012 年 9 月第 1 版
2. 报关实务一本通（第 2 版）	苏州工业园区海关	35.00 元	978-7-80165-889-0	2012 年 8 月第 2 版
3. 如何通过原产地证尽享关税优惠	南京出入境检验检疫局	50.00 元	978-7-80165-614-8	2009 年 4 月第 3 版

📖 彻底搞懂子系列

书名	作者	定价	书号	出版时间
1. 彻底搞懂关税（第二版）	孙金彦	43.00 元	978-7-5175-0172-5	2017 年 1 月第 2 版
2. 彻底搞懂提单（第二版）	张敏 张鹏飞	38.00 元	978-7-5175-0164-0	2016 年 12 月第 2 版
3. 彻底搞懂信用证（第二版）	王腾 曹红波	35.00 元	978-7-80165-840-1	2011 年 11 月第 2 版
4. 彻底搞懂中国自由贸易区优惠	刘德标 祖月	34.00 元	978-7-80165-762-6	2010 年 8 月第 1 版
5. 彻底搞懂贸易术语	陈岩	33.00 元	978-7-80165-719-0	2010 年 2 月第 1 版
6. 彻底搞懂海运航线	唐丽敏	25.00 元	978-7-80165-644-5	2009 年 7 月第 1 版

📖 外贸英语实战子系列

书名	作者	定价	书号	出版时间
1. 让外贸邮件说话——读懂客户心理的分析术	蔡泽民（Chris）	38.00 元	978-7-5175-0167-1	2016 年 12 月第 1 版
2. 十天搞定外贸函电	毅冰	38.00 元	978-7-80165-898-2	2012 年 10 月第 1 版
3. 外贸高手的口语秘籍	李凤	35.00 元	978-7-80165-838-8	2012 年 2 月第 1 版
4. 外贸英语函电实战	梁金水	25.00 元	978-7-80165-705-3	2010 年 1 月第 1 版
5. 外贸英语口语一本通	刘新法	29.00 元	978-7-80165-537-0	2008 年 8 月第 1 版

📖 外贸谈判子系列

书名	作者	定价	书号	出版时间
1. 外贸英语谈判实战（第二版）	王慧 仲颖	38.00 元	978-7-5175-0111-4	2016 年 3 月第 2 版
2. 外贸谈判策略与技巧	赵立民	26.00 元	978-7-80165-645-2	2009 年 7 月第 1 版

📖 国际商务往来子系列

书名	作者	定价	书号	出版时间
国际商务礼仪大讲堂	李嘉珊	26.00 元	978-7-80165-640-7	2009 年 12 月第 1 版

📖 贸易展会子系列

书名	作者	定价	书号	出版时间
外贸参展全攻略——如何有效参加 B2B 贸易商展（第三版）	钟景松	38.00 元	978-7-5175-0076-6	2015 年 8 月第 3 版

书名	作者	定价	书号	出版时间

📖 区域市场开发子系列

书名	作者	定价	书号	出版时间
中东市场开发实战	刘军 沈一强	28.00元	978-7-80165-650-6	2009年9月第1版

📖 国际结算子系列

书名	作者	定价	书号	出版时间
1. 国际结算函电实务	周红军 阎之大	40.00元	978-7-80165-732-9	2010年5月第1版
2. 出口商如何保障安全收汇 ——L/C、D/P、D/A、O/A精讲	庄乐梅	85.00元	978-7-80165-491-5	2008年5月第1版

📖 国际贸易金融工具子系列

书名	作者	定价	书号	出版时间
1. 出口信用保险 ——操作流程与案例	中国出口信用保险公司	35.00元	978-7-80165-522-6	2008年5月第1版
2. 福费廷	周红军	26.00元	978-7-80165-451-9	2008年1月第1版

📖 加工贸易操作子系列

书名	作者	定价	书号	出版时间
1. 加工贸易实务操作与技巧	熊斌	35.00元	978-7-80165-809-8	2011年4月第1版
2. 加工贸易达人速成 ——操作案例与技巧	陈秋霞	28.00元	978-7-80165-891-3	2012年7月第1版

📖 乐税子系列

书名	作者	定价	书号	出版时间
1. 外贸企业免抵退税实务 ——经验·技巧分享	徐玉树 罗玉芳	45.00元	978-7-5175-0135-0	2016年6月第1版
2. 外贸会计账务处理实务 ——经验·技巧分享	徐玉树	38.00元	978-7-80165-958-3	2013年8月第1版
3. 生产企业免抵退税实务 ——经验·技巧分享(第二版)	徐玉树	42.00元	978-7-80165-936-1	2013年2月第2版
4. 外贸企业出口退(免)税常见错误解析100例	周朝勇	49.80元	978-7-80165-933-0	2013年2月第1版
5. 生产企业出口退(免)税常见错误解析115例	周朝勇	49.80元	978-7-80165-901-9	2013年1月第1版
6. 外汇核销指南	陈文培等	22.00元	978-7-80165-824-1	2011年8月第1版
7. 外贸企业出口退税操作手册	中国出口退税咨询网	42.00元	978-7-80165-818-0	2011年5月第1版
8. 生产企业免抵退税从入门到精通	中国出口退税咨询网	98.00元	978-7-80165-695-7	2010年1月第1版
9. 出口涉税会计实务精要(《外贸会计实务精要》第2版)	龙博客工作室	32.00元	978-7-80165-660-5	2009年9月第2版

📖 专业报告子系列

书名	作者	定价	书号	出版时间
1. 国际工程风险管理	张燎	1980.00元	978-7-80165-708-4	2010年1月第1版
2. 涉外型企业海关事务风险管理报告	《涉外型企业海关事务风险管理报告》研究小组	1980.00元	978-7-80165-666-7	2009年10月第1版

| 书名 | 作者 | 定价 | 书号 | 出版时间 |

📖 外贸企业管理子系列

1. 小企业做大外贸的制胜法则——职业外贸经理人带队伍手记	胡伟锋	35.00 元	978-7-5175-0071-1	2015 年 7 月第 1 版
2. 小企业做大外贸的四项修炼	胡伟锋	26.00 元	978-7-80165-673-5	2010 年 1 月第 1 版

📖 国际贸易金融子系列

1. 信用证风险防范与纠纷处理技巧	李道金	45.00 元	978-7-5175-0079-7	2015 年 10 月第 1 版
2. 国际贸易金融服务全程通（第二版）	郭党怀 张丽君 张贝	43.00 元	978-7-80165-864-7	2012 年 1 月第 2 版
3. 国际结算与贸易融资实务	李华根	42.00 元	978-7-80165-847-0	2011 年 12 月第 1 版

📖 毅冰谈外贸子系列

毅冰私房英语书——七天秀出外贸口语	毅冰	35.00 元	978-7-80165-965-1	2013 年 9 月第 1 版

"实用型"报关与国际货运专业教材

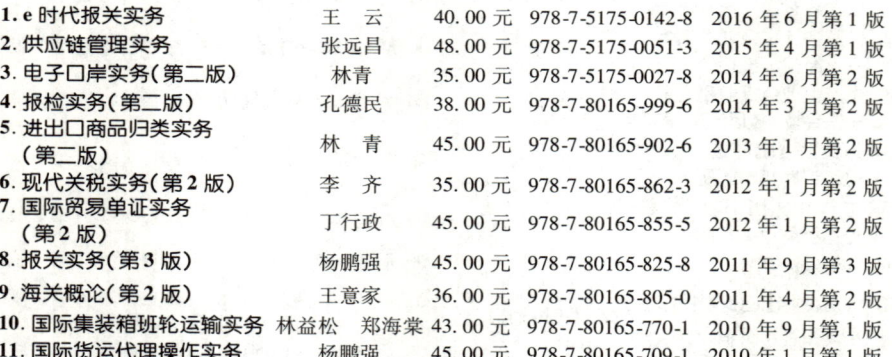

1. e 时代报关实务	王 云	40.00 元	978-7-5175-0142-8	2016 年 6 月第 1 版
2. 供应链管理实务	张远昌	48.00 元	978-7-5175-0051-3	2015 年 4 月第 1 版
3. 电子口岸实务（第二版）	林 青	35.00 元	978-7-5175-0027-8	2014 年 6 月第 2 版
4. 报检实务（第二版）	孔德民	38.00 元	978-7-80165-999-6	2014 年 3 月第 2 版
5. 进出口商品归类实务（第二版）	林 青	45.00 元	978-7-80165-902-6	2013 年 1 月第 2 版
6. 现代关税实务（第 2 版）	李 齐	35.00 元	978-7-80165-862-3	2012 年 1 月第 2 版
7. 国际贸易单证实务（第 2 版）	丁行政	45.00 元	978-7-80165-855-5	2012 年 1 月第 2 版
8. 报关实务（第 3 版）	杨鹏强	45.00 元	978-7-80165-825-8	2011 年 9 月第 3 版
9. 海关概论（第 2 版）	王意家	36.00 元	978-7-80165-805-0	2011 年 4 月第 2 版
10. 国际集装箱班轮运输实务	林益松 郑海棠	43.00 元	978-7-80165-770-1	2010 年 9 月第 1 版
11. 国际货运代理操作实务	杨鹏强	45.00 元	978-7-80165-709-1	2010 年 1 月第 1 版
12. 航空货运代理实务	杨鹏强	37.00 元	978-7-80165-707-7	2010 年 1 月第 1 版
13. 进出口商品归类实务——实训题参考答案	林 青	12.00 元	978-7-80165-692-6	2009 年 12 月第 1 版

"精讲型"国际贸易核心课程教材

1. 国际货运代理实务精讲（第二版）	杨占林 汤 兴 官敏发	48.00 元	978-7-5175-0147-3	2016 年 8 月第 2 版

书名	作者	定价	书号	出版时间
2. 海关法教程（第三版）	刘达芳	45.00 元	978-7-5175-0113-8	2016 年 4 月第 3 版
3. 国际电子商务实务精讲（第二版）	冯晓宁	45.00 元	978-7-5175-0092-6	2016 年 3 月第 2 版
4. 国际贸易单证精讲（第 4 版）	田运银	45.00 元	978-7-5175-0058-2	2015 年 6 月第 4 版
5. 国际贸易操作实训精讲（第 2 版）	田运银　胡少甫　史　理　朱东红	48.00 元	978-7-5175-0052-0	2015 年 2 月第 2 版
6. 国际贸易实务精讲（第 6 版）	田运银	48.00 元	978-7-5175-0032-2	2014 年 8 月第 6 版
7. 进出口商品归类实务精讲	倪淑如　倪　波　田运银	48.00 元	978-7-5175-0016-2	2014 年 7 月第 1 版
8. 外贸单证实训精讲	龚玉和　齐朝阳	42.00 元	978-7-80165-937-8	2013 年 4 月第 1 版
9. 外贸英语函电实务精讲	傅龙海	42.00 元	978-7-80165-935-4	2013 年 2 月第 1 版
10. 国际结算实务精讲	庄乐梅　李　菁	49.80 元	978-7-80165-929-3	2013 年 1 月第 1 版
11. 报关实务精讲	孔德民	48.00 元	978-7-80165-886-9	2012 年 6 月第 1 版
12. 国际商务谈判实务精讲	王　慧　唐力忻	26.00 元	978-7-80165-826-5	2011 年 9 月第 1 版
13. 国际会展实务精讲	王重和	38.00 元	978-7-80165-807-4	2011 年 5 月第 1 版
14. 国际贸易实务疑难解答	田运银	20.00 元	978-7-80165-718-3	2010 年 9 月第 1 版
15. 集装箱运输系统与操作实务精讲	田聿新　杨永志	38.00 元	978-7-80165-642-1	2009 年 7 月第 1 版

"实用型"国际贸易课程教材

书名	作者	定价	书号	出版时间
1. 海关报关实务	倪淑如　倪　波	48.00 元	978-7-5175-0150-3	2016 年 9 月第 1 版
2. 国际金融实务	李　齐　唐晓林	48.00 元	978-7-5175-0134-3	2016 年 6 月第 1 版
3. 外贸跟单实务	罗　艳	48.00 元	978-7-80165-954-5	2013 年 8 月第 1 版
4. 国际贸易实务	丁行政　罗艳	48.00 元	978-7-80165-962-0	2013 年 8 月第 1 版

电子商务大讲堂·外贸培训专用

书名	作者	定价	书号	出版时间
1. 外贸操作实务	本书编委会	30.00 元	978-7-80165-621-6	2009 年 5 月第 1 版
2. 网上外贸——如何高效获取订单	本书编委会	30.00 元	978-7-80165-620-9	2009 年 5 月第 1 版
3. 出口营销指南	本书编委会	30.00 元	978-7-80165-619-3	2009 年 5 月第 1 版
4. 外贸实战与技巧	本书编委会	30.00 元	978-7-80165-622-3	2009 年 5 月第 1 版

中小企业财会实务操作系列丛书

书名	作者	定价	书号	出版时间
1. 小企业会计疑难解惑 300 例	刘华　刘方周	39.80 元	978-7-80165-845-6	2012 年 1 月第 1 版
2. 做顶尖成本会计应知应会 150 问	张　胜	38.00 元	978-7-80165-819-7	2011 年 8 月第 1 版
3. 会计实务操作一本通	吴虹雁	35.00 元	978-7-80165-751-0	2010 年 8 月第 1 版

2016年中国海关出版社乐贸系列
新书重磅推荐 >>

《e时代报关实务》

作者：王　云
定价：40.00元
书号：978-7-5175-0142-8
出版日期：2016年6月

内容简介

本书作者多年从事国际物流及报关工作，积累了丰富的经验，在此主要讲解了互联网时代报关工作的基本流程和具体操作。

本书采用"学习项目"形式，以从法国进口汽车加工中心案例为线索，以报关的基本业务流程为顺序，依次讲解了初识报关、通关各协议签订前的准备工作、通关前期作业、通关现场作业、通关后续作业5个工作流程。为了帮助读者更好地了解未来报关行业的发展趋势，本书特别增加了"项目六 e时代通关热点聚焦与展望"。